经济法文库（第二辑）

Economic Law Library

本书获以下项目资助：

国家社科基金重点项目"国有企业法律制度的重构研究"
（12AFX011）

"华东政法大学博士毕业后续发展支持计划"

地方国有资本运营法制探索

Legal Explorations on Local State-owned Capital Operation

◎ 丁传斌 著

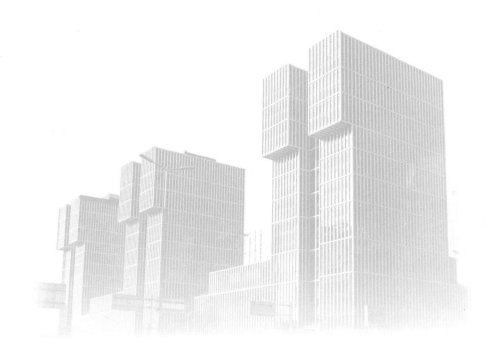

北京大学出版社
PEKING UNIVERSITY PRESS

图书在版编目(CIP)数据

地方国有资本运营法制探索/丁传斌著. —北京：北京大学出版社，2017.1
（经济法文库）
ISBN 978-7-301-27923-6

Ⅰ.①地… Ⅱ.①丁… Ⅲ.①国有资产法—研究—中国 Ⅳ.①D922.291.04

中国版本图书馆 CIP 数据核字（2017）第 006327 号

书　　　名	地方国有资本运营法制探索 DIFANG GUOYOU ZIBEN YUNYING FAZHI TANSUO
著作责任者	丁传斌　著
责任编辑	朱梅全　朱　彦　杨丽明
标准书号	ISBN 978-7-301-27923-6
出版发行	北京大学出版社
地　　　址	北京市海淀区成府路 205 号　100871
网　　　址	http://www.pup.cn
电子信箱	sdyy_2005@126.com
新浪微博	@北京大学出版社
电　　　话	邮购部 62752015　发行部 62750672　编辑部 021-62071998
印　刷　者	北京宏伟双华印刷有限公司
经　销　者	新华书店
	730 毫米×980 毫米　16 开本　15 印张　277 千字 2017 年 1 月第 1 版　2017 年 1 月第 1 次印刷
定　　　价	45.00 元

未经许可，不得以任何方式复制或抄袭本书之部分或全部内容。
版权所有，侵权必究
举报电话：010-62752024　电子信箱：fd@pup.pku.edu.cn
图书如有印装质量问题，请与出版部联系，电话：010-62756370

"经济法文库"总序

我国改革开放三十余年来的经济法制状况,可以用"突飞猛进"这几个字形容。仅从经济立法看,在完善宏观调控方面,我国制定了预算法、中国人民银行法、所得税法、价格法等法律,这些法律巩固了国家在财政、金融等方面的改革成果,为进一步转变政府管理经济的职能,保证国民经济健康运行提供了一定的法律依据。在确立市场规则、维护市场秩序方面,我国制定了反不正当竞争法、消费者权益保护法、城市房地产管理法等法律,这些法律体现了市场经济公平、公正、公开、效率的原则,有利于促进全国统一、开放的市场体系的形成。

然而,应该看到,建立与社会主义市场经济相适应的法制体系还是一个全新的课题。我们还有许多东西不熟悉、不清楚,观念也跟不上。尤其是面对未来逐步建立起的完善的市场经济,我们的法制工作有不少方面明显滞后,执法、司法都还存在着许多亟待解决的问题。

三十余年的经济法研究呈现出百家争鸣、百花齐放的良好局面,各种学术观点和派别不断涌现。但是,总体来说,经济法基本理论的研究还相当薄弱,部门法的研究更是分散而不成系统。实践需要我们回答和解释众多的疑难困惑,需要我们投入精力进行艰苦的研究和知识理论的创新。

在政府不断介入经济生活的情况下,我们必须思考一些非常严肃的问题:政府介入的法理依据究竟是什么?介入的深度与广度有没有边界?政府要不要以及是否有能力"主导市场"?我们应如何运用法律制度驾驭市场经济?

在国有企业深化改革过程中,我们不能不认真研究这样一些问题:国有的资本究竟应由谁具体掌握和操作?投资者是否应与监管者实行分离?国有企业应覆盖哪些领域和行业,应通过怎样的途径实现合并和集中?如何使国有企业既能发挥应有的作用,又不影响市场的竞争机制?

加入WTO以后,我国经济、政治、社会生活的方方面面都会发生重大影响。我们必须研究:市场经济法制建设将面临什么样的挑战和机遇?在经济全球化的背景下,我们的经济法制将如何在国际竞争中发挥作用?国外的投资者和贸易伙伴进入我国,我们会提供一个什么样的法律环境?我们又如何采取对策维护国家的经济安全和利益?

面对环境日益恶化和资源紧缺的生存条件,循环经济法制建设任务繁重。如何通过立法确定公众的权利义务,引导和促进公众介入和参与循环经济建设?怎样增强主动性和控制能力,以实现经济发展与环境资源保护双赢,实现利益总量增加?如何发挥法律的鼓励、引导、教育等功能,通过受益者补偿机制,平衡个体与社会之间的利益?

在市场规制与监管方面,如何掌握法律规制监管的空间范围、适当时机和适合的力度?在法律上,我们究竟有什么样的有效规制和监管的方式、方法和手段?对各类不同的要素市场,实行法律规制和监管有什么异同?

……

我们的经济法理论研究应当与经济生活紧密结合,不回避现实经济改革与发展中提出的迫切需要解决的问题,在观念、理论和制度等方面大胆创新。这是每一个从事经济法科学研究者和实际工作者应尽的义务和光荣职责。我们编辑出版"经济法文库",就是要为经济法研究者和工作者提供交流平台。

"经济法文库"的首批著作汇集的是上海市经济法重点学科和上海市教委经济法重点学科的项目成果,随后我们将拓展选择编辑出版国内外众多经济法学者的优秀研究成果。我们坚信,这些优秀成果一定会引起社会各方面的广泛关注,一定会对我国的经济法制建设起到推动和促进作用。

期望"经济法文库"在繁花似锦的法学苑中成为一株奇葩。

华东政法大学　顾功耘

CONTENTS 目 录

绪　论		1
第一章	**地方国有资本运营现状与改革之必要**	**10**
第一节	地方国有资本运营的基本范畴	10
第二节	地方国有资本的功能定位	20
第三节	地方国有资本运营状况概述	29
第二章	**地方国有资本运营的理论基础**	**52**
第一节	国有资产中央与地方产权关系基本理论	52
第二节	国有资产的归属：分级代表抑或分级所有	56
第三节	最终目标：分级产权	62
第四节	分级产权下的中央与地方国资立法	68
第三章	**地方国有资本运营的实践需求**	**75**
第一节	地方政府经济职能转变	75
第二节	地方政府与中央政府职能分配与博弈	84
第三节	地方政府在国有资本运营中的角色定位	89
第四章	**地方国有资本独立运营体系框架**	**95**
第一节	国有资产管理体制的应然设计	96
第二节	地方国有资本运营体系构建	110
第五章	**地方国有资本运营模式选择**	**118**
第一节	国有资本运营的起点——授权经营	118
第二节	分层运营："两层次"与"三层次"的动态选择	125
第三节	分类运营：公益性和营利性的平衡	133

第六章　地方国有资本运营主体设计	142
第一节　地方国有资本运营公司宏观构建	142
第二节　地方国有资本运营公司微观治理	160
第七章　地方国有资本运营监督机制	175
第一节　国有资本运营监督理论探讨	175
第二节　国资委主导的地方国有资本运营监督实践	181
第三节　地方国有资本运营监督体系构建	187
第八章　地方国有资本经营预算制度	197
第一节　国有资本经营预算制度的价值和作用	197
第二节　地方国有资本经营预算制度设计	203
参考文献	216
后　记	235

绪　论

一、问题的提出

（一）地方国有资产实践与理论研究的脱节

改革开放以来,我国国有资产管理体制随着经济的发展、法制的进步逐步完善。在党的十六大建立现行国资管理和运营制度之后,十七大报告、"十二五规划"和十八大报告中再次提出"完善各类国有资产管理体制和制度"。党的十八届三中全会通过的《中共中央关于全面深化改革若干重大问题的决定》对发挥国有经济主导作用、完善产权保护制度、积极发展混合所有制经济、完善国有资产管理体制、完善国有资本经营预算制度、推动国有企业完善现代企业制度等理论和实践问题再次提出了新要求。制度的进步和完善使我国国有资产无论从总量上还是质量上看都有了长足进步。中央政府对地方的固定资产投资和地方政府的投资形成了大量地方性的国有资产。如何利用和盘活闲置国有资产,如何以债权、物权、股权等合理方式运营经营性国有资本,实现国有资本的保值增值,不单单是中央政府考虑的问题,也备受地方政府重视。

目前,地方国有资产总量和获取的利润迅速增加。财政部发布的 2014 年 1—9 月全国国有及国有控股企业经济运行情况显示,地方国有及国有控股企业（不含国有金融类企业）营业总收入 136632.9 亿元;累计实现利润总额 4853.8 亿元;资产总额 471581.8 亿元;负债总额 305113.7 亿元;所有者权益为 166468.1 亿元。面对这些不断增长的国有资产,如何设置合理的管理体制并以较优的方式运营,以达到国有资产保值增值和实现国有资产的公益性目标,成为一项亟待完成的任务。地方国有资产和中央国有资产分布领域和功能的差异性要求,在设计地方国有资本运营机制时,必须尊重资本运营的客观规律,同时又不能完全"拷贝"中央国有资本运营的做法,而必须根据地方国有资产的特点有针对性地设计。

与地方国有资产实践的热火朝天相比,理论界对此的关注却相对冷淡。对地方国有资产管理体制的研究在 2003 年《企业国有资产监督管理暂行条例》出台前后形成了一次高潮,并有相关的论文和两部著作面世。这些理论研究多为剖析中央和地方关系的经济学研究,对地方国有资产管理体制多只是从意义、目的等宏观角度进行阐述,缺少对具体内容的探讨。同时,对地方国有资产管理体制的研究中,法学方面的论文较少,相应的著作也比较缺乏。之后,对地方国有资产的研究越来越少。《企业国有资产法》通过后,理论界集中于讨论企业国有资产管理体制、国资委定位等宏观的、中央的国有资产管理体制,对地方国有资产的研究成为一个薄弱环节。

无论是从理论层面还是实践要求看,研究地方国有资产管理体制和国有资本运营都具有极为重要的意义。2010年,国务院国资委下发通知,要求省市国资委对当地国资总量、净资产等指标进行汇总,对地方国资的监管状况进行调查,同时对立法没有明确的县级国资监管予以特别关注,这也从另一个侧面印证了研究此课题的现实意义。

国务院国资委成立以后,一方面,地方国资委相继成立,按照中央的要求对地方国资进行管理与运营;另一方面,地方政府因应地方特色,对本地国有资产的管理和运营进行探索并取得了一定成绩。但是,受"统一所有,分级代表"体制的束缚,面对因财政紧张而需不断寻找财源,发行地方债又受限的情况,地方政府尽管对国有资本运营公司的组建及其公司治理结构、运营模式以及监督模式等作了一定程度的探索,仍只能依据其所"代表"的权限进行设置和调整。如何减少体制上的约束、地方政府如何正确履行出资人职责、地方与国家的关系如何界定、地方国有资本如何运营等问题,都亟待研究和解决。

(二)地方国有资产研究的核心:地方国有资本运营

多年的国有企业改革表明,明晰的产权对于国资管理具有重要意义。迎合建立现代企业制度的需要,国有资产的管理发生了一个重要变化,即从对实物资产的管理转向对资产的价值形态——资本进行管理,并以股权形式对国有资产进行运营,实现保值增值。对资本进行管理和运营,改变了过去政府直接干预企业经营的状况,通过对资本的投资实现资源的合理配置。政府也从私法活动中退出,通过专门从事资本运营的中介组织参与市场竞争的方式,收取国有资本增值收益,变行政手段为经济手段,在一定程度上是"政企分开"的必然要求。

地方政府面临着与中央政府财权和事权划分不匹配的状况。1994年"分税制"改革后,财权的上移造成地方财政日渐吃紧,同时地方政府却需面对事权的不断下移。为扩大财源,地方政府逐渐"公司化",依靠土地财政等不可持续的方式寻找财政来源。在地方政府发债受限、土地财政等面临政策调控而不可持续时,地方国有资产成为地方政府的一个重要财源,大量地方国有资本运营公司相应成立,地方融资平台日渐受到地方政府重视。为此,地方政府在对国有资产的管理和运营中,忽视国有资本的双重性,忽略不同种类国有资产的作用,片面强调其资本的增值性,如何将地方国有资产利润最大化成为地方政府的考虑目标,导致社会目标减损。由此可见,研究地方国有资本运营具有较强的现实意义。

二、研究综述

由于国有资产在我国经济生活乃至政治生活中的重要地位,对国有资产的研究一直为学界所关注,并形成了丰富的研究成果。如果以"国有资产"为关键词,在国家图书馆检索相关的著作和硕博士论文,在"中国学术期刊网络出版总库"检索期刊等,其数量惊人。在国有资本运营方面,无论是专著、教材[①]还是学术论文[②],都不是很多,在研究视角上多从政治学、经济学、管理学切入,法学方面的文献较少。对于地方国资的研究,目前的成果相对更少。以"地方国有资产"为题检索,436篇文章中,硕士论文7篇,博士论文尚付阙如。现有文章多对地方国资的某一方面进行研究,如产权关系、监督等。在专著方面,目前只有盛毅、林彬所著《地方国有资产管理体制改革与创新》和曹世华等所著《地方国有资产管理制度研究》两本。

研究地方国有资产,首先面对的问题是如何处理国有资产的中央与地方关系。在这个问题上,学界主要有两种观点:一种观点坚持国有资产的统一所有原则;另一种观点认为应随着改革的进展对统一所有进行变革,从而实现国有资产的中央与地方分级所有或分别所有。从国家所有权主体是否单一的角度看,单一主体学说以全民所有和国家所有两种观点为主。全民所有论认为,全体人民是唯一且统一的国家所有权主体,国家作为人民的代表行使国家所有权,国家所有与全民所有本质上是一致的。[③] 我国《宪法》《民法通则》均规定"国家所有,即

---

① 有关国有资本运营的专著、教材目前有二十余本,如张代重著《国有资本营运》、肖金成著《国有资本运营论》、吴光辉主编《国有制的实现与国有资本运营》、张昌尔著《营运国有资本》、郝云宏等著《国有资本经营论》、吴学渊和王文涵主编《国有资本营运与监管》、阎嗣烈和张志强主编《国有资本营运实务》、王学东著《国有资本运营机制重构论》、胡忠著《城市国有资本营运探索》、张志元主编《国有资本战略重组与资本运营》、朱孔生著《国有资本运营研究》、郭平编著《国有资本营运与管理》、胡运钊等主编《国有资本营运》、莫童编著《国有资产管理与资本运营》、李松森编著《国有资本营运》、何加明著《国有资本营运新论》、文宗瑜和刘微著《国有资本经营预算管理》、张先治等著《国有资本经营预算制度研究》等。

② 在"中国学术期刊网络出版总库"以"国有资本营运"为题检索文章,仅185篇。该主题的硕士学位论文有6篇,博士学位论文有4篇,即南开大学王学东博士1997年学位论文《国有资本运营机制重构论》、天津大学朱孔生博士2003年学位论文《国有资本运营研究》、西南财经大学袁定金博士2003年学位论文《国有资本运营中的激励与约束问题研究》和中共中央党校唐成博士2008年学位论文《国有资本运营模式比较研究》。公开发表的以"国有资本营运"为题的法学类文章有3篇,即中山大学叶耀恒硕士2003年学位论文《国有资本运营的法律监控研究》、西南政法大学张波硕士2005年学位论文《国有资本运营法律制度研究》和湖南大学郑友云硕士2007年学位论文《论中国国有资本运营法律制度的构建》。

③ 参见王利明:《论国家所有权主体的全民性问题》,载《中南政法学院学报》1990年第4期。

全民所有",正是此观点的反映。国家所有论是当前的主流学说。① 国家说与政府代表理论往往是联系在一起的。与单一主体形成对比的是,一些学者认为,国家所有权的主体是多元的,国家所有权是不同公法主体的所有权的统称,具体又有全国人民与地方人民分别所有、国家与地方分别所有、中央政府与地方政府分别所有几种观点。论者认为,承认地方所有权人的主体地位,有利于调动地方的主动性和积极性。也有学者提出,因为国家财产实际的占有、使用、收益和处分权都是由政府享有和行使的,所以应当实行政府分别所有制度。②

国有资本运营是国有资产管理体制的一环,后者决定了前者的模式和方式,前者的效果受后者的制度约束。关于国有资产管理体制,出资人制度是其中的关键。对此,李曙光教授提出了五人定位的国资管理体制,以国资委为出资人代表,新设一个政府部门承担监督人职责。③ 刘纪鹏教授提出了"大国资""全覆盖"的国有资产管理体制,以国资委为监管人,由国有资本运营公司作为出资人代表。④ 顾功耘教授认为,应该改变国资委与国有资本运营公司之间的关系,从授权关系向监管关系转变,由国资委承担国资监管职能。在国有资本的投资关系中,分解为投资预算、投资执行、投资监督,分别由人大、国资委、国有资本运营公司承担相应的职责。⑤ 在国有资本运营的具体制度上,国有资本运营的主体也反映在上述国有资产管理体制之中。在运营模式选择问题上,针对授权经营存在的问题和弊端,有学者主张使用信托的方式运营国有资本。⑥ 国有资本经营预算是国有资本运营考核与评价工具。在国有资本经营预算的研究中,对国有资本经营预算与公共预算的关系存在是否为独立预算形式的分歧。⑦ 可以

---

① 参见蔺翠牌:《论国有资产所有权主体的唯一性和统一性》,载《中央财经大学学报》1997年第8期。
② 参见史际春、姚海放:《国有制革新的理论与实践》,载《华东政法学院学报》2005年第1期;漆多俊主编:《经济法学》,高等教育出版社2003年版;屈茂辉:《中国国有资产法研究》,人民法院出版社2002年版,第290页;李松森:《中央与地方国有资产产权关系研究》,人民出版社2006年版,第194—196页;黄范章:《国有资产管理体制中的中央与地方的关系》,载《中国经济时报》2005年10月31日;陈甦:《关于〈国有资产法(讨论稿)〉的意见》,http://www.iolaw.org.cn/showarticle.asp?id=2448,2016年6月3日访问;等等。
③ 参见李曙光:《论〈企业国有资产法〉中的"五人"定位》,载《政治与法律》2009年第4期。
④ 参见刘纪鹏:《国有资产监管体系面临问题及其战略构架》,载《改革》2010年第9期。
⑤ 参见顾功耘:《国有资产立法的宗旨及基本制度选择》,载《法学》2008年第6期。
⑥ 参见席月民:《国有资产信托的法律问题探究》,载《法学杂志》2004年第4期。
⑦ 参见邓子基:《建立国有资本经营预算的思考》,载《中国财政》2005年第12期;邓子基:《略论国有资本经营预算》,载《地方财政研究》2006年第1期;李燕:《论建立我国国有资本经营预算制度》,载《中央财经大学学报》2004年第2期;《构建上海国有资产经营预算管理体系》课题组:《构建上海国有资产经营预算管理体系研究》,载《经济研究参考》1997年第A8期;杨华等:《关于建立国有资本经营预算制度的探讨》,载《中州学刊》2005年第1期;陈怀海:《国有资本经营预算:国有企业产权改革的财政制度约束》,载《当代经济研究》2005年第5期;夏林生:《编制国有资本经营预算初探》,载《预算管理与会计》2005年第3期;吴祥云:《建立国有资本经营预算的若干思考》,载《当代财经》2005年第4期;隋军、卓祖航:《加快建立国有资本经营预算》,载《发展研究》2005年第6期;等等。

说,学界对国有资本运营的探讨已很深入。

三、研究思路

(一)共性与特性的结合

基于国有资本运营的共性,设计中央与地方国有资本运营制度时,需要坚持"政企分开""政政分开"。同时,应设立独立的运营体制,以特设的国有资本运营公司为主体,坚持分类运营等。

地方国有资本运营还必须考虑地方国有资产的特性:

1."分级代表"与"分级所有"的选择

目前,我国实行的是在坚持国家所有的前提下,中央政府和地方政府分别代表国家履行出资人职责的国有资产管理体制。从充分发挥中央和地方积极性角度考虑,采用"分级所有"更为适宜。

2.中央与地方国有资产的范围及功能差异

(1)国有资产范围的不同

在国有资产领域,中央经营性国有资产主要集中在关系国民经济命脉和国家安全的重要基础设施和重要自然资源等领域,而地方国有资产主要集中于一般竞争性领域以及水、热、气、市政、基础设施等准公共物品领域。在资产规模方面,中央与地方的资产规模以及单个企业的平均资产量存在巨大差异。

(2)国有资产功能的不同

从国有资产分级代表的特点看,除了保值增值的资本共性外,中央国有资产的主要功能是:维护国家战略安全,维系国计民生,带动非国有经济发展,保障重要基础设施的安全运行或运营,以及重要自然资源的供给、充分利用和保护。对于地方而言,其国有资本的功能更重要的是保值增值以及为地方经济发展和人民生活提供基础保障,其战略稳定功能相对较弱。

(3)国有资产规模、总量及其结构存在诸多差异

由于经济发展水平以及改革推进的力度不同,各省、自治区、直辖市的国有资产总量存在很大的差异。各地经营性国有资产占国有资产总量的比例相差较大。各地国有资产监督管理机构所监管的国有资产范围也不尽相同,有的监管对象不仅包括经营性国有资产,而且还包括非经营性资产;有的监管对象仅为一部分经营性资产;有的除了非金融类国有资产之外,还监管着金融类资产。

3.地方国有资本运营目标的设定

国有资本运营的目标具有层次性。从资本的自然属性看,保值增值是其首要目标。我国现行《企业国有资产法》等法律法规以及其他政策性文件在表述国有资本运营的目标时,也都强调了保值增值的要求。但是,国有资本还具有社会

属性,在这种属性下,必须强调国有资本最终为全民受益的特征。同时,不同种类的国有资本在运营时也要求所达到的目标有所区别,如竞争性领域应更强调营利性,非竞争性领域则应强调其社会性。保值增值的单一目标设定,极易导致实际结果偏离预期的合理目标,最终结果可能是经济目标和社会目标均未达到最优。同时,相对于中央国有资本,地方国有资本更多地分布在非竞争性领域,对社会属性的要求更为强烈。

4. 日益强化的地方局部利益

随着我国社会主义市场经济体制的建立和逐步完善,市场机制配置资源的作用逐步得到发挥,但是并未完全落实。同时,伴随着中央对地方的分权,地方政府在区域经济活动中的决策空间也日益拓展。地方政府以其社会管理者和国有资产所有者的双重身份,配置经济资源,追求地方局部利益最大化,以期在与其他地区的竞争中保持优势,并有可能与中央政府确定的国家经济社会发展总体目标相背离。受此影响,地方政府在国有资本运营中曾实施全面退出的"卖光"政策,忽视了国有资本在地方发展中的公共要求。与此相反,有的地方政府则片面"保护"国有资本,对本地国企和民企实施不公平待遇,以国企的垄断地位获取收益,破坏了市场经济的公平竞争规则。

基于上述分析,地方国有资本运营宜基于"分级所有"与地方政府职能转变,重构国有资产管理体制,进而形成独立运营机制。通过出资人职权的分解,由地方人大通过国有资本经营预算行使最终出资权;由政府作为出资人,以审计、外派监事等方式行使监督权;地方国资委定位回归,对国资运营进行行政监督;新建或改建国有资本运营公司,使之成为独立的特殊出资人代表,对地方国有资本进行运营。

(二) 研究框架

本书围绕构建地方国有资本运营系统这一中心问题,在对我国现行地方国有资本运营状况作出分析和评价的基础上,以坚持社会主义制度和发展、完善市场经济为指导,吸收、借鉴其他国家国有资本运营制度的有益经验,以国有资本运营理论构建、运营机构设置、运营模式设计、运营监管、运营收益分配为主线,设计出以产权关系为纽带、运营主体明确、目标层次分明的地方国有资本运营模式。

在行文时,为能详细解构地方国有资本运营的历史、现状以及国有资本运营制度包含的内容,从而有针对性地对地方国有资本运营进行制度设计。本书在界定相关概念和概述地方国有资本运营状况的基础上,分析地方国有资本运营的主要影响因素,按照国有资本运营模式、主体、监督、分配的内容分章论述。按照这个思路,全书可分为三个部分。

第一部分即第一章,首先从基础概念入手,对国有资产、国有资本、地方国有资本等的含义作出界定,分析地方国有资本的属性及其功能定位,对地方国有资本运营和地方国有资本运营法制的概念作出界定;在系统分析地方国资分布和运营状况之后,阐释现行体制下地方国有资本运营的效果以及存在的弊端和暴露的问题,进而说明地方国资运营还需要进一步改革。

第二部为第二章和第三章,探讨地方国有资本运营的主要制约因素,即中央与地方产权关系、地方政府职能定位对地方国有资本运营的影响。

第二章从中央与地方产权关系入手,通过回顾传统的"统一所有,分级管理"与现行的"统一所有,分级代表"制度,分析其中隐藏的弊端。对于目前的中央与地方产权关系,从中央与地方关系的宪法视角、委托代理理论、地方国有资产的实践需求几方面论证了实行"分级所有"的合理性和优势。

第三章论述地方政府职能转变与地方国有资本运营的关系。在目前的"分税制"财政体制下,中央与地方财权与事权呈不平衡状态,地方在财政减缩的同时还需要承担过重的公共服务职能。面对这种状况,作为公法主体的地方政府在行使国有资产所有者职能时兼具私法主体身份,也就具有了"经济人"的属性。也就是说,地方政府在运营国有资本时会利用所控制的现有资源最大化自身的利益,造成国有资本的全民属性减损或丧失。因此,地方政府职能急需转变。在有限性政府的目标模式下,地方政府在国有资本运营中需做好公权、调控、公益、监管、监督等角色定位。

第三部分包括第四章到第八章,是对地方国有资本独立运营体系的构建,分别从地方国有资本运营的主体、模式、监督以及国有资本经营预算制度角度展开。

第四章从国有资产管理体制与地方国有资本运营关系的角度架构地方国有资本独立运营体系。从整体上说,国有资本运营是国有资产管理体制的一部分,是管理、运营、监督中的一个环节。在现行的以国资委为出资人代表的国有资产管理体制下,由于国资委的定位和职能承担没有能够完全实现政企分开、为全民创造福利的目标,因此必须根据国有资产的全民属性重新设计国有资产管理体制和国有资本运营体系。在新的国有资本运营体系下,宜将国有资产出资人职能分解为投资的决策、执行和监督三个部分:将投资的预算决策权赋予人大,以体现终极所有者的权利,由财政部门具体执行投资的预决算;明确定位国有资产监管机构的职能,将其作为政府机构和统一执法主体,行使对国有资产的政府监督权;设立独立运营的国有资本运营公司,并根据国有资本存在领域分类设立,如对于竞争性领域国有资本就要求与政府分离,真正作为私法主体参与市场,按照市场化方式运营国有资本。

第五章从现行国有资产授权经营模式出发,研究"两层次"与"三层次"运营以及分类运营的制度设计。在地方国有资本主要存在于非竞争性领域的情况下，宜改革授权经营模式，并实施分类、分层运营。本章还对实践中热议的地方国资委直接持股形成"两层次"运营和地方金融类国有资产运营作了分析。

第六章分别从宏观构建和微观治理方面对地方国有资本运营的主体，即国有资本运营公司，作出探讨。本部分首先分析了目前地方政府构建国有资本经营公司时存在的问题，对引人注目的地方政府投融资平台作了探讨，建议分类、分层设立独立运营的地方国有资本运营公司。在微观上，建议构建以董事会为中心的公司治理结构，合理处理董事会、党委会、经理层之间的关系。

第七章是对地方国有资本运营监督机制的探讨。目前，地方国有资本运营监督形成了以国资委为主导的监督格局，但是国资委出资人监督和政府行政监督职能不分，其定位依然不清。在其他监督方式中，行政监督面临立法真空和实践中的交叉情形，而人大监督、司法监督和社会监督一直处于薄弱地位。建构合理而强势的监督体系对地方国有资本运营大有裨益，为此需强化人大的监督作用，弥补政府监督立法的空白，回归国资委的监督角色，加强国有企业的信息披露以维护社会公众的知情权，确保司法监督独立地位，建立国有资产公益诉讼制度。

第八章是对地方国有资本经营预算制度的探讨。国有资本经营预算对于国有资本运营起到投资决策、收益分配的作用。国有资本经营预算目前还很不完善，地方政府对国有资本经营预算作了较多的探索，在取得较多成绩的同时，也有许多值得再讨论的空间，如国有资本经营预算编制主体的选择、国有资本经营预算与公共财政的衔接、国有资本经营预算的监督机制、国有资本经营预算的范围等。

四、研究方法

实证研究和规范研究是学术研究中的两种主要方法。本书在对地方国有资本运营的研究中综合运用了这两种方法，在实证研究的基础上，揭示地方国有资本运营现状和存在的问题；通过规范研究，分析地方国有资本运营弊端产生的制度原因和根源。在实证研究中，本书考察了深圳、上海、重庆、北京、湖北、山东等地的实践。现代社会是信息社会，报纸、电视等传统媒体都有相关地方国有资本的报道。随着网络的发展，众多新型媒体形式出现，此间也有大量的地方国有资本的内容。本书通过对这些鲜活的数据和案例的分析，寻找其中隐藏的共性问题，在归纳的基础上进行理论的阐释。制度规范基于实践的发展而演变，同时实践要求制度规范与其相适应。本书在对地方国有资本运营实践进行考察的基础上分析现行规范，对与实践不适应的制度作出改进或完善。

有比较才有发现,对地方国有资本运营进行研究也必须采用比较研究方法。本书以历史比较的方式,将现行制度与以往的制度进行对比,分析其中的发展脉络和规律;通过国内外地方国资管理和运营制度的对比,找出我国与国外的差异,剖析国外的有益经验,通过移植与改善以完善我国地方国有资本运营制度。

在我国,国有资产不仅仅是一个经济问题,采用单一的学科视角对国有资产进行研究也不能形成完整的结论。因此,本书采用跨学科的研究方法对地方国有资本运营进行研究,即以法学分析为主,综合运用经济学、管理学分析方法,在特定问题(如党委与董事会关系)上还会涉及政治学观点,以期形成对地方国有资本运营的系统研究。

第一章 地方国有资本运营现状与改革之必要

研究地方国有资本运营,首先需要明确何谓"地方国有资产",只有合理界定地方国有资产的基本概念及其外延,才能奠定研究的基础。与中央掌握和控制的国有资产相比,地方国有资产在分布领域和功能发挥上都存在差异。对地方政府来说,只有基于对本区域国有资产特性的正确认识,才能合理、合法运营所掌握的国有资本。自2003年新的国有资产管理体制实施以来,地方国有资本运营取得了令人瞩目的成绩,但是其中仍然存在一些弊端,有必要对其予以完善和改革。

第一节 地方国有资本运营的基本范畴

一、地方国有资本的法律界定

(一) 资产

学术研究以概念分析为起点,对地方国有资本运营的研究亦应从最基本的概念出发。"资本"是"资产"的下属概念,首先对资产进行研究成为必然。

资产,在不同语境下和学科中有不同的含义。学者们在对资产的概念进行界定时,有经济学、会计学和法学等不同的视角。会计学研究者对于资产的概念界定事实上并不统一,形成了"未来劳务说""未耗成本说""借方余额说""经济资源说""未来经济利益说"等观点。[①] 被采用最多的观点是"未来经济利益说",即在判断或确定资源是否为资产时,应以此资源是否包含未来的经济利益为标准。

---

① 参见干胜道、刘阳、王黎华:《资产定义的演进及其规律》,载《经济体制改革》2001年第5期。

根据美国财务会计准则委员会对资产的定义,①资产主要表现出三个基本特征:一是有特定的主体,包括自然人、法人或组织;二是权益,反映了它由过去的交易或事项形成;三是利益,其未来的经济利益是可预期的。② 此观点揭示了资产的经济本性,对我国影响较大。我国财政部颁布的众多规章中,对资产的界定均以此为基础,如《企业会计准则》《事业单位会计准则》《财政总预算会计制度》《行政单位会计制度》《企业财务会计报告条例》《民间非营利组织会计制度》等对资产均作出类似的规定。③ 教科书和工具书一般也以此为据,如《辞海》对"资产"的解释。④

在法学研究视野中,与"资产"相类似的概念是"财产"。在法学研究、法律法规中,"财产"是一个经常被使用的概念,而"资产"的使用概率则很小。对此,有学者认为,资产的法律意义是财产。⑤ 但是,从基本含义看,二者并不具有同一内涵。从法学工具书对财产的解释看,法学上的财产概念的范围要大于资产涵盖的范围。⑥ 财产体现的是以权利义务为中心的法律关系,与法律上的"物"或所有权存在较大区别。在英美法系国家,法学家一般都是在私法上对财产进行探讨。国有资产在英美法系国家的存量并不像我国这么大,也没有我国社会主义制度下的特定意义,这些国家的研究者对国有资产是以私有财产的观念和原

---

① 1962年,穆尼茨(Monitaz)与斯普劳斯(R. T. Sprouse)在《会计研究论丛》第3号——《企业普遍适用的会计准则》中明确提出:"资产是预期的未来经济利益,这种经济利益已经由企业通过现在或过去的交易获得。"现在的美国财务会计准则委员会(FASB)在《财务会计概念公告》第6号中指出:"资产是可能的未来经济利益,它是特定个体从已经发生的交易或事项中所取得或加以控制的。"转引自李松森、孙晓峰编著:《国有资产管理》,东北财经大学出版社2010年版,第2页。
② 参见何家明:《国有资本营运新论》,西南财经大学出版社2006年版,第2页。
③ 例如,《企业会计准则》第20条第1款规定:"资产是指企业过去的交易或者事项形成的、由企业拥有或者控制的、预期会给企业带来经济利益的资源。"
④ "资产,'负债'的对称;资金运用的同义语,会计要素之一。指某一主体由于过去的交易或事项而获得或控制的可预期的未来经济利益,包括各种财产、债权和其他权利。"辞海编辑委员会:《辞海》,上海辞书出版社1999年版,第4082页。
⑤ 康芒斯(Commons)认为,财产的经济意义就是资产,而资产的法律意义就是财产。参见〔美〕康芒斯:《制度经济学(上册)》,于树生译,商务印书馆1983年版,第93页;秦ühe民:《国有资产法律保护》,法律出版社1997年版,第2页。
⑥ 《布莱克法律词典》将"财产"解释为:"财产是指占有、使用和收益的一切外在事物,包括物质财富、非实物形态的债权、知识产权等其他权益。"Black's Law Dictionary, Seventh Edition, Kluwer Law International, 2001, p.1232.《牛津法律大辞典》指出,财产主要有三层含义:(1)被拥有或者可能被拥有的事物,如财富、财物、土地;(2)所有权,即唯一拥有、享有和使用某物的权利;(3)归某人合法所有之物,即受法律保护而私人享有的有形财产权(土地、金钱、货物)和无形财产权(著作权、专利权等)。参见〔英〕戴维·M.沃克主编:《牛津法律大辞典》,北京社会与科技发展研究所组织翻译,光明日报出版社1988年版,第729页。《法学大词典》将"财产"解释为:"财产,1.有货币价值的物权客体,即有体物。2.对物的所有权。某物归属于某人所有即被视为某财产。3.具有货币价值的有体物和对财物的权利的总和。这些权利包括所有物、他物权、知识产权等。"邹瑜、顾明总主编:《法学大辞典》,中国政法大学出版社1991年版,第763页。

则进行分析的。① 在我国,财产为宪法学界、民法学界乃至行政法学界使用,立法用语也是财产的表述,《物权法》首次使用了"国有财产"的表述。"国有资产"的表述在经济法学界更为盛行,而没有采用"国有财产"的说法,并视二者的内涵与外延为等同的。造成这种现象的原因是多重的,既有传统计划经济的影响,也与经济法学科的发展相关。② 特别是由于经济法学兴起较晚,其研究对象与经济学具有很大关联,学界在研究中大量借用了经济学中的概念,"资产"概念的借用即是一例证。在立法上,《企业国有资产监督管理暂行条例》《企业国有资产法》也沿用了"国有资产"的表述。本书更为同意"财产"的用法,只是在行文时沿袭经济法学界的通常用法,继续使用"国有资产"的表述。

（二）国有资产

在明晰了资产的概念之后,对国有资产的界定还需要明确"国有"的法律含义。根据《宪法》,"国有"即"国家所有",是与集体所有和公民个人所有相对应的概念,体现的是国家这个特殊主体在私法上的所有权,即占有、使用、收益和处分的权利。③

由此可知,国有资产即国家所有的财产,是指属于国家所有的一切财产权利的总和。④ 此概念虽然能反映国有资产的本质属性,但是对于国有资产的认定却缺乏实践意义。为此,还必须有一个能准确反映国有资产内涵和外延的定义。学界一般从国有资产的来源角度对国有资产进行界定。⑤ 在立法上,各国对国有资产的界定也多是基于此视角。⑥ 我国对国有资产概念的立法规定,由于长期受计划经济、姓"资"姓"社"等因素的影响,过分强调资产的经济成分和所有制

---

① 参见王利明:《国家所有权研究》,中国人民大学出版社1991年版,"前言"第1—2页。
② 参见李昌庚:《国有财产法原理研究》,中国社会科学出版社2011年版,第52页。
③ 根据我国《宪法》第6条的规定,中华人民共和国的社会主义经济制度的基础是生产资料的社会主义公有制,即全民所有制和劳动群众集体所有制。国家在社会主义初级阶段,坚持公有制为主体、多种所有制经济共同发展的基本经济制度。集体所有即为部分劳动者共同所有。国有即社会主义全民共同所有。社会主义全民所有制是社会全体成员共同占有社会生产资料的一种所有制形式。这种所有制在法律上必然表现为社会主义国家所有权,是由国家的性质和它作为社会中心、代表全体人民的地位决定的。参见顾功耘等:《国有经济法论》,北京大学出版社2006年版,第35页。
④ 参见《企业国有资产监督管理暂行条例》起草小组编著:《〈企业国有资产监督管理暂行条例〉释义》,中国法制出版社2003年版,第7页。
⑤ 例如,李昌麒教授认为,国有资产是指国家依法取得和认定的,或者国家以各种形式对企业投资收益、国家向行政事业单位拨款等形成的财产。参见李昌麒主编:《经济法学》(第三版),中国政法大学出版社2002年版,第476页。谢次昌教授认为,国有资产是指国家以各种形式对企业投资及收益、接受馈赠形成的,或凭借国家权力取得的,或依据法律认定的各种类型的财产和财产权利。参见谢次昌:《国有资产法》,法律出版社1997年版,第3页。
⑥ 例如,日本《国有资产法》第2条规定:"本法中国有财产,是根据法律规定国家负担的国有财产,或根据法令规定赠与而成为国有的财产。"韩国、法国、德国立法也有大致规定。参见王全兴:《经济法基础理论专题研究》,中国检察出版社2002年版,第644—645页。

属性,基本上只对国有资产的国有属性和产生方式作出规定,而对资产本身的内涵不作阐述。① 随着社会主义市场经济的确立和发展,我国立法也逐渐采用国际通行的定义,2003年公布的《企业国有资产监督管理暂行条例》对国有资产的定义即体现了这一趋势。2008年通过的《企业国有资产法》对此成果予以巩固,国有资产涵盖了国家对企业各种形式的出资所形成的权益。

根据不同的标准,可以对国有资产作不同的分类。② 国有资产有广义和狭义之分。广义的国有资产,包括经营性国有资产、行政事业性国有资产以及资源性国有资产。狭义的国有资产,仅指经营性国有资产,包括企业国有资产、行政事业性国有资产中非经营性资产转化为经营性的资产、资源性国有资产中投入生产经营的资源。③ 狭义的国有资产强调投资及收益,注重资产的保值增值。本书主要研究狭义的国有资产,如无特殊说明,"国有资产"即指"经营性国有资产"。按管理体制中的行政层级划分,国有资产可分为中央国有资产和地方国有资产,这种划分方法也是本书写作的基础。当然,对中央国有资产与地方国有资产的关系问题,学界的认识差异较大,以何种标准确认中央与地方各自的资产范围,国有资产的中央与地方产权关系应"统一所有",还是"分级所有",还没有形成统一的认识。

在行政法学界,有些国家将国有资产划分为公产和私产。有些国有资产以公用为目的,通常称为"公产";有些国有资产则不具有公用功能,所有权虽归属国家,但在法律性质上与所有权归属个人的财产并无区别,通常称为"国家的私产"。④ 公产和私产的划分以公法和私法的划分为基础。法国是最早适用公产和私产分类的国家。在法国,公法上的"公产是一些须由公共保管与控制的……某些产业是否属于公产范畴的决定权并不在行政部门,其拥有的只是信用上的决定权"⑤,"政治共同体中另外还有一些财产,它们属于共同体所有,正如私人

---

① 例如,1990年《国家科委事业行政单位国有资产管理实施办法》第2条第1、2款规定:"国有资产是指国家依据法律取得的,或由于国家资金投入、资产收益、接受馈赠取得的财产。无主资产属国有资产。"1993年《国有资产产权界定和产权纠纷处理暂行办法》规定,国有资产系指国家依法取得和认定的,或者国家以各种形式对企业投资和投资收益、国家向行政事业单位拨款等形成的资产。

② 例如,按与社会经济活动的关系划分,国有资产可以分为经营性国有资产、非经营性国有资产和资源性国有资产。参见刘玉平主编:《国有资产管理》,中国人民大学出版社2008年版,第7—10页。以资产存在的形态为标准,国有资产可以分为固定资产、流动资产、无形资产和其他资产。参见谢次昌:《国有资产法》,法律出版社1997年版,第4页。按不同性质,国有资产可以分为经营性资产与非经营性资产、有形资产与无形资产、金融性资产与非金融性资产、资源性资产与自然资产等。参见杨文:《国有资产的法经济分析》,知识产权出版社2006年版,第6页。

③ 参见史树林、庞华玲等:《国有资产法研究》,中国财政经济出版社2003年版,第134—149页。

④ 参见王克稳:《论国有资产的不同性质与制度创设》,载《行政法学研究》2009年第1期。

⑤ 〔法〕莫里斯·奥里乌:《行政法与公法精要(下)》,龚觅等译,辽海出版社、春风文艺出版社1999年,第827—828页。

的财产属于私人一样。这是私产,是生产性的可以用以谋取利益的财产"①。日本专门制定了《国有财产法》,依据使用目的的差异,将国有资产划分为普通财产和行政财产。日本著名学者植草益将由普通财产投资形成的"公营企业"划分为三个类别:部门企业,即中央政府部门或地方自治体所属的企业,国会对该类企业的预算、决算、价格、事业计划、资金供应、利润处理等具有决定权;公共法人,即根据特别法设立的,由政府或地方公共团体出资,委托给企业家经营的企业,实行所有权与经营权的分离,受规制程度相对较弱;公私合营企业,即政府或地方公共团体持有股份的企业,一般是按照民法、商法组建的股份有限公司和有限责任公司,完全受私法调整。②

我国学界多是依据国有资产的自然属性对其进行划分的,在法学上的划分尚属欠缺,这也直接导致我国国有资产性质上的认识误区。在《物权法》的制定过程中,既存在公产、私产区分不明的情况,也存在对国家所有权性质的认知差异。《企业国有资产法》作为首部对经营性国有资产作出全面规定的立法,其具体的立法规定和第1条"为了维护国家基本经济制度,巩固和发展国有经济,加强对国有资产的保护,发挥国有经济在国民经济中的主导作用,促进社会主义市场经济发展"的立法目的并没有完全对应,对保值增值的要求过分突出,对经营性国有资产的投资领域、不同性质国有企业的制度安排缺乏必要的分类以及差别化的设计;突出国家出资企业的权利设置,而对其责任义务的规定过于原则;对国资委的权利界定比较充分,对如何监管、运营则缺乏相应的体制机制设计和制度保障。例如,在城市自来水、电力、燃气供应以及公共交通等领域,国有企业的目标就不能与竞争性领域的国有企业一样以追逐利润最大化为目标。

(三)地方国有资产的动态认定

1. 概念模糊的地方国有资产

在我国,"地方国有资产"一词常见于政府文件以及各类书籍、报刊之中。但是,截至目前,对"地方国有资产"还没有形成正式的解释和定义。这并不奇怪,因为任何实质定义都是对事物本质的某种揭示,"地方国有资产"所指称的对象在当代中国正处于变动不居的状况,所以要说清楚"地方国有资产"的确很困难。③

---

① 王名扬:《法国行政法》,中国政法大学出版社1989年版,第295页。
② 根据这种划分方式,植草益认为,国有经济具有公共性与企业性的双重属性。一方面,国有企业受政府的规制;另一方面,它需要通过提供商品和服务确保一定的收入,并在经营管理方面具有一定的自主性,从而具有与私营企业相近的性质。这种双重性是理解国有普通经济的基本出发点。参见〔日〕植草益:《微观规制经济学》,朱绍文等译,中国发展出版社1992年版,第228页。
③ 参见曹世华等:《地方国有资产管理制度研究》,中国科学技术大学出版社2004年版,第22页。

之所以说地方国有资产指称的对象处于变动不居的状况,首先是由经营性国有资产的动态性所致。与非经营性国有资产具有相对的静态性相比,经营性国有资产进入经营领域后,其市场价值必然随市场的波动而剧烈变化。面对市场的变化以及伴随而生的各种市场风险,国有投资规模不断增减,资产形态不断转化,因而经营性国有资产必然处在动态之中。① 其次,"地方国有资产"是与"中央国有资产"相对的概念,而中央国有资产的范围界定也在不断变动之中。党的十五届四中全会通过的《中共中央关于国有企业改革和发展若干重大问题的决定》指出,要"从战略上调整国有经济布局",并概括性地指出了国有经济需要控制的四个重要领域和行业②。2006年底,国资委发布了《关于推进国有资本调整和国有企业重组的指导意见》,在中央应控制的行业与领域中增加了"重大基础设施和重要矿产资源",但是没有再提自然垄断行业。随后,国资委详细解释了国有经济应保持控制力的七大行业,包括军工、电网电力、石油石化、电信、煤炭、民航、航运业。根据2008年通过的《企业国有资产法》第4条,国务院国资委对三类出资企业③履行出资人职责。但是,"在国家安全、基础设施、矿产资源、公共品、支柱产业和高新技术这六大选取标准中,仅公共品具有严格的经济学定义,其他均带有主观任意性"④。这也就意味着中央掌控的国有资产的范围是不确定的,是在变动中的。按照两分法,中央增加或减少的部分也就成了地方国有资产。再次,中央国有资产和地方国有资产的相互转化也造成两者范围的不确定,这也是经营性国有资产动态性的体现。近年来,央企与地方国企重组联合、央企收编地方国企不断发生,地方上市国企的国有股权无偿划转给央企的案例比比皆是。据不完全统计,从2008年下半年到2009年12月底,地方国企对接央企涉及的金额至少有4.4万亿元之多。⑤ 2011年,申银万国也由一家上海地方企业转变为中央企业的控股子公司。最后,地方国有资产难以界定的最根本原因在于目前实行的国有资产管理体制。从语义上看,"地方国有资产"有两种解释:地方所有的国有资产、地方管理的国有资产。根据国家发布的一系列政策性文件和《企业国有资产法》,我国目前采取的是"统一所有,分级代表"体制,和"分级所有""分级管理"的含义都存在较大差异。在"分级代表"体制下,地方

---

① 参见王卫平:《经营性国有资产的特性及其启示》,载《经济论坛》2009年第20期。
② 即"涉及国家安全的行业,自然垄断的行业,提供重要公共产品和服务的行业,以及支柱产业和高新技术产业中的重要骨干企业"。
③ 包括国务院确定的关系国民经济命脉和国家安全的大型国家出资企业、重要基础设施和重要自然资源等领域的国家出资企业。
④ 许小年:《解析"七大行业"》,载《南方周末》2007年1月4日。
⑤ 参见邢莉云:《央企交易7万亿控制地方国企》,载《21世纪经济报道》2009年12月30日。

国有资产只能界定为地方政府代为监管的国有资产。① 这在一定程度上说明了地方国有资产的内涵,而其外延还是模糊的。

2. 地方国有资产的动态认定

在国外,地方国有资产有三个不同的含义:地方政府管理的国有资产、地方所有的公有资产、中央和地方共有的资产,后两者一般是指公营企业。② 在我国"统一所有,分级代表"制度下,这种划分的借鉴意义并不是很大。要解决如何在中央与地方之间合理和公平划分国有资产这个棘手的问题,至少需要考虑三个方面的因素:第一,如何正确界定"关系国民经济命脉和国家安全"的含义;第二,地区之间的利益平衡;第三,投资关系。

按照投资关系划分中央和地方国有资产是一种最为公平也符合市场经济规律的方法。"谁投资,谁所有"是现代市场法制的基本要求,即根据投资主体确定所有者。那么,所谓地方国有资产,也就是指由地方政府投资形成的国有资产。这种划分对于增量的国有资产最为适合。但是,对于存量国有资产的认定则会引起地区间的利益平衡问题。目前,国有资产的分布基本是"东部—中部—西部"地区依次减少的格局。其原因既与历史上国家财政投入有关,更与地方政府的努力相关。因此,对于如何认定地方存量国有资产,有些学者主张通过存量调整求得各地方平衡的方法③未必是个好主意。整体而言,遵循现有格局,再作个别调整,可以避免全国上下重新瓜分国有资产的情况。④ 在地区平衡上,不是国有资产数量或增量如何分配的问题,而应由政府公共财政转移支付和引导市场中资本、劳动力、技术等生产要素在地区之间自由流动,最终达到均衡。

从行业的角度看,目前国务院国资委和地方国资委分别代表中央政府和地方政府对国有资产进行监管。一般认为,通过这种划分可以直接认定中央国有资产和地方国有资产。但是,按照党的十五届四中全会关于国有经济布局和结构调整的要求,央企中还有部分服装、纺织、食品加工等需要退出的行业和领域。因此,在国有经济布局和结构调整的过程中,仍有部分行业和领域会转化为地方国有资产,以分级代表制度为标准并不完全准确。

现实条件下,合理确定"关系国民经济命脉和国家安全的重要行业和关键领域"成为界定地方国有资产的关键。学界对此分歧较大,实务部门的界定也在不断变动。总体而言,中央国有资产对国民经济主要把握"控制力、影响力、带动

---

① 参见李松森:《中央与地方国有资产产权关系研究》,人民出版社 2006 年版,第 111 页。
② 参见曹世华等:《地方国有资产管理制度研究》,中国科学技术大学出版社 2004 年版,第 319 页。
③ 参见张军扩:《建立新型国有资产管理体制所面临的重点问题》,载《冶金管理》2003 年第 9 期。
④ 参见陈清泰:《深化国有资产管理体制改革的几个问题》,载《管理世界》2003 年第 6 期。

力",地方国有资产主要发挥影响和带动地方经济发展的作用。① 资源性国有资产一般应归于中央管理。对于关系国家安全的行业、自然垄断行业,其中地区性的公共服务行业,如水、电、煤、城市道路等,应由地方管理。对于竞争性领域的国有资产,尽管按照国家的要求需要慢慢退出,但是在相当长的时间内仍然会存在。对此类国有资产,中央应只负责大型支柱产业和高新技术产业;地方政府应按照国有经济布局和结构调整的要求,逐步退出一般竞争性领域,负责非重要行业和一般领域的国有大企业。地方国有资产的主要作用应是改善当地的投资环境,增进社会福利,扶持当地的支柱产业以提高当地经济的综合竞争力。那些具有较强的自然垄断性或投资大、周期长、风险高、效益不明显而具有不可替代的社会宏观效益的行业,应是地方国有资产保存和加强的领域。

从实践看,各地方国资委监管的国有资产的范围在不断扩大。2009年8月,《关于进一步加强地方国有资产监管工作的若干意见》提出集中统一监管的要求,地方国资委可根据本级人民政府授权,逐步将地方金融企业国有资产、事业单位投资形成的经营性国有资产、非经营性转经营性国有资产纳入监管范围。目前,各地国资委的监管范围不尽相同。例如,截至2010年,北京国资委监管范围已经超过本地国有资产的95%。② 2010年1月11日,广州市政府通过《市财政局监管的国有企业分步移交市国资委管理的工作方案》,规划将全市经营性国有资产纳入国资监管机构统一监管。此外,还有上海、重庆等多个省市将金融国有资产纳入国资委的监管范围。湖北省国资委2011年5月26日通过的《湖北省企业国有资产监督条例》将国有资产的监管范围扩展到了行政单位、财政全额拨款的事业单位投资的企业或者经济实体的国有资产,以及各级人民政府授权履行出资人职责的机构管理的其他国有资产,并建立了文化企业国有资产"统一纳入,委托管理"的体制。

(四)地方国有资本

在实践中,"国有资本"的提法被越来越多地使用。"国有资本"与"国有资产"是两个既密切联系又有区别的概念。国家对企业投资形成国有资产,其运行表现为国有资本的运作。国有资本有其特定的内涵,一般是指由国家出资、占有,作为生产要素用于生产经营,并在经营中获得收益和增值以及相应权益的资产。相应地,国有资本仅为国有资产的一部分,是国有企业的净资产。③ 在表现形式上,国有资产既可表现为实物资源的占用,也可计量其价值;而国有资本通

---

① 参见史言信:《国有资产产权:中央与地方关系研究》,中国财政经济出版社2009年版,第129页。
② 参见康怡:《垂直监管撑腰 地方国资委硬了》,载《经济观察报》2010年9月24日。
③ 参见顾功耘等:《国有经济法论》,北京大学出版社2006年版,第10页。

常都是以价值形态体现的。国有资本与国有资产的最大区别在于国有资本的增值性,是由国家持有的能够用于增值的财富。① 地方国有资本是由地方掌握或所有的能够增值的经营性国有资产。

二、地方国有资本运营的内涵

(一)国有资本运营的定义

一般来说,所谓资本运营,就是资本所有者、管理者等主体为了使资本产生增值,以实现利润最大化为目标,对生产要素进行优化配置的过程。将资本运营概念运用到国有资产中,是随着国有资产管理向资本管理的转变才出现的表述方式。关于对国有资本运营的概念界定,学界根据资本运营过程中的阶段划分,形成了多种定义。例如,将国有资本运营界定为对国有资本进行运作的行为,这是最狭义的界定方式。20世纪90年代,原国家体改委的立法中即采用了这种界定方法②。还有一种界定方式将国有资本运营过程延长至监管阶段,认为国有资本运营包括了资本的运营和监管。③ 有的学者认为,国有资本运营不仅包括资本的运作过程、监管过程,还应包括对资本运作形成的收益进行分配的过程,是资本运作、监管、收益分配与考核的全过程。④

不同的定义产生于特定的、不同的环境,从狭义、广义上理解国有资本运营同样基于特定语境。在实践中,国有资本运营是投资、收益分配以及监督、考核的综合体,而且在整个过程中往往交叉在一起进行。从实践的需求看,从广义上理解国有资本运营更能阐释国有资本运营的含义。

本书认为,国有资本运营是指国有资本运营主体为实现资本的保值增值而对国有资本实施的运作行为。对这个概念可以从以下几方面进行界定:首先,所谓国有资本运营主体,既包括国家、政府、企业,也包括社会公众,他们在国有资本运营中发挥各自的独特作用。在我国,国家作为国有资产所有权代表,委托各级政府对国有资本进行运营;政府基于两权分离要求,授权国有资本运营公司对

---

① 参见顾功耘等:《国有经济法论》,北京大学出版社2006年版,第4页。
② 1997年颁布的《国家体改委关于城市国有资本营运体制改革试点的指导意见》规定:"国有资本营运是指国有资本出资人和由其投资设立的国有资本营运机构配置、运用国有资本,维护国有资本权益,实现国有资本保值增值的行为。"
③ 如阎嗣烈认为,国有资本运营是指以政府的社会经济管理职能和所有者职能分离、国有资本的行政管理职能和经营职能分离、所有权和经营权分离为原则,以资本经营为手段,以实现国有资本的保值增值为目标的国有资本管理和经营行为。参见阎嗣烈、张志强主编:《国有资本营运实务》,中国经济出版社2001年版,第5—6页。
④ 如唐成认为,国有资本运营是指在社会经济活动中为使国有资本保值和增值并获得产权收益所进行的经营管理活动,其内涵包括国有资本的管理、监督、运营和考评。参见唐成:《国有资本运营模式比较研究》,中共中央党校2008年博士论文,第40页。

国有资本进行具体的运营;社会公众作为最终所有者,享有收益权、监督权等。其次,国有资本运营的目标是保值增值,而最终目标是实现全体人民的福祉。再次,国有资本运营的形式多样,既有扩张性的资本运作方式,也包括收缩性的资本运作方式,在结果上可以体现出国有经济布局和结构调整的效果。最后,此处的"运作"应作广义理解,不仅包括投资行为,还包括监督和收益的分配行为。

综上所述,地方国有资本运营是指地方国有资本所有者、管理者等主体为了使资本保值增值,以实现利润最大化为目标,对生产要素进行优化配置的过程。

(二)资本运营与相关概念的辨析

在不同历史阶段和场景下,曾存在"资本经营"的概念。"运营"和"经营"仅一字之差,却蕴含了不同的含义。两者虽都具有"筹划"和"管理"的含义,但"经营"侧重于微观,以对资本的配置为主要出发点;而"运营"则在微观经营的基础上实现宏观的规划。

对于企业来说,资本运营和生产经营的区别是比较明显的。首先,在对象上,资本运营以资本为对象;生产经营的对象一般是具体的商品,通过商品的生产和销售实现资本的保值增值。其次,在运作方式上,资本运营通常以资产剥离、分拆上市、公司的合并与分立等形式实施,生产经营则以商品的生产为主要方式。再次,资本运营主要在资本市场进行,生产经营一般在商品市场进行。最后,两者实现收益的方式不同,生产经营以产品和劳务的提供为手段,实现利润的增加;资本运营则是通过优化生产要素的组合,通过生产率的提高获取收益。[1] 同时,也应纠正片面强调资本运营的重要性而忽视生产经营的基础作用,把资本运营和生产经营割裂开来的观点和做法。

三、地方国有资本运营法制的含义

从字面上理解,法制即法律制度。学界认为,对法制可以从静态、动态、静态与动态相结合三种方式予以理解。静态的法制就是法律和制度,制度又包含了正式制度和非正式制度,如惯例和政策。从动态上理解,法制包含了立法、执法、司法、守法和法律监督。[2] 还有学者对静态和动态的法制作了扩展理解,将法律意识纳入研究范围。[3] 本书主要采用静态观点,主要是对地方国有资本运营的

---

[1] 参见林青:《论企业的资本运营与生产经营的主要区别》,载《工业会计》2002年第10期。
[2] 参见卢云主编:《法学基础理论》,中国政法大学出版社1999年版,第247—263页。
[3] "法制一词不仅包括一个国家或地区的法(法律规则),而且包括法在实际生活中的运行、保证法律运行的国家机器、一个国家的法律文化传统、占主导地位的法律意识、法律教育、法学研究等等。""法制是一个国家或地区法律上层建筑的各个因素所组成的系统,从其构成来看,起码包括现行法、法律实践及指导法和法律实践的法律意识。"孙国华主编:《法理学教程》,中国人民大学出版社1994年版,第112—114页。

相关法律制度进行研究,既包括现有的立法等正式制度,也包括党和政府颁布的政策文件等非正式制度。

为调动地方积极性,传统计划经济下的中央绝对集权逐步向地方分权过渡,地方在执行国家统一法律过程中也会根据本区域实际情况作出立法解释,或根据经济形势的变化在国家没有立法时探索立法规范。如此,就形成了地方法制。

在国有资本运营过程中,我国目前专门规范国有资产的人大立法只有《企业国有资产法》一部,其余大多是国务院、国资委、财政部等政府或政府机构颁布的行政法规、规章。其他立法中也部分涉及了国有资产的规定,如《宪法》《民法通则》《物权法》《公司法》等。因此,本书在研究过程中不仅仅以《企业国有资产法》为对象。国有资本运营是国有资产管理体制中的一个环节,对国有资本的研究必然涉及整个国有资产的法律制度,如国有资产管理体制立法、国有资产监督立法、国有资本经营预算法制等。本书也无法脱离这部分法制而作孤立的研究。

第二节 地方国有资本的功能定位

2007 年,一篇题为《央企为什么这么"红"》的评论文章让李荣融彻夜难眠:"我想不明白,为什么国企搞不好的时候你们骂我,现在我们国企搞好了你们还是骂呢?"李荣融的纠结,某种程度上正是中国国有经济发展模式的纠结。① 对此,2010 年 9 月 2 日出版的《南方周末》"方舟评论"直指争论核心——"理清国企定位事关改革成败":赚钱是国企的基本定位吗? 政府的基本职责是提供包括公正规则在内的公共品,有什么理由直接介入大规模营利活动? 如果赚钱不是国企的基本使命,如果建立好的市场经济还是中国改革的目标,有个问题就不得不问:国企的存在,到底是为了什么?②

一、国有资本的双重属性和国家法律人格的二重性

(一) 国有资本的双重属性

国有经济的运行表现为国有资本的运作,国有企业是国有资本的主要载体和国有经济的主要组织形式。③ 对国有资本进行功能定位分析,最基础的概念是资本的属性。资本属性理论是马克思主义政治经济学中的基础理论,资本具

---

① 参见舒圣祥:《央企为什么这么"红"》,载《现代快报》2007 年 12 月 11 日。
② 参见戴志勇:《理清国企定位事关改革成败》,载《南方周末》2010 年 9 月 2 日。
③ 参见顾功耘等:《国有经济法论》,北京大学出版社 2006 年版,第 10 页。

有自然属性和社会属性是经典作家的基本观点。

对于资本的自然属性,各个历史时期的经济学家都认为资本的根本属性是价值增值,即"每一种资本作为资本所共有的规定,或者说是使任何一定量的价值成为资本的那种规定"①。资本的自然属性体现出无限增值性、流动性、扩张性等特点。无限增值是资本的基本属性和根本目标,也是资本赖以存在的前提条件。② 国有资本作为资本的一种,也不能脱离资本的经济属性,和私人资本一样,要追逐价值的增值,这是市场机制的基本原则在资本身上的反映和要求。

资本的特殊属性,也称"社会属性",即拥有资本所有权的人有权自主决定资本投向、数量以及投入收益等决策。资本所有者虽然有时会把管理权、经营权暂时转移,但是仍保留最终所有权。③ 对于私人资本来说,资本增值以满足个人福利为宗旨。与私人资本相比,国有资本的出资人是全体人民,国有资本运营应支持和服务于全民福利的整体提高。虽然全体人民是国有资本的出资人,但是"人民"概念的虚化、需求的多元化等差异,使得出资人福利无法进行具体的数值量化,而只能作为宏观经济、社会整体福利的有机组成部分予以考察。对于授权行使国有资本出资人权利的国家来说,国有资本是其掌握的重要公共资源之一。国家对国有资本的运营应当从宏观经济角度出发,需要满足公共服务和社会管理要求。同时,因为国有资本的主体是抽象的全民,所以对国有资本的运营必须委托给具体、明晰的主体,即要求国有资本人格化,这也是本书主张在国有资本运营中设置独立运营国有资本的国有资本运营公司的缘由。

(二)国家法律人格的二重性

通说认为,国家是一种政治组织。国家起源于社会并日益成为超脱于社会之上的力量,间接地、宏观地实施对社会的管理、协调和组织,承担着政治职能和经济职能双重职能。在市场经济条件下,国家的经济职能在不同历史时期具有不同的要求。在自由放任的市场经济条件下,国家承担的经济职能是有限的,以亚当·斯密为代表的古典经济学家所主张的放任自流的经济政策为这一时期的国家所尊崇,此时的国家所承担的主要是"守夜人"的角色。市场作为资源配置的一种方式有着天然的优势,但是其本身存在着信息不对称等不可克服的局限性,最终可能导致市场失灵。在 20 世纪 30 年代世界性经济危机的时代背景下,凯恩斯革命引起了各国的关注,国家开始直接干预经济。这种对市场的干预体现了国家的公法人格。

---

① 《马克思恩格斯全集》第 46 卷,人民出版社 1979 年版,第 444 页。
② 参见刘霞:《略论马克思主义资本属性理论》,载《人民论坛》2011 年第 20 期。
③ 参见江可申、涂军民:《关于资本性质的再认识》,载《探索》1999 年第 6 期。

从国家的来源和依存基础看,政治国家是与市民社会相对应的,它一般只具有公法人格,是公法关系的主体。随着经济发展和理论的突破,现代国家大多同时具有双重身份,即在具有公法人格的同时,国家也可以私法人格参与社会经济生活,并不禁止政府从事营利活动。① 国家以私权主体直接从事市场经济活动,如从事投资、商业服务等,此时所表现出来的就是国家的私法人格。这种情形下,国家及其政府与其他市场参加者处于平等的法律地位,同样须遵守法律法规的要求。

国家具有双重人格普遍存在于公有制国家和私有制国家。国家既可以是公法主体,也可以充当私法主体,这本身不构成问题。但是,如果对国家双重人格不予分离,或者界限模糊,就会导致国家双重法律人格问题。因此,所谓国家法律人格二重性问题,指的是国家的公法人格和私法人格相互重叠、任意置换,公法人格出现在私领域,而私法人格出现在公共领域。② 这导致了国家职能的二重性,从经济和法律的角度看,其主体和客体都具有经济和政治的双重属性:从前者看,作为主体的国家,既是社会经济的管理者,又是国有资产的所有者;作为客体的职能,既调控宏观经济,又经营国有企业,从而垄断国有企业的生产经营权和剩余索取权。从后者看,作为主体,国家既是公权力的主体,又是企业民事权利的主体;作为客体,国家职能既是公权力,又是民事权利。③

在我国长期实行的计划经济体制下,国家在通过计划手段配置资源的同时,使国有资产的所有权和经营权合二为一,政府各个职能部门直接干预国有企业的生产经营,从而导致宏观的直接调控和微观的政企合一。改革开放以来,我国的国有企业改革大致经历了"放权让利""承包制""建立现代企业制度"等多个阶段。在从计划经济向市场经济转变的过程中,根据建立现代企业制度的要求,国有企业获得了独立法人资格,政府转变为国有企业的出资人,从而享有法定的股东权。在不断实施的国有资产资本化过程中,国有资产不断显现资本的属性。从这个意义上讲,政府和私主体一样,要求将国有企业"做大做强"。当国有企业所在的行业存在较为激烈的竞争,使其亏损并背上沉重的财政负担时,政府就会断然选择国有企业的退出。相反,当国有企业所在的行业具有垄断的结构性条件时,政府反而会通过制度性进入壁垒的设置,在市场性垄断的基础上加设行政

---

① 这一点也可以从《国家经济权利和义务宪章》第2条第1款可以看出:"国家具有为了营利而从事生产、贸易和服务的权利,以及经营国有企业的权利。"〔德〕罗尔夫·施托贝尔:《经济宪法与经济行政法》,谢立斌译,商务印书馆2008年版,第282页。

② 参见张作华:《论我国国家法律人格双重性问题》,载易继明主编:《私法》(第3辑第2卷),北京大学出版社2004年版,第272页。

③ 参见杨万铭:《国有资产产权的二重性》,载《经济学家》2000年第6期。

性垄断。这就合理地解释了为什么我国在20世纪90年代出现大规模的"国退民进"之后,2001年后,特别是2008年"四万亿元"经济刺激措施实施之后,又发生了结构性的"国进民退"现象。这样,随着国有资产的资本化,政府便具有公共品提供者(一般性政府)与机构化资本(营利性政府)的双重性质:其一,一方面,国有企业作为国有资本运营的载体或平台,以独立法人的资格与形态,要在市场上实现利润最大化的目标。这符合企业的一般性质。另一方面,国有企业在某些场合下,又不同程度地被赋予诸如就业、社会稳定、宏观调控、执政基础和国家安全等公共目标。其二,国有企业的管理者作为资产的经营者,与一般的代理人并无区别;而同时作为政府目标的实施者又实属政府序列,并可在企业家和官员的不同身份之间相互转换。其三,国有企业(管理者)在市场经营中,会强调其所赋予的公共性,通过"院内活动"等取得某种特殊的条件和优势,从而牟取不正当利益;而当真要践行其公共目标时,又会主张其经营主体的法定权利,使得利益向企业乃至经营者自身倾斜。①

二、国有资本在不同法域中体现的功能

新中国成立后,法律体系的构建多移植于苏联,反映在所有制以及国有资产的运营上,均沿用了列宁的公法一元论。他认为,经济领域的一切都属于公法范围。这种认识成为否认社会主义存在公法、私法的划分之依据,对我国传统的经济体制和法学体系的形成起了支配作用,对经济体制改革和法制建设起着制约作用。② 我国计划经济体制下对国有资产的运用即强调国家和社会的统一,由国家包办一切。随着改革开放的进行,我国法律体系逐渐接受大陆法系和英美法系的观点,公法和私法的划分也已基本成形。

(一)公法视野下国有资本的功能

作为社会主义国家,我国《宪法》明确界定了国有经济的地位:"国有经济,即社会主义全民所有制经济,是国民经济中的主导力量。"在宪法中,国有经济不仅承担着发展经济的功能,还执行着维护社会主义制度的政治功能,以满足维护统治阶级利益的需要。社会主义制度的特殊性质要求国家对国民经济发展实施有效控制,并通过国有经济的控制力得以体现,反映在经济体制中就是要求国有经济控制国民经济命脉。社会主义国家的国有经济与资本主义国家的国有经济虽都反映了社会化大生产和现代市场经济发展的要求,但两者的发展阶段和基本

---

① 参见天则经济研究所:《国有企业的性质、表现与改革》,http://www.unirule.org.cn/xiazai/2011/20110412.pdf,2016年6月16日访问。
② 参见杨万铭:《国有资产产权的二重性》,载《经济学家》2000年第6期。

制度是不同的。在社会主义市场经济中,国有经济的主导作用是由公有制的主体地位赋予的,体现了社会主义基本经济制度的根本要求,是为了促进国民经济稳定协调和有计划地发展,巩固和完善社会主义制度,实现最广大人民群众的根本利益。①

以实现最广大人民群众的根本利益作为国有经济的最终目标,就要求国有经济在实现形式上必然不同于私人经济以利润最大化为目标。国家所有权不是天然存在的,而是通过私人让渡形成的。因此,国家所有权理应满足所有权让渡人的利益,从而从整体上为社会公共利益服务。国家对国有资本的运营不能仅满足其私利需要,而应把社会利益放在首位,在国有资本运营增值目标与社会目标产生冲突时,应确保能够满足社会利益。② 施利斯基博士在论述私人竞争行为和国家竞争性行为时,对此也有精妙论述。③ 国有经济作为全民所有制的实现形式,不应仅仅停留在理论与口号之上,更应以法律的形式予以明确界定,并作出实现全体人民福祉最大化的制度构建。这就要求,国家及其政府受全体人民委托,对国有经济实施具体的投资、运营、监管行为,作为委托人的全体人民拥有对国有经济的投资、收益及用途的知情权和监督权。

但是,改革开放以来,由于我国采取的是"摸着石头过河"的渐进式改革路径,政府和民众在面对国有经济改革难题时,适用的往往是具有较强的策略性的观点。面对意识形态和以宪法为主体的公法对国有经济身份、地位较为清晰的定位,实践中的国有经济却是目标多元、角色复杂的。"关于国有经济与全民所有制怎样关联及如何实现这类深层次问题的叩问,也就逐渐为现实而复杂的利益关系所淹没。"④

(二) 私法视野下国有资本的功能

在我国公有制占主体地位的社会主义市场经济改革中,要使国有资产在流

---

① 参见张宇:《当前关于国有经济的若干争议性问题》,载《经济学动态》2010年第6期。还有学者将国有经济的地位和作用上升到中华民族复兴的角度:"坚持公有制的主体地位,充分发挥国有经济的主导和支柱作用,同时鼓励、支持和引导多种所有制经济共同发展,是坚持和完善社会主义基本经济制度,建设社会主义现代化,实现中华民族伟大复兴的客观要求和根本保证。"宗寒:《正确认识国有经济的地位和作用——与袁志刚、邵挺商榷》,载《学术月刊》2010年第8期。
② 参见王文杰、丁小宣编:《国有企业公司化改制的法律分析》,中国政法大学出版社1999年版,第135页。
③ "在宪政国家,国家机构的职能是实现特定的国家目标,这些国家目标使国家机构授权具有合法性。国家权力最基本的、预先合宪的正当性来自于公共福祉。而且只有某国家行为体现某种公共利益时,该公共福祉才会得到保障。因此,要求每一个国家行为都是为了某种公共利益而实施的,该公共利益使国家的竞争性行为具有了合法性。如果国家的竞争性行为不能被证明具有公益目的,则其不能被允许,已经实施的则必须停止。"〔德〕乌茨·施利斯基:《经济公法》,喻文光译,法律出版社2006年版,第169—170页。
④ 谢地:《国有经济的身份与地位——法经济学的视角》,载《政治经济学评论》2010年第3期。

通中增值,唯一的办法就是使之进入市场。国有资产在私法中的作用主要是通过国有企业实现的。在承认国家具有私法主体人格的前提下,其参与市场竞争的行为理应属于私法行为。国有企业是国有资本的主要载体和国有经济的主要组织形式,一般包括国有独资企业、股份制企业以及合资和合作企业。采用现代公司制度是经过历史论证的选择,主要是为了避免国家直接经营企业所产生的效率低下、行政性管制较强等弊端,期望以市场化的操作方式运营好国有资产,在企业生产经营活动过程中不断实现保值增值,最终实现公益性目标和营利性目标的双赢。

市场经济的首要理念是平等理念,特别是参与主体地位上的平等。实践证明,在我国,目前国企和民企无论在法律制度的规定还是实践中的表现上,都不处于同等保护地位。国有企业依据宪法规定的超然地位,再加上和行政权难以隔离的"裙带关系",政府在对其发展的政策制定上表现出明显的倾向性、保护性。这样,国有企业就可以凭借垄断性政策形成对民企的挤压。政府作为国有资产所有者,从根本上对国企与民企无法公正对待。"国家法律人格的双重性,使得国家所有权与行政权相互交叠,都由政府机关行使,这使得所有权这样一种经济职权往往变成政府的行政职能,无法按市场价值规律发挥作用;而行政权又往往借助这种错误的机制,以所有权的形式出现,使得企业对政府部门借管理、监督之名而为的各种寻租行为无法抗拒,经常出现'裁判员'与'运动员'双重身份现象。"①

(三)经济法中的国有资本:市场失灵与政府失灵的合理规制

美国法哲学家博登海默认为,法律试图通过把秩序与规则性引入私人交往和政府机构运作之中的方式,在两种社会生活的极端形式(无政府状态与专制政体)之间维持一种折中或平衡。② 经济法横跨公法与私法,为满足经济性与社会协调性的要求,同时采用了公法规制和私法规制的方法。③ 体现社会本位的经济法修正了传统私法中的所有权神圣理念,私权的自由行使不得违背社会公共利益;而至高无上的公权力则成为为社会利益服务的工具。在这个意义上,经济法也可以说是公法和私法之间的均衡。④

---

① 张作华:《论我国国家法律人格双重性问题》,载易继明主编:《私法》(第3辑第2卷),北京大学出版社2004年版,第298页。
② 参见〔美〕E.博登海默:《法理学:法律哲学与法律方法》,邓正来译,中国政法大学出版社1999年版,第233页。
③ 参见〔日〕金泽良雄:《经济法概论》,满达人译,甘肃人民出版社1985年版,第33页。
④ 参见王新红:《论经济法的时代精神》,载《湖南财经高等专科学校学报》2002年第2期。

国有企业包含了所有性、控制性、自主性、市场性四个因素。① 自主性和市场性决定了国有企业的营利性,所有性和控制性决定了国有企业的公益性。国有企业的经营目标体现了公共目标和企业目标的对立统一。国有企业的营利性服从于公共目标。当营利性和公益性发生冲突时,国有企业应以公益性为主导,以保障全民的福祉,维护市场机制作用的有效性。私法过分强调保值增值目标,国有独资及国有控股企业自主经营,在没有合理机制约束时,其盈利并不会自动地符合全体人民的根本利益,从而忽视国有资本为全社会谋福利的根本目标。"政府的职责就是通过避苦求乐来增进社会的幸福,最大多数人的最大幸福乃是判断是非的标准。"② 对国有经济的评价不应仅仅限于效率、利润、规模等经营状态的一般评价,更要强调国有经济的社会目标。③

从国有经济的发展历史和现状看,国有企业是政府宏观调控的重要工具。国有资产承担的公共目标一般包括保持经济稳定、促进经济增长、实现国民收入再分配、提供社会公益服务。④ 在我国社会主义市场经济建立和完善阶段,发挥国有经济的主导作用主要体现在技术创新、产业结构调整和社会制度的演进上。与此相对应,国有经济的作用应体现在以下三个方面:第一,调节市场失灵,弥补市场缺陷,成为社会生产和生活所需基础设施的主要供应者;第二,优化产业结构,扶持战略性产业和民族产业;第三,作为公有制经济的重要实现形式和代表,体现社会的性质。⑤ 这也决定了国有经济需要参与的领域主要是自然垄断领域和公共事业领域。⑥

三、地方国有资本的功能定位

从经济学理论出发,资本的自然属性决定了对资本实施运营的目的都是实现利润的最大化,国有资本运营也不例外。但是,和一般资本不同,国有资本除自然属性外,还兼具社会属性。在社会主义国家,更应强调的是国有资本的社会

---

① 参见郑阁林:《经济法价值在国有经济法中的微观体现——以国有企业特殊社会责任为讨论视角》,载《法制与社会》2011年第15期。
② 〔美〕E. 博登海默:《法理学:法律哲学与法律方法》,邓正来译,中国政法大学出版社1999年版,第106页。
③ 参见金碚:《论国有企业改革再定位》,载《中国工业经济》2010年第4期。
④ 参见顾功耘等:《国有经济法论》,北京大学出版社2006年版,第8页。
⑤ 参见顾功耘主编:《经济法教程》(第二版),上海人民出版社、北京大学出版社2006年版,第521页。
⑥ 公共事业主要包括:第一类是关系国家安全的领域,如造币工业、国防安全等;第二类是具有较强公益性的领域,如城市基础建设、水利治理等;第三类是特大型不可再生资源开发领域,如油田、煤矿等;第四类是其他关键性领域,如具有战略意义的高新技术的开发和研制等。参见顾功耘主编:《经济法教程》(第二版),上海人民出版社、北京大学出版社2006年版,第513页。

属性,即通过国有资本的运营实现全民利益的增加。从不同层面看,国有资本运营的目标是不同的。从微观层面考虑,以国有资本运营实现国有资产的保值增值是其首要目标,以实现利润最大化。但是,考虑到国有资本分布的行业和领域,利润最大化并不是唯一的目标。对于竞争性领域的国有资本,由于和普通的商事公司不存在较大的差异,以利润最大化为目标自不待言;对于非竞争性领域的国有资本,则应强调其公共服务作用,单纯以实现利润最大化为目标会造成国有资产功能的偏离。从宏观层面看,国有资本运营的目标设定应与政府经济职能保持一致。具体来说,国有资本运营应能够促进经济的发展,保持经济状况稳定,实现经济公平。① 第一,国有资本在一些重要产业的投资规模及其结构变化,会在实质上影响国家产业结构的调整。因此,国家可以通过国有资本投向引导社会资本的流动方向,实现优化产业结构的政策目标。第二,国有资本,特别是非竞争性领域的国有资本的重要作用是提供政府公共产品。通过国有资本运营,政府可以保持经济的稳定,这个作用在1997年亚洲经济危机、2008年次贷危机中得到了很好的体现。第三,虽然学界对国有资产存在的领域并没有统一的认识,但是都承认国有资产对于私人不愿进入的领域的重要作用,通过国有资本运营,可以对经济中的"外部性"问题予以修正。从上述分析可以看出,我国的国有资本运营具有多元化的运营目标,并不是仅仅追求资本的保值增值,而且还有宏观的社会目标,要以实现社会整体利益最大化、增加全民福利为要旨。这也反映出2003年《企业国有资产监督管理暂行条例》等在立法目标设定上的不恰当。

地方国有资本运营的功能是和地方政府承担的职能相联系的。现代国家对政府职能的定位有福利性政府和服务性政府之分。按照党和政府的相关文件的规定,服务性政府是我国意欲实现的定位。2005年初修订的《国务院工作规则》提出了我国政府承担的四项职能,即"经济调节、市场监管、社会管理、公共服务"。在我国,地方政府职能的承担具有二重性:一方面,我国实行单一制国家形式,地方政府需要完成中央政府授权、委托的某些职能,其职能、权限由法律规定;另一方面,地方政府需要对本级人民代表大会负责并报告工作,管理辖区内的社会公共事务。我国地方政府职能体现了执行性、相对独立性、多样性、动态性、有限性、法定性、服务性、衔接性、区域性和非完整性的特点。② 具体而言,地方政府需要承担的职能包括:(1)承接中央政府职能,包括制定相应的经济政策,保证中央政策得以实施;(2)培育监督市场职能;(3)社会管理职能,如提供

---

① 参见王学东:《国有资本运营目标的分层定位》,载《经济学动态》2001年第5期。
② 参见沈荣华:《我国地方政府职能的十大特点》,载《行政论坛》2008年第4期。

医疗保健、养老保障等社会公益性事业和社会保障事业；(4)建设和管理公用事业职能，包括直接从事某些经济事务，提供地方性基础设施，包括交通系统、能源系统(电力、煤气)、供水排水系统等。

　　按照党的十六大报告对国有经济布局和结构战略性调整的改革要求，地方政府代表国家履行出资人职责的领域为除"关系国民经济命脉和国家安全的大型国有企业、基础设施和重要自然资源"之外的国有资产。特别需要指出的是，国有经济战略性调整并不是"全面退出"。地方政府理论上能够支配的国有资产更多地存在于一般竞争性领域和公共事业领域。

　　在现阶段，地方国有资本应在满足公共服务的需要、引领地方经济发展、维持社会稳定、支持中央宏观调控等方面发挥作用，而这些作用的发挥也构成了地方国有资本存在的基础和理由。第一，满足公共服务的需要。无论在西方国家还是我国，满足公共服务的需要都是国有经济存在的合理理由，也是国有经济存在的基础认识，这在资本主义国家和社会主义国家并无差别。满足公共服务需要主要是通过提供公共产品实现的。由于公共产品的非竞争性和非排他性，以追求私利为目标的私人企业不愿进入这些领域，国有经济理所应当地承担起这部分责任。对于地方政府来说，供水、输电、教育等准公共产品的提供是其重要的职能。虽然这部分产品也可以由私人参与提供，但是不及国有经济更有优势。第二，引领地方经济发展。应当承认，国有经济也能够创造效益。在现阶段，引领地方经济发展是地方国有经济的重要内容，其原因在于：首先，我国特殊的经济发展方式使地方政府成为"公司化"运营的主体，地方政府为实现 GDP 增长，实施大规模投资行为，其手段即发展国有经济特别是国有资本；其次，与大规模投资需要同时存在的是地方政府财政收入的减少，虽然原因可以归结为中央与地方财政体制，但是财源的减少也在客观上影响着地方政府公共管理职能的发挥，通过国有经济可以在一定程度上增加地方政府收入，为地方政府公共管理职能的发挥提供保障。当然，从改革的趋势看，这部分作用应在合理处理中央与地方关系、完善财政体制改革特别是转移支付制度后予以减少。第三，维持社会稳定。在现阶段，同样由于财政体制不合理，中央与地方事权的划分造成地方政府承担了提供社会保障的功能。同时，在地方发生重大灾难或大范围经济危机的情形下，地方国企通过承担社会责任，对于社会稳定起着不可忽视的作用。第四，支持中央宏观调控。实施宏观调控是中央政府的一个重要职能，这需要借助地方政府的支持和配合。

第三节 地方国有资本运营状况概述

地方国有资产管理、地方国有资本运营是全国国有资产管理与国有资本运营的组成部分,地方国有资本运营制度与全国国有资本运营制度是同步发展的。在建立地方国有资产管理机构之前,特别是1987年深圳市投资管理公司建立之前,我国采取的是全国"一盘棋"式的管理和运营方式,强调的是对国有资产的管理。1993年之后,国家开始转变对国有资产的管理与运营方式,逐步从对资产的管理向对资本的运营转变,地方政府在"分税制"改革等政策推动下,尝试对国有资本管理与运营制度进行探索,并形成了深圳模式、上海模式、武汉模式、"98"模式等多种管理方式及运营制度。2003年之后,随着新体制的确立,地方国资委在中央国资委的指导下,根据本地区国有资本情况展开了一系列的制度探索。

对地方国有资本运营制度进行分析,首先需要了解当前地方国有资产分布与运营状况。只有明晰我国各地国有资产的分布以及相应的国有资本的总量,才能具体问题具体分析,针对各地不同的资本分布领域和量的大小设计相应的资本运营制度,如运营模式的确立等。

总体上看,随着党的十六大确立的新型国有资产管理体制逐步发展,地方国有资产总量和利润收入得到了巨量放大,在行业分布等方面也取得了骄人的成绩。

一、地方国有资产分布

我国国有资产的分布状况受传统条件下国家对地方的投入、地方政府经济发展水平影响而呈现不均衡状态。在2003年国资委设立之后,地方政府相继设立了地方国资委。作为出资人代表,地方国资委在推动本地国资改革、实施资产重组等方面发挥了重大作用。在经济发展与经济危机并存的复杂经济形势下,无论从总量、实现利润还是国有经济布局和结构调整看,地方国资运营都取得了骄人业绩,对于地方经济发展起到了有力的推动作用。根据《中国统计年鉴》,2012年度各地区国有及国有控股工业企业主要指标在一定程度上反映了当前地方国有资产的分布状况。

全国各地区国有及国有控股工业企业主要指标(2012 年度)①

地区	企业单位数（个）	资产总计	所有者权益合计	主营业务收入	利润总额	总资产贡献率(%)
北京	790	21598.31	10536.85	9775.30	783.93	6.58
天津	575	9516.62	3385.58	8634.86	852.46	16.00
河北	708	14637.32	5173.35	11918.61	340.80	8.51
山西	738	15476.96	4821.74	10419.54	554.31	9.50
内蒙古	608	11604.14	4297.17	6046.20	716.45	11.50
辽宁	635	16160.87	5248.96	12942.73	10.75	7.86
吉林	357	7633.24	3066.00	8017.92	512.62	15.82
黑龙江	458	8662.87	3714.41	6706.45	984.78	24.77
上海	776	14132.78	7774.77	13556.68	1123.26	16.69
江苏	895	15030.74	5625.33	13273.83	660.91	12.56
浙江	645	8138.12	3541.00	8479.78	449.01	16.43
安徽	626	11290.86	3750.62	9320.82	457.33	10.89
福建	446	4852.61	1960.56	3911.58	179.93	13.66
江西	464	4580.01	1579.39	5239.41	189.70	11.64
山东	1165	21952.47	8205.19	21889.06	1344.03	14.96
河南	782	12134.76	3952.32	11381.55	283.02	10.48
湖北	676	13141.50	5229.20	10656.79	628.90	12.31
湖南	727	7823.38	2704.66	6796.22	325.37	17.04
广东	1012	16984.90	7183.17	15602.52	700.33	14.03
广西	527	5335.87	1805.55	4933.66	145.09	13.27
海南	82	671.13	351.48	376.77	56.61	14.99
重庆	473	5480.73	1866.54	3910.81	140.55	8.87
四川	888	14797.73	4906.05	8689.36	589.29	10.07
贵州	469	5634.18	1860.94	3259.66	329.86	14.69
云南	540	8482.38	3160.13	4906.05	293.65	16.81
西藏	26	386.37	277.37	51.57	-0.95	1.42
陕西	681	15661.41	6480.30	10143.24	1406.97	16.82
甘肃	368	7180.68	2531.06	6336.74	217.57	10.86
青海	89	2637.64	855.47	1011.84	121.67	10.24
宁夏	102	2663.59	888.33	1582.18	72.60	9.78
新疆	523	7810.18	3603.32	5304.05	705.19	17.41

---

① 资料来源:《中国统计年鉴(2013)》,中国统计出版社 2013 年版。受制于年鉴发布时间,所列数据并不能反映当年情况。同时,该表中的全国各地区国有及国有控股工业企业并不包括金融类企业。

与以往国家发布的统计数据及学者汇总统计数据相比,2012年度各地区国有资产分布状况与以往没有太大的差别,依然呈现从东部向西部减少的分布格局。东部地区的国有资产总量占比远远超过西部地区的国有资产总量占比。同时,考虑到东部地区在金融类企业方面的优势,西部地区的国资占比会更少。应该承认,之所以形成目前的分布格局,与国家对各地不同的投入以及地缘优势相关。例如,在地缘上,东部地区能够获得较好的对外沟通和贸易的渠道,在一定程度上使国资总量占优;而北京作为首都的政治优势使其国资总量保持靠前位置,2008年末占全国总量的1/3。① 同时,随着"西部大开发""东北老工业基地振兴"等计划的推行,国家对西部地方(如陕西)、东北的辽宁等地投入了大量水利、水电、铁路等基础建设资金,对东部地区通过大型工业企业投入使国有资产获得了总量优势和发展的优厚条件,从而形成了整体上东部地区优于西部地区,各地区内部又有个别突出地区的状态。

二、部分省市国有资本运营状况

从全国国有资产分布状况可以看出各地国有资产的静态状况。当然,以单一年度的资产分布状况和总量分析当地的国有资本运营状况,严格来说并不合理。与国有资产总量相比,国有资产的运营质量更应引起重视。

从"分税制"改革开始,为支持国有企业改革,国有企业不再上缴红利直至2007年。十几年的不分红利,再加上政策的支持和2003年国有资产管理新体制的推动,国有企业通过资产重组、主辅分离以及资产证券化,使全国及地方国有资产盈利不断增加。从财政部发布的2011年度、2012年度全国国有及国有控股企业经济运行情况分析,2011年,地方国有企业累计实现营业总收入136098.9亿元,累计实现利润总额7533.6亿元,销售净利率、净资产收益率和成本费用利润率分别达到4.3%、6.1%和5.8%。实现利润增幅较大的行业为:化工、建材、电子、有色、烟草。2012年,地方国有企业累计实现营业总收入163211.1亿元,累计实现利润总额6914.2亿元,销售净利率、净资产收益率和成本费用利润率分别为3.2%、4.2%和4.4%,实现利润率同比下降15.8%。2014年1—9月,地方国有企业营业总收入136632.9亿元,同比增长6.2%;实现利润4853.8亿元,同比增长2.6%;地方国有企业资产总额471581.8亿元,同比增长13.3%;负债总额305113.7亿元,同比增长14.2%;所有者权益为

---

① 参见耿雁冰:《北京国资总量4年翻番约占全国三分之一》,载《21世纪经济报道》2010年1月22日。

166468.1亿元,同比增长11.8%。① 从全国统计数据看,地方国资保值增值能力大幅提高,在行业分布上也不断实现国有经济结构和布局的合理优化。以下选取部分较具代表性、近年来在国有资本运营方面比较突出的省市的国有资本运营状况作粗略分析。

（一）省市级国有资本保值增值状况

上海一直是国资重镇,国有企业改革也开始得较早。从20世纪80年代放权让利到90年代现代企业制度改革,经过三十多年的发展,上海国有资本在本地的经济发展中发挥了重要作用。随着2003年新体制的确立,上海加快了国有资产战略重组进程,以百联、上海电气、农工商等集团为代表的大型集团公司涌现,国有资本运营业绩不断提高。从上海国有资产总量看,2006年达到19632.80亿元,之后不断攀升,2007年为23334.72亿元,2008年为26127.60亿元。近年来,上海国有企业经济指标不断升高。2010年,全年营业收入12114亿元;实现利润总额796亿元,同比增长88%。2011年,累计实现营业收入14211.19亿元;利润总额927.56亿元;资产总额25208.54亿元。2011年末,上海国有及国有控股企业国有资本及权益为12349.61亿元,比2010年增长12.1%。其中,市属企业国有资本及权益为9427.95亿元,比2010年增长12.1%;区县属企业国有资本及权益为2921.66亿元,比2010年增长12%。2012年末,上海国有及国有控股企业国有资本及权益为14132.23亿元,资产总额96414.59亿元,实现利润总额1987.39亿元,生产总值(4115.28亿元)占全市国民经济生产总值(20101.33亿元)的比重为20.5%。上海国资运营不断加强市场化操作方式,努力实行证券化经营,经营性国资证券化率从2008年的17.8%、2009年的25.4%、2010年的30.5%,到2011年达到38%。②

与上海相比,深圳的国资管理和运营同样一直备受瞩目,在2003年国资委成立前形成了深沪国资管理和运营的模式。在新体制下,深圳将原有资产经营公司撤销,其出资人职能统一交由国资委行使。深圳国资总量和结构布局在国资委作为出资人的情况下得到了较大的提升。2007年,深圳市属国有企业总资产达到2066.64亿元,比2003年增长了将近40%。2010年底,市属国有企业资

---

① 全国国有及国有控股企业包括中央企业和36个省(自治区、直辖市、计划单列市)国有及国有控股企业,且均不含国有金融类企业。以上数据来源于财政部网站,《2011年1—12月全国国有及国有控股企业经济运行情况》,http://qys.mof.gov.cn/zhengwuxinxi/qiyeyunxingdongtai/201201/t20120118_624066.html;《2012年1—12月全国国有及国有控股企业经济运行情况》,http://qys.mof.gov.cn/zhengwuxinxi/qiyeyunxingdongtai/201301/t20130118_728936.html;《2014年1—9月全国国有及国有控股企业经济运行情况》,http://qys.mof.gov.cn/zhengwuxinxi/qiyeyunxingdongtai/201410/t20141023_1154002.html。

② 以上数据及图表来源于上海国资委网站,http://www.shgzw.gov.cn/。

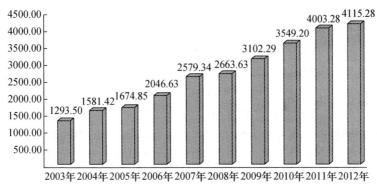

历年上海市地方国有企业及本市生产总值变化情况

产总额 3614 亿元,净资产 2046 亿元,实现营业收入 774.25 亿元;利润总额 181.68 亿元,同比增长 2%;国有净利润 71.22 亿元,同比下降 7.4%。截至 2011 年底,市属国有企业总资产达 4357 亿元,净资产达 2224 亿元,全年实现营业收入 846 亿元,年度上缴税金 114 亿元,利润总额 182 亿元。2006—2011 年,深圳累计上缴税金 470 亿元,国有企业资产规模在全国 37 个省、自治区、直辖市和计划单列市国资委中排第 17 位。截至 2013 年底,深圳市区两级国有企业总资产 6199 亿元,净资产 3013 亿元。其中,市属国有企业总资产 5827 亿元,净资产 2784 亿元,比年初增长 18.6% 和 16.1%;2013 年利润总额创历史新高,同比增长 17.4%。

作为首都,北京市属国有企业的运营依靠地缘优势,生产经营一直呈增长态势。2009 年,北京市属国资总额 13724.5 亿元。到 2011 年底,市属国资总额已达 19099.6 亿元,比上年同期增长 16.5%;营业收入 7660.8 亿元,同比增长 12.2%;实现利润 378.7 亿元,同比增长 29.5%。目前,北京市国资委监管企业 67 家,市属国有企业有 46 家上市,总市值超过 5500 亿元。截至 2013 年底,市属国有企业资产总额 25219.9 亿元。

虽然中西部地区国有资产总量较小,但是国有资产的保值增值并不落后于东部地区,其中重庆市国资运营状况特别引人注目。重庆市国资在"八大投"运营效应下得到了放量增长。从 2003 年国资委组建到 2011 年末,重庆市属国有重点企业资产总额达到 1.52 万亿元,增长近 9 倍;国有资本保值增值率平均为 105%,最高的达到 137.9%。① 2011 年底,陕西省国资总额达 8484.8 亿元,是 2007 年 2631.8 亿元的 3.2 倍;营业收入 4268.9 亿元,是 2007 年 1599.5 亿元的 2.7 倍,由第 11 位上升到第 10 位;利润总额 331.6 亿元,是 2007 年 186.6 亿元

---

① 参见姜南:《七大行动确保企业国有资产安全》,载《国有资产管理》2012 年第 7 期。

的1.8倍,由第7位上升到第4位;国有资产保值增值率115%,高于全国104.7%的平均水平。①

总体上看,从国资委成立以来,地方国资委发挥出资人代表的作用,积极推行主辅业分立、资产重组,提高证券化水平,地方国有资本保值增值能力得到大力提升,无论在资产总量、营业收入还是利润增长方面都有所体现。但是,需要注意的是,伴随着资产总量的提高,国资的利润率水平在保持增长的同时,近年来却有下降的趋势。地方省市在总结利润下降的原因时,多将其归结为近年来经济形势的变化。同时,我们也应该认识到,国有资本自然属性和社会属性的分离造成的障碍;"内部人控制"造成的国资收益的内部分配形成国有资本内部循环,国资收益被强占;国有资本运营过长的委托代理机制造成运营效率的降低;地方国企在近年来"土地财政"、基础建设缩减之后,在投资过热之后没有形成新的增长点,所有这些因素都对国资运营的收益增减产生了影响。

(二)省市级国资布局和结构状况

上海市对国资布局调整工作一直都给予重视并取得了一定效果。从行业布局看,上海经营性国资中,第一产业占比很少,只有1%左右;绝大多数分布在第三产业,占比达75%以上,其中尤以服务业、房地产业、交通运输设备制造业以及城市公共交通业为重点。2011年,行业跨度从79个收缩到70个,有效管理层级压缩在三级以内的企业从4家上升到11家,全年清理退出非主业企业725户。"十二五"期间,上海继续谋求国资布局调整,要求基本完成非主业资产的调整和有序退出,退出塑料制品等5个行业,从70个行业收缩调整到50个左右。"上海国资国企改革20条"通过后,明确要求企业布局结构优化调整紧扣本市国资布局结构优化调整的总体目标,以市场化、专业化、国际化为导向,加快发展新产业、新技术、新业态和新模式,围绕产业链、价值链,推进企业资本向战略性新兴产业、先进制造业与现代服务业、基础设施与民生保障等关键领域和优势产业集中,加快调整退出不符合上海城市功能定位的产业和缺乏竞争优势且长期亏损的企业。经过3—5年的扎实推进,市国资委系统80%以上的国资集中于战略性新兴产业、先进制造业与现代服务业、基础设施与民生保障等关键领域和优势产业,形成2—3家符合国际规则、有效运营的资本管理公司;5—8家全球布局、跨国经营,具有国际竞争力和品牌影响力的跨国集团;8—10家全国布局、海外发展,整体实力领先的企业集团;一批技术领先、品牌知名,引领产业升级的专精特新企业。

---

① 参见张允辉、郭雪妮:《陕西力推大集团引领战略 促企业国有资产总量和运行效率大幅提高》,载《人民日报(海外版)》2012年8月10日。

深圳市按照"有进有退,有所为有所不为"的方针,国资已逐步从一般竞争性领域稳步退出,向基础设施、公用事业和关系国计民生的重点领域战略集中。约60%的国有净资产集中到了水电气、海空港、民生工程以及创业投资引导等关系国计民生和战略性新兴产业培育等的重点关键领域。①

北京市从2007年到2012年,共完成了20个重组项目,市国资系统直接出资企业从原来的55家减少到目前的41家。基础设施、公用服务和现代制造业三大行业中的国有资产占全市国有资产总量的80%。② 国有资本集中度明显提高。

目前,地方国资布局仍在不断完善之中,但是由于受制于地方政府职能、国有资本经营预算以及国有资产管理体制等原因,仍然呈现出宽而散的局面。有些国有企业从事的产业分布过多、管理链条过长,国有资本的合理流动还需要从机制上予以完善。

(三) 渐受重视的区县级国资运营状况

党的十六大以及2003年构建的新型国资管理体制在中央与地方之间实现了三级授权机制,即"中央—省—市"设立国资委对国资进行监管,对于区县级国资没有明确的制度规范。在这种情况下,区县级政府对国有资本的管理和运营呈现出混乱状态,既有根据新体制设立国资委的模式,也有沿袭旧机制运营国有资本的情形。为此,国务院国资委力图探索区县级国资运营、监管模式,区县级政府也在不断改进国资运营方式。有些地区的国资运营取得了不俗的成绩,尤其是直辖市下的区县。

据统计,我国县级国有资产占全国国有资产的20%,③其中上海、江苏、北京、天津、浙江、重庆的区县级国有资产规模较大。在上海,浦东新区国资运营一直走在前列。2011年,浦东新区国资总量占上海国资的9.3%,占区县级国资的38.6%。2011年末,浦东新区资产总额3423亿元,同比增长11.5%,营业收入476.8亿元,利润总额51.8亿元。④ 2011年上半年,重庆区县国资总额达4940亿元,国资所有者权益增长73.4%,实现利润总额7.9亿元,有力促进了本地区经济发展。⑤ 天津滨海新区建成后,其国资运营效果非常明显,至2012年底,国资总额达6386亿元,同比增长10.1%。滨海新区的国有企业悄然成为开发建

---

① 参见万红金:《访深圳国资委主任张晓莉》,载《深圳商报》2012年5月23日。
② 参见刘宇鑫:《北京市国资委:本市国有经济布局和结构明显优化》,载《北京日报》2012年7月5日。
③ 参见杨晓青:《义乌国资监管体制改革法治建设的启示》,载《法制日报》2010年6月20日。
④ 参见《浦东国资利润增长突破两位数》,载《浦东时报》2012年5月11日。
⑤ 参见龙在宇、阳炆杉:《上半年区县国资总额达4940亿元》,载《重庆日报》2011年9月2日。

设的主导力量。① 直辖市下区县国企不断深入高端制造、技术研发、节能环保、城市建设等领域,积极引导战略新兴产业、重点行业领域的发展。除直辖市下区县外,其他省市的区县级国资中也有翘楚。例如,浙江义乌近年一直被中央国资委当作县级国资委作用发挥的典型。2009年,义乌国资总额260.7亿元,实现主营收入58亿元,利润12.1亿元,净利润8.7亿元,同比分别增长了55.8%、67.7%和42%。②

区县级国有资本的管理和运营目前还处于"八仙过海"的模式之中,国务院国资委在不断推动区县级国资监管工作,并于2011年出台《地方国有资产监管工作指导监督办法》,希冀用法制手段对《企业国有资产法》等没有作出规定的区县级国资实施监管。

三、地方国有资本运营制度探索

历经多年探索,党的十六大确立了现行国有资产管理体制。在党的十六大精神指导下,自2003年国务院国有资产监督管理委员会成立以来,地方国有资产监督管理机构相继设立,并围绕国有资产监督管理和运营作了积极的探索和尝试。如何健全现代企业制度、增强国有经济活力、对国有资产实施管理并实现经营性国有资产的保值增值一直备受关注。为此,党的十七大报告提出完善各类国有资产管理体制和制度、加强建设国有资本经营预算制度、深化垄断行业改革、加强政府监管和社会监督。在此基础上,党的十八大报告再次重申了深化国有企业改革、完善各类国有资产管理体制的要求;在中央与地方关系上,要优化行政层级和行政区划设置,有条件的地方可探索省直接管理县(市)改革;加快改革财税体制,健全中央和地方财力与事权相匹配的体制。

经过十多年的探索和发展,地方国有资产管理模式已趋于稳定。据统计,地方各省级国资委全部建立,全国356个地市有331个设立国资委。③ 多数省市在参照中央国有资产管理模式的基础上,采用授权经营的方式,形成了"国资委—国有资产授权经营机构—国家出资企业"的三层次管理模式。同时,某些地方依据其特殊情况,形成了"国资委—国家出资企业"的两层次管理模式,两者之间不再设中间层。在国资委的推动下,地方不断实施国有资产改革探索,并取得

---

① 参见《滨海新区国资委基本概况》,http://binhai.bh.gov.cn/html/gzw/GZGK11523/2011-08-03/Detail_517278.htm,2016年6月18日访问。
② 参见张茵:《国有经济带动地方经济 "义乌模式"受关注》,http://www.chinanews.com/cj/news/2010/05-27/2309052.shtml,2016年6月18日访问。
③ 参见辛红:《部分地市国资委行政化趋势明显,体制上出现"回潮"》,载《法制日报》2011年6月29日。

了不俗的成绩。

(一)国资委自身组织化改革,完善出资人行权机制

作为国有资产出资人代表,国资委的职能定位对国有资产管理和运营起着关键性的作用。依照《企业国有资产法》《企业国有资产监督管理暂行条例》,国资委作为出资人代表行使资产收益、重大决策、选择管理者的权利。根据设立时的"三定"方案,国资委按照政府部门建制,各职能部门各司其职。依据《公司法》,国资委所享有的权利事实上是股东权,作为特设机构如何行使股权是其面临的首要问题。实践中,在组织机构内部,国资委在对企业的重大事项进行决策时,决策权属于主任办公会还是各分管主任界定不明,缺乏制度性安排。[①] 深圳、重庆对此作出了一些探索,以单独机构或采取"一个机构两块牌子"的方式设立"股东窗口处室",集中处理企业呈报的股东事项。在外部,地方国资委努力减少审批等行政手段的使用,逐渐使用派员进入公司董事会的方式对出资企业形成影响。

(二)组建国资运营平台,强化经营性国有资产的运营

在地方国有资产股权结构相对混乱的情况下,如何做好国有资产的整体有效运作,关系到国有企业的整体运营业绩。在三层次管理模式下,作为国资运作的载体,国有资产经营公司居于核心地位。各地在地方政府和国资委的推动下,不断改建和新建国资经营公司。深圳市投资控股公司、重庆渝富公司及"八大投"、北京国有资本经营管理中心、上海国盛集团、上海新国际集团、上海国有资产经营有限公司在实践中为地方国资运营作出了探索表率。以重庆"八大投"为代表的地方国有资产经营公司通过资产托管、重组、置换、投资等行为,对地方国资发展以及地方经济做出了很大的贡献。相对于改建的企业集团,新建的上海国有资产经营有限公司虽然由于尚未完全实施运作,其表现尚待检验,但是它依照《公司法》设立,配备较为完善的公司治理结构,理论上更具有标杆意义。

(三)推进国企董事会制度建设,完善公司治理机制

董事会在现代法人治理结构中处于核心地位,是建立现代企业制度的基本要求。在现代公司治理法律演变过程中,"董事会中心主义"日渐"受宠"。国有资产管理和运营中,国有股独大、国有独资公司不设股东会的特性,更使国企董事会的重要性凸显。在这样的情况下,国务院国资委积极推行董事会改革,地方国资委也不断改进董事会制度建设。目前,地方国资委稳步推进董事会建设工作,已形成了规范董事会运作的一系列制度文件,初步建立了一支结构合理、素

---

① 参见国务院国有资产监督管理委员会研究局编:《探索与研究——国有资产监管和国有企业改革研究报告(2009)》,中国经济出版社2010年版,第15页。

质较高的外部董事队伍,将出资人职权部分授予董事会。地方国资委合理处置董事会和经理层、党组织的关系,积极探索出现代企业制度下党组织和董事会的关系协调途径。例如,深圳基本实现了市属国有独资公司董事会建设"全覆盖",真正赋予高管聘免权,组建了专业尽责外部董事队伍,建立健全了考核评价机制。① 深圳市党组织和董事会"双相交叉,双向进入"的主要做法对推进国有企业建设规范董事会、完善公司治理具有较强的借鉴意义。

(四)国资监管"全覆盖",加强国有资产监管

按照《企业国有资产法》,国资委监管的范围主要是企业经营性国有资产,金融性国有资产仍处于多头监管的状态。根据《关于进一步加强地方国有资产监管工作的若干意见》,在获取本级政府授权的情况下,地方国资委应扩大现有立法规定的监管范围,不仅包括《企业国有资产法》规定的金融企业国有资产,还可以对事业单位投资形成的经营性国有资产、非经营性转经营性国有资产实施监管。据此,地方国资委不断推进经营性国有资产集中统一监管工作。湖北省国资委更将监管范围扩展到了包括行政单位、财政全额拨款的事业单位投资的企业或者经济实体的国有资产,以及其他国有资产。② 截至 2011 年 8 月,14 个省级国资委对本地经营性国有资产的监管覆盖面达到 80% 以上,28 个省级国资委和 70 个地市级国资委把金融类国有资产纳入监管范围,③4 个直辖市将全部经营性国有资产纳入监管范围,从而实现了全覆盖监管。

在手段上,各地进一步强化产权管理、财务监督、监事会监督机制,积极探索股权多元化下的国有资产监督方式。4 个直辖市实现企业国有资产产权转让规则的统一。江苏建立了中介机构审计与外派监事会财务审查协调机制。

(五)推进调整重组,优化布局结构

推进国有经济布局和结构战略性调整是国有资产管理的一项重要任务。按照国有经济布局和结构战略性调整的要求,地方存在的国有资产多是非战略意义上的,应属于退出的领域,地方也确实在此方面作出了努力。以上海为例,2010 年,国有资产行业跨度从 79 个收缩到 70 个。上海家化以市场化方式大规模整体出售优质资产的退出方式引起各界关注。通过非公开发行、资产置换等多种方式,加快整体上市和核心资产上市,全市经营性国资证券化率从 2010 年初的 25.4% 提高到 30.5%。地方国有资产结构和布局调整工作也取得了一定的成绩。

---

① 参见秦永法、陈栋梁:《赋权不越位:深圳国资监管新政启示》,载《董事会》2011 年第 10 期。
② 参见李彬:《国资监管全覆盖体系渐成型》,载《人民政协报》2011 年 8 月 16 日。
③ 参见刘丽靓:《国资委:推动地方经营性国资集中统一监管》,载《证券日报》2011 年 8 月 20 日。

(六)加强垂直监管,探索县级国资监管

面对县级国有资产目前的"无序化状态",国务院国资委试图理顺和地方国资委的关系,在加强国资系统"垂直指导监督"和"尊重下级国资委出资人权利"之间寻求平衡。在县级国资监管模式中,"义乌模式"获得业界一致认可。[①]

四、地方国有资本运营面临新一轮改革

从现阶段看,地方国有资产在监管、运营上都有不俗的表现,但是隐藏在深层次的原因也造成地方国资运营面临着一些不可避免的困境,如国资管理部门的角色定位问题、国资管理部门对国有企业的管理方式问题、国资重组的方式选择问题、国企经营者的选聘方式问题等。[②]

(一)中央与地方关系有待深化

根据《企业国有资产法》,目前在中央与地方关系上采用的是"统一所有,分级代表"体制。相比较而言,"分级代表"与传统的"分级管理"更有利于调动地方积极性,地方政府对国资运营的动力更为强烈。但是,"统一所有,分级代表"只是在内部实现了层级上的权限划分,对于外部主体来说,出资人仍是统一的。这种体制的弊端也是明显的:首先,中央与地方不宜被认定为平等的私法主体,地方国资委更易被上级国资委以"指导"的名义实施行政"领导";其次,如果中央国资委与地方国资委同时向一企业投资,很难分清各自的权益和本身的职责;最后,由于是统一所有,各级国资委在实施交易时,很容易被认定为关联关系,增加了交易风险和法律风险等。

(二)政企不分,行政色彩强烈

国资委的设立初衷旨在解决出资人缺位、政企不分的国有资产管理体制弊端。应当承认,自国资委设立以来,无论是中央还是地方国有资产都有了较大的发展。但是,《企业国有资产监督管理暂行条例》等国资立法对国资委"婆婆加老板"的模糊定位造成政企职责、政资机构仍纠缠不清。地方国资委沿用传统方式,大量运用行政手段管理企业,越位、错位、缺位现象明显。据统计,全国356个地市国资委保留直属特设机构性质,真正履行出资人职责的只有107个,占设立国资委的32.3%。[③]尤其是一些国资监管机构内设机构不科学、不健全,无法履行出资人职责。各地国有资产监管机构与相关政府部门职责划分不清的问题

[①] 参见汤白露:《国资委摸底地方家产,"三级垂直监管"或强势推进》,载《每日经济新闻》2010年5月4日;汪时锋:《国务院国资委欲加强地方国资体系垂直监督》,载《第一财经日报》2010年9月20日。

[②] 参见祝波善:《北京模式无法解决的困(«》,载《上海国资》2009年第2期。

[③] 参见辛红:《部分地市国资委行政化趋势明显,体制上出现"回潮"》,载《法制日报》2011年6月29日。

普遍存在。由政府主导产业集团的整合重组,通过众多政府性投融资平台进行资本的投放、盘活和运营,形成了一种"政府企业化、企业政府化"的独特现象。①

(三)腐败问题突出,国资收益内部化

国有资本具有自然属性和社会属性,在自然属性下的自利性和社会属性下的公益性之间,国有资本运营必须找到其间的契合之处。但是,现行体制下,国资委作为单一出资人代表,而全民作为最终所有者没有实现其正当知情权、监督权、收益权。国资收益局限在国资内部流动,而未能使全民受益。国企经营者和政府领导者之间的"互通"②、董事会与党委会的关系、国企高管的行政委任制,在一定程度上是造成"权贵资本"的重要原因。

(四)国资对民企发展形成了"挤压效应"

地方国有资本运营中,一个为人诟病之处是对民营资本的"挤压"。其中,最为突出的表现是在2008年金融危机之后,在"四万亿元投资"刺激下,地方政府对铁路、公路等基础建设领域的投资以及收购民营资本,事实上造成了"国进民退"的局面,尤以山西煤矿收归国有、山东钢铁"收编"日照钢铁为典型。同时,为增加财源,地方上形成了众多的投融资平台,凭借政府信用形成对银行资金的占用。地方国企不合理的行业分布和垄断经营也缩减了民营企业的发展空间。

(五)国资运营平台遭遇瓶颈

国有资本运营机构是国有资产管理体制的一个重要环节,设立分布合理、管理科学、运作规范的国有资本运营机构是地方国有资产管理体制改革的一项重要任务。各地不断组建国有企业集团和投资公司,从事资产经营管理,成为探索地方国资经营管理模式的生力军。但是,现行的各地国资经营管理模式普遍被指缺乏可持续的发展思路,大多仍具有明显的阶段性、临时性和应急性,③缺乏普适性和长期性,深层次的矛盾始终无法得到解决。国有资产运营平台目前面临定位不清、公司治理形式大于内容、产权监督弱化、产权主体不明和经营方式行政化的弊病。同时,地方国资运营平台特别是集团公司往往以行业为划分标准,这种各自为政的体系在能够满足各行业政府部门推动经济发展需求的同时,也造成国资分布的不合理。

---

① 参见徐菲:《上海国资经营管理模式改革的路径思考》,载《上海国资》2009年第3期。

② "当不了省长、部长就让你当董事长,央企高管的职位俨然成了某些人的补偿。"中央党校副教授王金柱称,国企虽然是建立在现代产权制度上的法人实体和市场主体,但是在员工的选拔任用上"移植"了官僚体制。地方国企高管同样存在这种情况。参见万千:《央企高管"帽子"不能当成补偿发》,载《人民日报(海外版)》2013年1月16日。

③ 参见徐菲:《上海国资经营管理模式改革的路径思考》,载《上海国资》2009年第3期。

(六)地方国资集中监管有待完善

相对于中央国有资产,地方国有资产总量虽然非常可观,但是具体分布到各省市、区县的国资数量相对较小,而且分布不均衡。尽管地方经营性国有资产全覆盖监管日渐增多,但是有的地方经营性国有资产监管还较为分散,至2011年8月仍有4个省级国资委监管覆盖面低于50%。① 即使地方国资委对经营性国有资产实行全覆盖监管,其中仍面临着诸多的问题。以金融性国有资产为例,各地形成了不同的监管方式。② 国资委与金融办之间权责利划分、金融办与出资人企业之间关系并不明确。国资委作为地方金融性国资出资人进行监管,和地方财政、银监部门的协调也是不容忽视的问题。

(七)国有经济结构与布局调整的功能异化

国有经济结构与布局调整是国资管理与运营中的一项重要工作。各地虽然在中央统一要求之下,对本地国企在发展中提出了具体的战略规划,但是现实与规范直接产生的冲突导致很多国有企业偏离了规划方向,功能出现异化。③ 比较典型、极端的现象就是,地方国企在行业布局中偏离主营业务,在房地产业能够催生巨额利润时大范围进入。造成这种现象的原因是多方面的,比如外部利益的诱惑、政府资源的不确定性、政府项目亏损和资产固化带来的财务压力、政府监督不到位、权力膨胀等。

(八)县级国资管理混乱

现有国有资产管理体制是以中央、省、市三级监管构建的,对县级国有资产管理体制没有明确规定。在缺乏规范的情况下,县级国有资产管理比较混乱,形成了国资委监管、国有资产经营公司监管、经贸部门监管、财政部门监管的不同模式。县级国有资产大多沿袭了"五龙治水"的多部门监管模式,政企不分,政资不分,监管方式落后,国资保值增值难以实现。

地方国有资产的分布状况和运营中存在的弊端要求对地方国资进行进一步的完善和改革。

五、混合所有制改革推动下的地方国资新发展

从党的十四大至十七大的历史经验看,各届全会均有不同的主要功能和内容。其中,三中全会往往"锁定"发展和改革,是出台重要改革措施和体现新领导施政纲领的会议。2013年11月9日至12日,十八届三中全会召开并通过了

---

① 参见李彬:《国资监管全覆盖体系渐成型》,载《人民政协报》2011年8月16日。
② 上海以委托监管的方式交由地方金融办管理,重庆直接把金融性国资纳入国资委,北京主要由北京市国资委出资成立的北京市国有资产经营有限责任公司进行监管。
③ 参见徐菲:《上海国资经营管理模式改革的路径思考》,载《上海国资》2009年第3期。

《中共中央关于全面深化改革若干重大问题的决定》(以下简称《决定》)。《决定》指出:"经济体制改革是全面深化改革的重点,核心问题是处理好政府和市场的关系,使市场在资源配置中起决定性作用和更好发挥政府作用。"

对于作为经济体制改革重要内容的国有经济改革,《决定》以千字篇幅作出了重要的改革决定。第一,坚持公有制主体地位,发挥国有经济主导作用,不断增强国有经济活力、控制力、影响力。第二,完善产权保护制度。产权是所有制的核心。国家保证各种所有制经济依法平等使用生产要素、公开公平公正参与市场竞争、同等受到法律保护,依法监管各种所有制经济。第三,积极发展混合所有制经济。国有资本、集体资本、非公有资本等交叉持股、相互融合的混合所有制经济,有利于国有资本放大功能、保值增值、提高竞争力,有利于各种所有制资本取长补短、相互促进、共同发展。允许更多国有经济和其他所有制经济发展成为混合所有制经济。国有资本投资项目允许非国有资本参股。允许混合所有制经济实行企业员工持股,形成资本所有者和劳动者利益共同体。第四,完善国有资产管理体制,以管资本为主加强国有资产监管,改革国有资本授权经营体制,组建若干国有资本运营公司,支持有条件的国有企业改组为国有资本投资公司。国有资本投资运营要服务于国家战略目标,更多投向关系国家安全、国民经济命脉的重要行业和关键领域,重点提供公共服务、发展重要前瞻性战略性产业、保护生态环境、支持科技进步、保障国家安全。第五,完善国有资本经营预算制度,划转部分国有资本充实社会保障基金。第六,推动国有企业完善现代企业制度。第七,准确界定不同国有企业功能。国有资本加大对公益性企业的投入,在提供公共服务方面做出更大贡献。国有资本继续控股经营的自然垄断行业,实行以政企分开、政资分开、特许经营、政府监管为主要内容的改革,根据不同行业特点实行网运分开、放开竞争性业务,推进公共资源配置市场化。进一步破除各种形式的行政垄断。第八,健全协调运转、有效制衡的公司法人治理结构。建立职业经理人制度。建立长效激励约束机制,强化国有企业经营投资责任追究。探索推进国有企业财务预算等重大信息公开。国有企业要合理增加市场化选聘比例,合理确定并严格规范国有企业管理人员薪酬水平、职务待遇、职务消费、业务消费。

《决定》勾勒了新时期全面深化经济体制改革的宏伟蓝图,并对进一步深化国有企业改革作出了全面部署,国有企业改革正在迎来新一轮热潮。明确提出积极发展混合所有制经济,是党的十八届三中全会的一个重要突破,也成为各界热议的话题。地方政府在学习、落实十八届三中全会精神过程中,将混合所有制改革作为重要内容,新一轮国资改革的大幕徐徐拉开。

(一) 地方国资改革方案评介

1. 地方国资国企改革方案的风向标

自党的十八届三中全会通过《决定》以来,各地针对《决定》内容,根据本地区国资情况展开了新一轮探索。上海于2013年12月17日出台了《关于进一步深化上海国资改革促进企业发展的意见》,该意见全文分为七部分,共20条,因此又被称为"上海国资国企改革20条"。上海由此打响了国资国企改革"第一枪"。此后,特别是2014年上半年,各地围绕混合所有制改革纷纷出台国资改革方案。2014年7月,国资委正式宣布推出改组国有资本投资公司、发展混合所有制经济、强化董事会职责以及向央企派驻纪检组"四项改革"计划,并公布了试点央企名单。截至当年8月,包括广东省在内,已经有近二十个省市陆续公布了地方国有企业的改革方案。

作为首先推出改革方案的上海,在此轮改革中已然成为风向标,成为其他地区改革借鉴的对象。"上海国资国企改革20条"确立了坚持科学发展、遵循市场规律、深化改革创新、承担社会责任四大原则,同时确立了六大目标:(1)进一步完善国资管理体制机制;(2)建成统筹协调分类监管的国资监管体系;(3)形成适应现代城市发展要求的国资布局;(4)建立健全具有中国特色的现代企业制度;(5)打造符合市场经济运行规律的公众公司;(6)培育具有国际竞争力和影响力的企业集团。2014年7月3日,上海市委办公厅、市政府办公厅发布了《关于推进本市国有企业积极发展混合所有制经济的若干意见(试行)》(以下简称《意见》)。"这是对去年年底上海市委市政府发布的'上海国资国企改革20条'如何发展混合所有制经济内容的具体化意见,内容很全面,目标很明确,边界很清晰,操作很具体,是目前地方出台的第一个关于发展混合所有制经济的具体意见,对于各地可以起到参考的作用。"[①]该《意见》提出,经过3—5年的持续推进,基本完成国有企业公司制改革,除国家政策明确必须保持国有独资外,其余企业实现股权多元化,发展混合所有制经济,推动企业股权结构进一步优化、市场经营机制进一步确立、现代企业制度进一步完善、国有经济活力进一步增强。具体措施共有九条,涵盖公司制改革、股权比例、股权激励和员工持股等各个方面,即推进国有企业公司制股份制改革,优化国有企业股权比例结构,加快开放性市场化联合重组,实施股权激励和员工持股,明晰企业改制重组的决策程序,规范财务审计和企业价值评估,坚持市场决定对象和发现价格,平等保障相关利益主体合法权益,完善国有企业改制的政策和环境。其中,较为突出的有:第一,《意见》明确提出推进竞争类企业主营业务资产、功能类和公共服务类企业竞争性业务

---

① 周放生:《混合所有制的边界》,载《经济观察报》2014年7月18日。

资产上市,提高证券化水平。第二,《意见》针对不同类别企业的股权结构也作了具体的说明:一是负责国有资本运营的国有资本管理公司,保持国有独资;二是负责基础设施和功能区域开发建设、提供公共服务和保障改善民生的功能类和公共服务类国有企业,可保持国有全资或国有控股;三是战略性新兴产业、先进制造业和现代服务业中的国有重点骨干企业,可保持国有控股或相对控股;四是一般竞争性领域的国有企业,根据发展实际,按照市场规则有序进退,合理流动。第三,在混合所有制的对象选择上,《意见》也作出了相应的阐述,即重点并择优选择能够在技术、管理和资源上形成互补、协同和放大效应的战略投资者。第四,《意见》鼓励整体上市企业集团的经营者、技术管理骨干实施股权激励;符合条件的竞争类企业集团及下属企业完成公司制股份制改革后,可实施股权激励。实施股权激励的企业应同步建立业绩挂钩、财务审计、信息披露、延期支付和追索扣回等约束机制;同步建立职工收入正常增长、工资集体协商和困难职工帮困托底机制。此外,《意见》鼓励国有及国有控股的转制科研院所、高新技术企业对重要的技术和经营管理人员实施股权和分红激励。混合所有制企业按照国家规定探索实施员工持股。学界认为,《意见》是对"上海国资改革20条"的进一步细化与推进,没有"大而全",而是针对实践中存在的问题提出了解决办法,"贴近实际,思路清楚"。但是,《意见》在理论上、认知上和运作能力的准备上仍然存在一定的欠缺。[①]

2. 地方国资国企改革方案综述

截至2014年9月22日,已有上海、甘肃、山东、江苏、云南、湖南、贵州、重庆、天津、四川、湖北、江西、山西、北京、青海、广东、安徽17个省市出台了国资国企改革意见。徐州、无锡、嘉兴、濮阳等地也公布了市级国资改革意见。此外,不少省份虽未明确发布国资国企改革意见,但已经开启改革进程。多位专家表示,目前地方国资改革还存在重复性高、可操作性不强和含金量不足的问题。[②]

纵观地方国资国企改革方案,其内容主要围绕混合所有制改革、股权激励、分类监管等方面展开。其中,混合所有制改革无疑是此轮地方国资改革的重头戏。在具体时间和指标上,17个省市中有7个省市作出了明确规定。例如,重庆提出,3—5年,2/3国企将发展成混合所有制。甘肃提出,到2020年,国有经济中混合所有制比重达到60%左右。江西提出,5年内,混合所有制经济要占国资的70%。广东要求,到2017年,混合所有制户数比重超过70%。陕西提出,到2020年,国有企业基本建成现代企业制度,混合所有制企业成为市场经济的

[①] 参见刘东:《上海国资混合所有制改革路径确定》,载《21世纪经济报道》2014年7月8日。
[②] 参见刘东:《17个省市已出台国资改革方案,被指重复度高》,载《21世纪经济报道》2014年9月22日。此文对目前的地方国资国企改革的论述较为详尽,本书这部分的内容在很大程度上参考借鉴了此文。

主要微观主体,国有资产证券化率再提高10%以上。在具体措施上,企业公司制改革、探索股权激励与员工持股、鼓励民资参与国企改革等成为地方混合所有制改革的主要操作手段。例如,上海要求,通过公司制改革、开放性市场化双向联合重组、股权激励和员工持股三种途径推进混合所有制改革。广东则要求,运用引入战略投资者、推动企业改制上市、探索员工持股、吸引股权投资基金入股、引导社会资本进入公共项目等多种方式推进混合所有制改革。

加快国资布局无疑也是地方国资国企改革方案的重要内容。例如,上海要求,将国资委系统80%以上的国资集中在战略性新兴产业、先进制造业与现代服务业、基础设施与民生保障等关键领域和优势产业。北京提出,到2020年,80%以上的国有资本集中到提供公共服务、加强基础设施建设、发展前瞻性战略性产业、保护生态环境、保障民生等领域。江西、甘肃、江苏、重庆、四川、青海等省市也都将国资集中在关键领域的目标设定在80%上。天津则更进一步,提出到2017年底,90%的国有资本聚集到重要行业和关键领域,国有资本布局聚集在40个行业左右。

地方国资国企改革方案大都规定对国企进行分类并予以针对性的监管。上海发布的国资国企改革意见最早提出将国企分为三类监管:第一,竞争类企业,以市场为导向,以企业经济效益最大化为主要目标,兼顾社会效益;第二,功能类企业,以完成战略任务或政府重大专项任务为主要目标,兼顾经济效益;第三,公共服务类企业,以确保城市正常运行和稳定,实现社会效益为主要目标,引入社会评价。这也成为后来各地进行分类监管的参考,虽然在文字表述上有所差异,如湖南用"公益类企业"代替"公共服务类企业",但是大多将此三类作为基本分类方法。另外,也有部分省市采用了两分法,如四川仅分为竞争性和功能性两种企业类型,广东提出准公共性和竞争性两类领域。

此外,股权激励和员工持股也是地方国资国企改革方案中实施混合所有制的必要措施。上海、山东、湖北等地均提出积极探索混合所有制企业员工持股的多种形式,但是并未制定出具体的操作细则。

从整体上看,地方国资国企改革方案主要包括以下四个共同的特征:第一,沿着十八届三中全会提出的混合所有制方向,鼓励股权多元化,完善地方国企的公司治理结构。第二,业务整合,即国企的定位发生变化,隶属于同一地域、功能和业务内容相似的国企之间存在兼并收购的可能。第三,不少地方国资国企改革方案中提到了激励方式的引入。第四,加强国企的管理制度化,提高利润上缴的比例,强化对国有资本运营的约束。①

---

① 参见徐志风:《地方国资改革上海优势突出》,载《上海商报》2014年10月15日。

(二) 混合所有制的冷与热

混合所有制无疑是此次地方国资改革方案的重头戏,国资分类、职工持股等内容可以说是改革的必要措施。由于后文还有对国资分类等内容的论述,因此此处主要对地方改革方案中混合所有制改革进行评述。

1. 混合所有制的理论和实践分析

对于混合所有制经济的内涵与性质,学术界有不同认识。例如,对于混合所有制的内涵,常修泽认为,所谓混合所有制经济,是指在同一经济组织内,不同的产权主体多元投资、互相渗透、互相贯通、互相融合而形成的新的产权配置结构和经济形式。① 王永年认为,混合所有制经济有广义和狭义之分。广义的混合所有制经济是社会上各种不同的所有制经济相互联系、有机结合而形成的一种经济形式,或者说是一种资产整合形式。狭义的混合所有制经济是由不同出资者投资兴建或由不同所有制经济联合组建的一种企业形式。② 周维富认为,从所有制主体和产权主体来看,混合所有制经济也可以分为公有制为主体的混合所有制经济、公有制经济控股的混合所有制经济、公有制经济参股的混合所有制经济、劳动者以劳动联合为主体的混合所有制经济、民营经济为主体以及民营经济控股或参股的混合所有制经济。③ 何伟认为,混合经济不仅是国有经济和非公有经济的混合,还包括各种不同公有经济的混合。④ 谢军、黄建华认为,混合所有制企业是不同所有制性质归属的资本在同一企业中"混合"而形成的企业产权组织形态,包括国有、集体、个体、私营、外资及其他社会法人产权等产权形式间的联合或融合。⑤ 对于混合所有制经济的性质,邵明朝认为,混合所有制经济是一种"控股"经济,股份制是现代市场经济下重要的企业产权组织形式。⑥ 厉以宁认为,混合所有制经济是一种公有制经济。⑦ 以公有资本为主要形式的混合所有制经济是一种新型的公有制经济,包括四种形式:经过改制的新的国家所有制、由国家控股或参股的股份制企业、大量存在的没有国家投资的公众持股企业、公益性基金所办的企业。⑧ 王祖强认为,混合所有制是一种新的独立的所有制形式。混合所有制使私人财产所有权在法人层次上取得了社会所有的性质,

---

① 参见常修泽:《混合所有制经济发展初探》,载《理论参考》2004年第2期。
② 参见王永年:《广义混合所有制概念辨析》,载《江淮论坛》2004年第6期。
③ 参见周维富:《我国公有制实现形式的理论深化和实践中的创造性发展》,载《社会科学辑刊》2004年第6期。
④ 参见何伟:《论混合经济》,载《经济学家》2004年第4期。
⑤ 参见谢军、黄建华:《试析中国混合所有制企业公司治理的特殊性》,载《经济师》2012年第10期。
⑥ 参见劭明朝:《我国混合所有制经济发展的基础及政策趋向》,载《经济学动态》2004年第5期。
⑦ 参见厉以宁:《新公有制企业有四种形式》,载《中国经济周刊》2004年第4期。
⑧ 参见厉以宁:《论新公有制企业》,载《经济学动态》2004年第1期。

但是它在最终产权层次上的所有制性质并不因此而有所改变。① 谢鲁江认为,混合所有制经济更为强调各方投资者资本运营的属性,而相对淡化其行政属性;更为强调各方投资者平等的经济契约属性,而相对淡化其依附于行政部门的行政管理属性;更为强调经营实体面向外部的利益共同体实行和面向内部的利益制衡及合作属性,而相对淡化政府条块分割和上下级行政监督属性。②

十八届三中全会通过的《决定》提出:"积极发展混合所有制经济。国有资本、集体资本、非公有资本等交叉持股、相互融合的混合所有制经济,是基本经济制度的重要实现形式,有利于国有资本放大功能、保值增值、提高竞争力,有利于各种所有制资本取长补短、相互促进、共同发展。允许更多国有经济和其他所有制经济发展成为混合所有制经济。国有资本投资项目允许非国有资本参股。允许混合所有制经济实行企业员工持股,形成资本所有者和劳动者利益共同体。"其实,关于"混合所有制经济"的提法早在党的十五大报告中就有涉及。十五大报告指出:"要全面认识公有制经济的含义。公有制经济不仅包括国有经济和集体经济,还包括混合所有制经济中的国有成分和集体成分。"其后,在党的十五届四中全会报告、十六大报告、十六届三中全会报告、十七大报告中,均提及国有企业要发展混合所有制经济。十八届三中全会对混合所有制的论述之所以引起更大关注,是因为把混合所有制看成基本经济制度重要的实现形式,有利于国有资本放大功能、保值增值、提高竞争力,有利于各种所有制资本取长补短、相互促进、共同发展。③

在实践中,混合所有制经济自改革开放以来就一直存在。例如,改革开放初期出现的乡镇企业和国有企业的联营、乡镇企业和个体农户的联营以及农村集团体企业和农户私营企业的联营等,以及20世纪90年代以来产生的乡镇企业股份合作制。改革开放以来,"三资"企业在沿海地区大量涌现,"合资""合作"也是混合所有制经济的表现形式。④ 从混合成分看,我国混合所有制主要有三大类型:一是公有制与私有制联合组成的混合所有制经济形态,包括国有经济或集体经济与外资联合组成的企业、国有经济或集体经济与国内私营经济联合组成的企业。二是公有制与个人所有制联合组成的混合所有制经济形态,包括国有企业股份制改造中吸收本企业职工持有部分股权的企业,以及集体经济实行股份合作制的企业中集体所有与个人所有相结合的混合所有制企业。三是公有制

---

① 参见王祖强:《新的财产所有结构与社会主义混合所有制》,载《社会主义研究》2006年第2期。
② 参见谢鲁江:《混合所有制经济:三重意义上的体制平台》,载《学术前沿》2014年第6期。
③ 参见傅蔚冈:《公平的市场环境更重要》,载《中国改革》2014年第4期。
④ 参见伯娜:《改革开放以来混合所有制经济及其发展》,载《特区经济》2007年第7期。

内部国有企业与集体企业联合组成的混合所有制经济形态。① 从混合所有制经济中的控制权角度看,目前我国混合所有制经济有三种形态:国有资本绝对控股的混合所有制经济形态、国有资本相对控股的混合所有制经济形态、国有资本参股的混合所有制经济形态。

2. 激辩混合所有制

十八届三中全会通过的《决定》指出,混合所有制经济是我国基本经济制度的重要实现形式,发展混合所有制是深化国企改革的基本方向。当前,发展混合所有制经济具有以下重要意义:首先,发展混合所有制经济,可以实现国有经济与民营经济深层次的融合。其次,政企不分、机制不活、效率不高、腐败高发是国有企业饱受诟病的弊端。发展混合所有制经济,是今后国有企业产权改革的基本方向。随着非公资本的引入,国有企业的治理结构将得到有效优化,激励约束机制将得到健全。再次,国有企业通过发展混合所有制经济,可以放大国有资本功能,增强国有资本带动力,更好地发挥国有资本作用。最后,发展混合所有制经济,可以激发国有企业活力。国有企业和民营企业各有优势,其中国有企业在技术、人才、融资、资源配置与管理方面占据优势,民营企业在机制、效益、效率与监督方面具有优势。在混合所有制企业中,国有经济与民营经济有机融为一体,能够把国有企业和民营企业的优势很好地结合起来,推动企业更好更快发展。②

尽管超过一半的地方政府发布了国资国企改革方案,但是混合所有制改革存在的缺陷也是显而易见的。财政部财政科学研究所国有经济研究室主任文宗瑜认为,在推动混合所有制改革方面,现有改革方案的可操作性仍有所欠缺,如对引入外资和民资的资产价格、交易方式、信息披露等都还没有明确的规定。③ 现有改革方案并没有达到改革欲达到的目标,具体表现在:第一,混合所有制在形式上取得了显著成果,但是在体制与机制建设上进展较为缓慢,相关立法与政策环境也有待进一步完善。第二,从国有企业角度看,竞争性行业混合所有制改革的推进相对比较容易,饱受诟病的垄断性行业对改革则多持排斥或观望态度,倾向于继续固守垄断利益。即使部分国有企业实施了混合资本制,却往往担忧民营资本侵蚀国有资产,对民营资本带有歧视性偏见,顾忌较多,不愿向民营资本过多出让国有企业股权。与中央和国有资产监管部门相比,国有企业推进混

---

① 参见刘兴国:《落实十八届三中全会精神,稳健推进混合所有制改革》,http://www.qstheory.cn/laigao/2014-06/24/C_1111294678.htm,2016年10月8日访问。

② 同上。

③ 参见刘东:《17个省市已出台国资改革方案,被指重复度高》,载《21世纪经济报道》2014年9月22日。

合所有制改革的动机更为复杂。在前期的混合所有制改革中,一些积极参与改革的国有企业可能只是希望借助中央积极推进混合所有制改革的有利时机,打着改革的名义,向民营资本"甩卖运营包袱",以减轻国有企业自身的经营压力,这完全违背了中央推进混合所有制改革的初衷。第三,对国资流失的担忧。由于改革缺乏整体性与系统性安排,同时也缺乏强有力的监督与约束机制,在国有股减持的立法、方式、程序等方面还存在不完善之处,国有资产流失时有发生,有效防止国有资产在混合所有制改革进程中发生流失的机制尚待完善。① 第四,从民营资本等其他资本方面看,由于国家对那些非公企业想进入、愿意和国有企业混合的领域,目前可能并没有真正放开准入限制;而国家允许非公企业进入的领域,被寄予厚望的非公企业可能因为先前经验引致的某些担忧而不想进入,不愿意和国有企业混合。由此,民营资本怀疑国有企业推进混合所有制改革的诚意,不愿深度参与中央企业主导的混合所有制改革。例如,宗庆后认为:"国企领导两头受气,国企混改没诚意。"② 素有"大炮"之称的任志强更是质疑:"什么叫混合制? 你的定义是什么呢? 有1%是不是算混合? 混合制的好处就是可以'化妆逃跑'。""混合的结果,不是国有的侵吞民有资产,就是民有的侵吞国有资产,一定是这两种结果,不会有第三种结果。混合制是骗人的,没用。"他认为,混合制是执行不下去的,"为了骗自己而骗自己。如果没有公有制做基础,我们的社会主义制度可能就完了"。③

3. 国资改革的术与道

回顾我国改革开放以来国企改革历程,从放权让利、承包经营责任制到十四大提出市场化改革,政企分开、坚持市场化方向一直都是国资改革的原则。国有企业改革的方向是建立现代企业制度,构造市场经济的微观主体。不论是"国进民退"的支持者还是私有化的倡导者,对于市场化大多是认可的。坚持市场化改革方向既是我国三十余年渐进式国资改革的成功经验,也是深化国有资产监管体制改革的指导原则。国企要面向市场,适应商品市场和资本市场的运作规律,十八大报告和十八届三中全会的《决定》也正是在这个基本规律之上谈论国企改革的。

应当承认,混合所有制并不是新鲜事物,实践中很多大中型企业事实上也是

---

① 参见刘兴国:《落实十八届三中全会精神,稳健推进混合所有制改革》,http://www.qstheory.cn/laigao/2014-06/24/C_1111294678.htm,2016年10月8日访问。

② 宗庆后:《国企领导两头受气,需解决政企不分问题》,http://business.sohu.com/20140902/n404001080.shtml,2016年10月8日访问。

③ 参见许一力:《为何任志强要炮轰混合所有制?》,载《第一财经日报》2014年2月19日;任志强:《混合所有制好处就是可以"化妆逃跑"》,http://finance.ifeng.com/a/20140212/11639724_0.shtml,2016年10月8日访问。

国资与民资的混合体。《决定》重提混合所有制,一定程度上旨在坚持市场化方向,运用混合所有制这一手段和途径深化国资改革。

毋庸置疑,混合所有制具有诸多优点,同时也面临着市场的考验。从学理上看,混合所有制存在着一些缺陷。从产权方面讲,国有资产的产权代表不明确、产权主体难以多元化。从不同所有制性质的股东之间的不同目标看,国有股东代表的是国家,因此决定了其主要目标是社会福利的最大化;而非公有性质的股东的主要目标是企业利润的最大化。在集体决策的有效性上,在目前国有股占绝对控股权而其他投资主体小且分散的情况下,重大经营决策难免会听命于"一家之言",当股东之间产生矛盾时如何解决、由谁协调等都会对最终的决策产生很大的影响。对于公司内部机制,各相关利益主体之间没有相互的制衡,股东大会、董事会、监事会与经理机构职责不清,造成股东大会、董事会、监事会形式化的现象。[①] 正如有学者指出,其实对此次国有企业的改革还是有一部分担忧情绪的,因为在党的十八届三中全会上,以公有制为主体被进一步强调,国有企业的活力、控制力、影响力也要进一步加强。值得注意的是,虽然"混合所有制"的提法让人振奋,但是到目前为止,混合所有制仍未敲定明确的细则,这使得一些问题处于悬而未决的状态。比如,混合所有制中国有企业的持股比例如何界定?是否仍由国有企业一股独大?经营决策中民资持股者是否享有一定的经营决策权、管理权?民间资本投资的利益在混合所有制合作中能够得到多大范围的保障?短期看来,混合所有制的可操作性有多大尚不得而知。[②]

因此,当前要稳健推进混合所有制改革,首先需做好顶层设计,明确方式、范围与程度。其次,建章立制,依法推进混合所有制改革,既要修订与混合所有制改革不相适应的部分,也要弥补法律的空白。例如,修订《公司法》,使所有公司统一适用;放宽民营资本设立产业投资基金的限制;加快私人财产权保护和员工持股方面的立法;完善国有股减持立法等。再次,避免一窝蜂地为混合而混合,切忌"一刀切",要有计划地稳步推进混合所有制改革。又次,无论是国有资本还是民间资本,都要在观念上有所突破,秉承利益共享理念,全面开展合作,以国资政策优势、要素优势嫁接民资体制与机制优势,实现混合所有制企业更快更好发展;破除民营资本"原罪"观念,解决民营资本因担忧而导致的参与动力不足的问题。最后,应将混合所有制改革与国有资本布局调整有机结合,站在宏观经济稳增长的全局,整体推进混合所有制改革。[③]

[①] 参见万华炜:《中国混合所有制经济的产权制度分析》,载《中南财经政法大学学报》2007年第6期。
[②] 参见朱海斌、张延陶:《混合所有制无细则难落地》,载《英才》2014年第1期。
[③] 参见刘兴国:《落实十八届三中全会精神,稳健推进混合所有制改革》,http://www.qstheory.cn/laigao/2014-06/24/C_1111294678.htm,2016年10月8日访问。

混合所有制为国资改革指明了之后一段时间内的发展道路,是我国国资改革进程中的又一突破。对于地方国有资本运营,在坚持市场化改革的基础上,还应处理好中央与地方的关系,实现地方政府经济职能的转变。在监管体制上,为实现政企分开、为全民创造福利的目标,必须根据国有资产的全民属性,重新设计国有资产管理体制和国有资本运营体系,按照市场化方式运营国有资本。在地方国有资本主要存在于非竞争性领域的情况下,宜改革授权经营模式,并实施分类、分层运营。对于地方国有资本运营的主体,还应构建以董事会为中心的公司治理结构,合理处理董事会、党委会、经理层之间的关系。对于地方国有资本运营以国资委为主导的监督格局,应完善、建构合理而强势的监督体系。为此,需强化人大的监督作用,弥补政府监督立法的空白,回归国资委的监督角色,加强国有企业的信息披露,维护社会公众的知情权,确保司法监督的独立地位,建立国有资产公益诉讼制度。国有资本经营预算对于国有资本运营起到投资决策、收益分配的作用,在地方国资运营改革的过程中,应设立既能增强企业活力又能实现全民所有目标的机制。

第二章 地方国有资本运营的理论基础

地方国有资产是基于和中央国有资产的划分产生的。在高度集权的情况下,所有资产及其权利都为中央拥有,自然无所谓"地方"概念。因此,研究地方国有资产首先需要从中央与地方关系入手。我国的国有资产运营经历了计划经济时代中央高度集权下地方服从中央的阶段,其间虽有行政性的分权和收权,但国有企业作为政府附庸的局面一直没有改善。其后,在不断推行产权改革、建立现代企业制度等制度改革后,中央与地方的关系从"统一所有,分级管理"进入现行的"统一所有,分级代表"阶段。现行体制虽调动了地方的积极性,但仍没有解决地方与中央作为平等市场主体的问题,能否实行"分级所有"成为学界讨论的热点问题。

第一节 国有资产中央与地方产权关系基本理论

随着国有企业改革的发展,"产权"是一个使用频率极高的词。尽管"产权"一词在我国的经济学及法学著述中已被高频率地使用,但无论在经济学界还是在法学界,人们对其含义的理解仍是众说纷纭,莫衷一是。严格来说,产权是西方的"舶来品"。要真正理解产权,就必须厘清西方对它的定义和解释。谢次昌先生早在1996年就认为:"产权的概念已经难以回避,经济学和法学的任务是要对这个概念给予科学的法律解释,并与传统的所有权理论相协调、相衔接。"[1]

一、对产权概念的不同界定

在西方国家,科斯被认为是产权理论的创始人,产权的闻名也是因为他的缘

---

[1] 谢次昌:《国家所有权理论在实践中的运用和发展》,载《中国法学》1996年第6期。

故。然而,科斯并没有对"产权"进行定义,只是通过一些案例加以解释。根据科斯在《社会成本问题》一文中的论述,西方经济学家对产权的概念作出了种种界定。无论是法学还是经济学都是对社会关系的研究,社会关系的复杂性使在对某一现象或行为作出概念界定时存在不同的视角或角度。西方经济学家对产权内涵的界定也是如此。例如,阿尔钦从权利的实施角度强调了权利的可选择性。[①] 阿贝尔从产权与所有权关系角度认为,产权与所有权是相同的。德姆塞茨从产权的实质出发,指出了产权的工具价值。[②] 有学者从产权包含的内容角度界定产权,认为产权是一组权利的组合,包含了使用权、收益权、转让权。[③] 配杰威齐在此基础上增加了交易权。[④] 产权学派创始人诺斯虽然没有对产权作出界定,但是他认为产权包括占有权、处置权、收益权,并认为产权具有排他性。[⑤] 菲吕博顿和配杰威齐从产权的社会属性出发,认为产权体现了人与人之间的社会关系。[⑥] 在西方法学界,对产权的认识也是不一致的,同样存在产权与所有权等同、产权是一组权利等不同角度下的界定。

在一定程度上,产权理论不是马克思理论中的内容,包括"产权""产权制度"等类似的名词也没有在马克思和恩格斯的经典著作中出现。马克思理论中的"产权"概念是在其论述所有制理论时表现出来的。马克思对所有权的解释散见于不同的阐述之中:(1) 法权关系是一种反映现实的经济关系的意志关系,其内容由经济关系决定;(2) 所有权是所有制的法律形态,财产权是生产关系的法律

[①] 阿尔钦对产权的定义强调产权是一种权利,而且这种权利具有明确的法律规定,产权的内容是可以选择对经济品的使用。参见〔英〕约翰·伊特韦尔、〔美〕默里·米尔盖特、〔美〕彼得·纽曼编:《新帕尔格雷夫经济学大辞典(第三卷)》,陆ому孙译,经济科学出版社1996年版,第1101页。

[②] 阿贝尔在他的《劳动—资本合伙制:第三种政治经济形式》一书中认为产权是所有权,即排除他人对所有物的控制权、使用权,是区别于管理和收益权的对所有物的享受和使用权。阿贝尔对产权强调的是权利的形态,即权能也就是产权的内容。德姆塞茨强调产权在经济活动中的作用,认为"产权是一种社会工具,它对人们进行交易时形成合理的预期","能够帮助人们界定受益、受损"。转引自〔美〕R.科斯等:《财产权利与制度变迁》,刘守英译,上海三联书店、上海人民出版社1994年版,第96—133页。

[③] 巴泽尔认为,产权由取得收入和让渡资产的权利构成,这种权利既可以帮助个人取得收入,也可以使个人让渡资产,因而个人对资产的产权是可以改变的,需要用产权概念来分析人们的行为;同时,产权的实质是权利交换,表明产权不仅是人和物的关系,更是人和人的关系。参见〔美〕Y.巴泽尔:《产权的经济分析》,费方域、段毅才译,上海三联书店、上海人民出版社1997年版,第2页。

[④] 参见刘伟:《经济改革与发展的产权制度解释》,首都经济贸易大学出版社2000年版,第9页。

[⑤] 参见〔美〕道格拉斯·C.诺斯:《制度、制度变迁与经济绩效》,刘守英译,上海三联书店1994年版,第45页。

[⑥] "产权不是人和物的关系,而是由物的存在以及关于它们的使用所引起的人们之间相互认可的行为关系。对共同体中通行的产权制度是可以描述的,它是一系列用来确定每个人相对于稀缺资源使用的地位的经济和社会关系。"转引自〔美〕R.科斯等:《财产权利与制度变迁》,刘守英译,上海三联书店、上海人民出版社1994年版,第97页。这个定义相对于其他的产权经济学家的定义来说是比较全面和清晰的,既概括了产权的性质、内容,又概括了产权的起源。

表现;(3) 财产权不是单一的权利,而是一组权利,包括占有权、使用权、支配权等;(4) 财产权的各种权利,可以是统一的,也可以是分离的。①

我国学者在继受马克思所有权理论和移植西方经济学理论时,对本就认识不一的产权概念的界定也存在很多不同的理解。从产权与所有权关系看,有学者认为产权就是所有权,两者从起源、含义、存在形式、功能到发展规律都是相同的。② 还有学者认为产权和所有权是不同的概念,又分为产权大于所有权和产权小于所有权两种理论。张五常教授认为,产权既是一组权利也是一种行为规则。③ 在法学界,存在产权等同所有权、产权就是物权、产权是企业经营权以及产权是有关财产的一切权利等观点。④

二、两大法系对产权认识的差异

"产权"一词是在我国移植国外理论之时引入的概念,在正式文件中首次使用这个概念是在《中共中央关于建立社会主义市场经济体制若干问题的决定》之中,要求在国有企业改革中理顺产权关系、明确产权主体。但是,如同上述分析所指出的,对于产权该如何理解,学者们意见不一,出现了产权是所有制、产权是所有权、权力结构产权论、行为权产权论、使用权产权论、权利束产权论、社会关系产权论、选择性产权论以及制度产权论等多种论断。⑤ 在我国引入"产权"概念之后,对产权的性质也产生了使用权、债权等不同的理解。其中,从与所有权的关系角度界定产权是一种主流:或将产权与所有权等同,或认为产权包括所有权,或认为产权包含在广义的所有权范畴之中。

从词语的角度分析,产权即"property rights","property"指的是所有权。产权在经济学和法学上的含义是不同的。严格说来,产权首先是作为法学概念而存在,经济学上的产权概念系法学概念的沿用。⑥ 从法学上讲,产权即财产权。但是,财产权的范围在英美法系和大陆法系存在较大差异。在大陆法系国家,特别是在德国,所有权的确切含义是指物的归属问题,而产权或财产权则是指财产所有人具有的实际权利。经济学上的产权就是英美法系中的财产权,不重视归属,而注重实用性。在英美法系,由于长期没有确切的所有权概念,产权

---

① 参见《马克思恩格斯全集》第 23 卷,第 102 页;第 30 卷,第 608 页;第 13 卷,第 8—9 页;第 26 卷,第 440 页;第 25 卷,第 674 页。
② 参见罗志先:《国有企业产权改革的法治基础》,中国标准出版社 2002 年版,第 18—19 页。
③ 参见汪丁丁:《制度创新的一般理论》,载《经济研究》1992 年第 5 期。
④ 参见谢次昌、王修经:《关于产权的若干理论问题》,载《法学研究》1994 年第 1 期。
⑤ 参见李松森:《中央与地方国有资产产权关系研究》,人民出版社 2006 年版,第 79—91 页。
⑥ 参见屈茂辉、张彪、章小兵:《产权概念的经济学与法学比较》,载《安徽广播电视大学学报》2005 年第 4 期。

与所有权在相同意义上被使用。大陆法系国家则视财产权为包括物权、债权、知识产权等权利在内的权利体系的总和。《德国民法典》没有完全沿袭罗马法,而是创造出了"物权"的概念,建立了物权和债权的二元财产权体系。物权的核心为绝对所有权,即对有体物的完全支配权——"一物一权"。我国民法是20世纪初从西方继受而来。从最初全面继受德国民法整套体系,到新中国成立后转而以苏俄民法典为蓝本,随着时间的推移,尤其是在社会主义市场经济体制被确定为经济体制改革的目标后,苏联和东欧国家的经验已不能满足我国改革开放和发展社会主义市场经济实践的要求。我国在继受德国民法关于财产权的立法体例的基础上,兼采英美法系的灵活制度。正是这种兼容并蓄的法律移植方式,造成了我国在财产权认识上的差异:大陆法系财产权与英美法系财产权混用。

三、对国有资产产权的分析

一直以来,产权不仅仅是经济学研究的对象,既是一个经济问题,也是一个法律问题。产权应是一组权利的组合,不仅包括所有权,还包括知识产权等其他一切有关财产的权利,包括财产归属、运作及控制制度。从产权与所有权关系看,产权的范围比所有权更为宽泛,所有权是产权的组成部分。财产权可以划分为动态财产权和静态财产权。动态财产权指明了财产在运作过程中的形态;静态财产权是一种终极财产权,也可称为"所有权"。[①] 如此,产权就是动态财产权和静态所有权的结合。也正是在这个意义上,静态所有权通过分解,授权给不同产权主体,对财产予以占有、使用并处分。

按照产权理论,如果把产权界定给不同的行为主体,那么就形成三种产权:私有产权、集体产权以及国有产权。私有产权就是将资源的使用与转让以及收入的享用权界定给一个特定的人,他对这些权利的使用不应受到限制。集体产权意味着团体的每一个成员都有权分享这些权利,排除了国家和团体之外的成员对团体内的任何成员行使这些权利的干扰。国有产权在理论上由国家占有,即由国家体内的"无数"个人共同占有。国有产权的实施,唯一可行的办法是进一步细化、人格化,即由代表全体人民的国家按照可接受的政治程序,决定谁可以或不能使用这些权利,其产权实现形式就是国有企业。

从根本上讲,我国对国有资产所实施的改革并不是对国有资产所有权的改革,而是对产权制度的改革。因此,这种改革以提高国有资产运营效率为目标,不存在否定国家所有权的含义,而是在坚持国家所有权的前提下,通过对产权归属主体的授权,改善国有资产运营不顺的弊端。根据马克思所有权理论以及西

---

① 参见刘伟:《经济改革与发展的产权制度解释》,首都经济贸易大学出版社2000年版,第19—20页。

方产权理论,国有资产产权改革中还存在产权主体虚设、产权关系不顺、国有资产经营缺乏监督、控制权和剩余索取权不匹配等缺陷。因此,必须以主体明确、边界清晰、自由流动、有利于提高效率为标准,对现行国有产权进行改革。

第二节 国有资产的归属:分级代表抑或分级所有

一、国有资产管理体制之下中央与地方关系演变

我国统一所有的国家所有制经历了半个多世纪的探索、发展,随着中央与地方关系的演变,国家所有权在国有资产管理中表现出不同的形式:1949—1951年,国有制初建,国有资产管理权限集中于中央;1957—1960年,中央对地方扩权,把大量权限下放给地方;1977—1984年,中央在集权的同时,加强企业管理;1984—1992年,"划分税种、核定收支、分级包干"与两权分离;1993—2002年,分税制与"统一所有,分级管理";党的十六大以来,进入"国家所有,分级代表"阶段。①

(一)"统一所有,分级管理"阶段

从计划经济体制建立到党的十六大召开之前,国有资产管理体制之下中央与地方关系基本上是"国家统一所有,分级管理"。② 其中,又可以《中共中央关于建立社会主义市场经济体制若干问题的决定》提出"分级管理"为界点,划分为1993年之前与1993年至2002年十六大报告提出"统一所有,分级代表"新体制两个阶段。

从新中国成立到改革开放之前,我国实行的是高度集中的计划经济体制。在这种模式下,中央以全面的计划为手段,决定地方政府行为,对地方实行严格的经济管制。地方政府实际成为中央政府的派出机构与中央计划的执行者。③ 其间虽有20世纪50年代的下放国有企业和60、70年代的两次收权、放权,但一般只涉及经济管理的具体事权,中央高度集中的"统收统支"格局并没有改变。高度集中的计划经济模式和纯而又纯的国家所有制,成为传统国有资产管理体制的重要特征。在这种模式下,中央与地方之间不可能存在企业所有权关系,只能是一种分级管理关系,中央与地方对国有企业的管理权分配是以调整企业的

---

① 参见景朝阳:《我国国家所有制之回溯:中央与地方关系以及国有资产管理体制的演进的视角》,载《兰州学刊》2008年第5期。
② 参见焦建国:《国有资产管理体制中的中央与地方关系——历史评价、现实操作与未来选择》,载《财经问题研究》2005年第4期。
③ 参见曹世华等:《地方国有资产管理制度研究》,中国科学技术大学出版社2004年版,第37页。

行政隶属关系为手段的。从 1978 年改革开放到 1993 年党的十四届三中全会，是我国国有资产管理体制改革在计划经济体制下的探索时期。其间经历了 1978—1983 年的放权让利、1983—1986 年的"利改税"、1987—1991 年的经营承包责任制改革，初步形成政府作为企业出资者而享有的财产所有权和作为社会经济管理者而享有的行政管理权相分离的局面。这一时期，国有资产管理的另一重要变化是 1988 年国务院成立了国家国有资产管理局。其后，各地地方国有资产管理局相继成立，这也可以认为是地方国有资产管理制度的正式形成。①

1992 年，党的十四大提出了建立社会主义市场经济体制的改革目标。在确立了社会主义市场经济目标模式之后，党的十四届三中全会通过的《中共中央关于建立社会主义市场经济体制若干问题的决定》对国有资产管理提出了新的要求，在加强管理的同时，实行国家、政府和企业分别承担职责。② 这是我国在正式文件中首次确认国有资产中央与地方关系实行"统一所有，分级管理"体制。党的十五届四中全会通过的《中共中央关于国有企业改革和发展若干重大问题的决定》提出了"国家所有、分级管理、授权经营、分工监督"的原则，中央和地方政府分级管理国有资产。③ 这一时期，随着改革开放的进一步深入，意识形态的限制在不断缩小，经济理论也在不断突破，反映在国有资产管理体制改革中，就是不断突破计划经济体制下对国有企业的认识，而且从管理体制上部分解决了条块分割管理带来的问题，开始触及产权制度的调整，并已深入到政府职能分离等问题上。在中央与地方关系上，虽然政策文件确立的是国务院代表国家统一行使国有资产所有权，但是地方政府事实上享有地方国有资产收益，企业人事任免权、收益权和资产处置权都掌握在地方政府手中，造成统一所有与事实上的地方所有的不对称，④控制权和剩余索取权呈现出不匹配的状态。⑤ 这些改革也没能解决国有资产所有者缺位的问题，政企分开、政资分开的目标无法实现。"统一所有，分级管理"的弊端要求国有资产管理体制改革寻找新的突破口。

---

① 参见曹世华等：《地方国有资产管理制度研究》，中国科学技术大学出版社 2004 年版，第 110 页。
② 完整表述为："加强企业中的国有资产管理。对国有资产实行国家统一所有、政府分级监管、企业自主经营的体制。按照政府的社会经济管理职能和国有资产所有者职能分开的原则，积极探索国有资产管理和经营的合理形式和途径。加强中央和省、自治区、直辖市两级政府专门国有资产管理的机构。"
③ 完整表述为："要继续推进政企分开，积极探索国有资产管理的有效形式。要按照国家所有、分级管理、授权经营、分工监督的原则，逐步建立国有资产管理、监督、营运体系和机制，建立与健全严格的责任制度。国务院代表国家统一行使国有资产所有权，中央和地方政府分级管理国有资产，授权大型企业、企业集团和控股公司经营国有资产。要确保出资人到位。允许和鼓励地方试点，探索建立国有资产管理的具体方式。"
④ 参见刘国良：《国有资产大趋势》，经济科学出版社 1999 年版，第 214 页。
⑤ 参见焦建国：《国有资产管理体制中的中央与地方关系——历史评价、现实操作与未来选择》，载《财经问题研究》2005 年第 4 期。

(二)"统一所有,分级代表"阶段

正是认识到"分级管理"的缺陷,酝酿多年的国有资产管理体制改革在2002年十六大报告中予以确认。在新的体制下,为发挥中央与地方积极性,在坚持国家统一所有的前提下,由中央政府和地方政府分级代表国家对国家出资企业行使出资人职责,并根据国有经济布局和结构调整的需要,确立了中央政府履行出资人职能的国有资产的范围;同时,在中央和地方新设专门的国有资产监督管理机构,分为中央、省、市三个层级。这种体制设计标志着国有资产管理体制之下的中央与地方关系进入"统一所有,分级代表"的新阶段。

为确保新体制的顺利运行,国务院国资委于2003年正式成立,其后各地也纷纷设立地方国资委。在法律保障方面,2003年通过的《企业国有资产监督管理暂行条例》第4条将十六大报告中的内容予以法制化,对国资委"三统一、三结合"的职责和权利作了较为明确的规定。2008年通过的《企业国有资产法》第4条重申了"统一所有,分级代表"体制。

从法律规定和改革的设想看,新体制之所以实行"统一所有,分级代表",其目的在于改变国有资产中央和地方传统的行政管理式的分工,依照产权制度设计形成产权职能的授权和分工。在这个目标模式下,使国有资产管理由科层结构转变为扁平结构,同时也促进确立中央与地方国有资产标准的科学化和法制化。① 地方政府可以同中央政府一样代表最终所有者行使所有者的权利,也能够代表最终所有者获取应由所有者享有的利益。②

二、对现行中央与地方产权关系的解读

(一)国家所有权的主体:对"统一所有"的解释

权利必须依附于一定的主体而存在,认识产权的主体首先要界定所有权主体,只有这样才谈得上其他权利主体的清晰化。

学界对国家所有权主体的理论研究成果丰硕,先后有全民论、国家论、政府论、综合论、缺位论等。③ 按照主体是否为单一主体,可以分为单一主体说和多元主体说。在这些不同的学说背后,隐藏着的是不同的宪政价值理念,以中央与地方分权意识为前提的分级所有理论获得了越来越多的支持。④

---

① 参见张新平:《论中央与地方对企业国有资产的监管权益》,载《长沙理工大学学报(社会科学版)》2010年第2期。
② 参见钱津:《论地方政府对国有资产的管理》,载《哈尔滨市委党校学报》2003年第3期。
③ 参见王军:《国家所有权的法律神话》,中国政法大学2003年博士论文;黄军:《国家所有权行使论》,武汉大学2005年博士论文。
④ 参见张建文:《社会转型时期国有财产领域中央与地方关系之重构——以国家所有权主体的论证为中心》,载《郑州大学学报(哲学社会科学版)》2007年第6期。

单一主体学说以全民所有和国家所有两种观点为主。全民所有论认为,全体人民是唯一且统一的国家所有权主体,国家作为人民的代表行使国家所有权,国家所有与全民所有本质上是一致的。① 我国《宪法》《民法通则》均规定"国家所有,即全民所有",就是此观点的反映。国家所有论是当前的主流学说。② 国家说与政府代表理论往往是联系在一起的。与单一主体论形成对比的是,一些论者认为,国家所有权的主体是多元的,国家所有权是不同公法主体的所有权的统称,具体又有全国人民与地方人民分别所有、国家与地方分别所有、中央政府与地方政府分别所有几种观点。论者认为,承认地方所有权人的主体地位,有利于调动地方的主动性和积极性。也有学者提出,因为国家财产实际的占有、使用、收益和处分权都是由具体政府享有和行使,所以应当实行政府分别所有制度。③

在现行体制下,根据《宪法》《民法通则》等法律,国有经济即全民所有制经济,国家所有权的主体是全体人民。但是,包括《企业国有资产法》《企业国有资产监督管理暂行条例》等在内的一些法律法规规定:国有经济归国家所有。对于国家所有权的主体应该是"全民"还是"国家",我国民法学者没有解释清楚,只不过是把两者糅合在一起。例如,佟柔教授认为,国家是国家所有权唯一、统一的所有者,国家是全民财产的统一主体。④ 彭万林教授在解释国家所有权时认为,国家所有权是指国家以民事主体的身份对国有财产的所有权。⑤ 对此,王利明教授认为,二者指称的是同一事物,只不过是称谓上的不同。⑥ 从政治基础看,国家是国家所有权主体是由全民所有制的性质决定的。国家财产是社会主义全民所有的财产,其所有权的行使必须根据全国人民的意志和利益,而只有国家才能真正代表人民的意志和利益。同时,由全民所有的财产组成的全民所有制经济是国民经济的主导力量,决定着整个国民经济的发展速度和方向;只有由国家统一行使所有权,国家才能对整个国民经济进行宏观调控,实现组织经济的职能。法律上的"代表"制度也可以说明国家作为国家所有权主体的原因:国家的全民性决定了国家所有与全民所有的一致性,国家所有等同于全民所有;从公有制的性质以及由此决定的国家的全民性看,国家作为全民代表人的同时也是全民财产的所有人并不矛盾。全民只能而且必须以国家作为代理人行使国家所有

---

① 参见王利明:《论国家所有权主体的全民性问题》,载《中南政法学院学报》1990年第4期。
② 参见蔺翠牌:《论国有资产所有权主体的唯一性和统一性》,载《中央财经大学学报》1997年第8期。
③ 参见史际春、姚海放:《国有制革新的理论与实践》,载《华东政法学院学报》2005年第1期。
④ 参见佟柔主编:《中国民法》,法律出版社1990年版,第156页。作出类似解释的还有江平教授,参见江平、张佩霖编著:《民法教程》,中国政法大学出版社1986年版,第135页。
⑤ 参见彭万林主编:《民法学》(第六版),中国政法大学出版社2007年版,第235页。
⑥ 参见王利明:《国家所有权研究》,中国人民大学出版社1991年版,第266页。

权,除此之外并无其他选择。

此外,还需要说明的是,对统一所有中的"国家所有"并不是在所有制意义上使用的。所有制与所有权不能在同一范畴内使用,"国家所有制"是政治经济学中的概念,说明的是国家代表全体人民对生产资料的占有制度;而"国家所有权"是法律用语,指的是特定财产的所有者是国家。

(二) 我国国有资产的产权改革:对"分级代表"的解释

国有资产管理是一种产权管理活动,产权管理就是国资管理的实质。① 我国国有资产管理体制改革所要解决的根本问题是国有资产产权制度与市场经济体制不相适应的问题,而不是从所有权上进行改革。现有的立法目的表明,国家统一所有是改革的基础和前提,国家是国有资产的所有者,对国有资产享有终极处分权;由地方代表国家履行出资人职责,其目的在于提高地方政府对国有资产的管理权限,充分发挥中央和地方积极性,提高社会生产力。在中央与地方国资监管机构的关系上,两者是独立、平等的主体,是依法行使出资人职责的特殊机构,遵循国家统一规则。

"统一所有,分级代表"在提高地方政府积极性的同时,也在一定程度上明晰了企业产权;明确政府社会公共管理职能和国有资产出资人职能由不同的机构行使,强调"政资分开、政企分开",使政府与企业进一步符合市场经济发展的要求;管资产和管人、管事相结合,有利于权利、义务和责任的统一,有利于经济责任制的建立与实施。

对此,有学者认为,该分级代表体制的内涵并不明确,刻意的模糊性也给它的运作带来了难以估计的不确定性。我国某些国有财产领域有限地实现了中央和地方分权,并未确立一般的中央与地方的分级所有。当前的改革仍属于修补性的,而非根本性的,国有财产领域中央与地方关系所面临的制度创新问题仍然极为迫切。② 还有学者认为,"分级代表"实行的是国有资产所有权,各级政府接受上级政府分配的行政任务而对国有资产实施监管:第一,政府对国有资产的经营管理表现出来的是行政职责,而非出资人职责;第二,在同一国有参股、控股企业中,其他股东和政府不是平等的民商事主体;第三,不同级别、不同地方的政府如果向同一企业出资,其各自的出资人权益不易相互分清,各自的出资人职责也难以独立履行;第四,"统一所有"造成不同地方政府出资人易被认定为关联关

---

① 参见黄少安主编:《国有资产管理概论》,经济科学出版社 2000 年版,第 2—3 页。
② 参见张建文:《社会转型时期国有财产领域中央与地方关系之重构——以国家所有权主体的论证为中心》,载《郑州大学学报(哲学社会科学版)》2007 年第 6 期。

系。① 在现实操作中,由于国资委在法律定位上并不清楚,特设机构的特殊性并不清晰,导致国资委越来越具有行政化的倾向,这也直接导致中央与地方国资委的关系演变为行政性的领导关系。这种倾向致使中央国资委通过对地方国资委的"指导和检查",甚至"追究责任",产生了间接干预地方国有资产运营的后果。地方国有资产的真正所有权代表仍然是中央政府,中央政府仍然可以对地方政府进行干预。目前的这种中央与地方国有资产的纵向划分,在一定程度上增加了交易的成本,国有企业的经营效率也受到影响。②

三、国有资产产权分级代表与分级所有之争

对于党的十六大以来实行的国务院和地方人民政府分别代表国家履行出资人职责的国有资产管理体制,学术界产生了不同的理解,中央与地方之间究竟是"分级代表"还是"分级所有"甚或仍是"分级管理"成为争论的焦点。

一种观点认为,党的十六大报告是对"国家统一所有、政府分级管理"的国有资产管理体制框架的重大突破,实际上提出了国有资产"分级所有"的改革思路,意味着地方政府原来名义上的"分级管理权"已拓展转化为"分级所有权"。虽然"坚持国家所有"的提法没有变,但是可以理解为国家或全民拥有法律意义上的国有资产终极所有权。这可以理解为在坚持国家统一所有,国家拥有最终所有权基础之上的分级所有说。③ 也有学者认为,党的十六大报告表明国有资产将从"中央所有,分级管理"的体制转向"分级所有,分级管理"的体制。这是一种否认国家所有权,坚持中央和地方分别所有的观点。该观点认为,原来的分级管理体制使地方政府不能完整行使所有权,由此导致地方政府权责不对等,对国有资产的保值增值缺乏积极性。按照市场经济的通行做法,即"谁投资,谁所有,谁受益"的制度,地方所管辖的国有资产很多都是由地方政府投资的,其所有权理应归属于地方政府。④

一种观点认为,党的十六大建立的国有资产管理体制并不是"分级所有",仍然属于"国家统一所有,分级管理"的范畴,国有资产不存在地方所有、部门所

---

① 参见陈甦:《关于〈国有资产法(讨论稿)〉的意见》,http://www.iolaw.org.cn/showarticle.asp?id=2448,2016 年 7 月 18 日访问。
② 参见白津夫:《国资重组改革新取向》,载《瞭望》2003 年第 29 期。
③ 参见邓子基、陈少晖:《国有资产分级所有的新思路》,载《国有资产管理》2003 年第 8 期;陈少晖:《国有资产分级所有体制的建构依据与划分标准》,载《现代经济探讨》2003 年第 9 期;黄洪敏、陈少晖:《国有资产"分级所有"体制的重构》,载《财经科学》2005 年第 2 期。
④ 参见盛毅:《论"分级所有"的地方国有资产经营》,载《改革》2003 年第 1 期;郭励弘:《正确认识"国资"的产权归属》,载《经济研究参考》2003 年第 23 期;何诚颖:《国资管理的关键是实行"分级所有"》,载《证券时报》2003 年 1 月 4 日。

有、企业所有的问题。首先,从法律上看,"分级所有"缺乏法律依据,或者说是违宪的。其次,从理论上看,"分级所有"是对党的十六大报告的误解。新体制下地方政府分级管理的权能相比旧体制下发生了根本的变化,但是这个变化并没有改变"国家统一所有,分级管理"的性质,国有资产终极所有权仍然属于国家。① 国资委原主任李荣融指出,国有资产的所有权都属于中央,分级是指中央和地方分级监管。②

与新体制到底是新构建了分级所有还是原有分级管理的"升级版"两种观点并存的还有另外一种观点,既不认为是分级所有,也不认为是分级管理,而认为是新型的"准所有权"③或"相对所有权"④。相对于官方的表述,体制内的研究则认为:国家统一所有,中央和地方分级行使出资人职责。这种提法看上去很矛盾,却可能更符合我国国情。国家在一些特殊情况下还是保留着国有资产的最终处置权,一般情况下由中央和地方行使所有者职能。⑤

对国有资产在中央与地方归属上的争论主要集中在党的十六大之后的一段时间,2005年之后对此问题的探讨比较少见,在观点上也主要是以上几种观点的再论述。应当说,以上学者的观点都很有见解,而产生差异或分歧的原因在于对概念的使用和论述对象的不同,其中的全民所有制、国家所有权、产权、产权主体、国家所有权主体、出资人主体在不同学者眼中所代表的含义是不同的,由此也导致在论述上的不同认识,并最终成为其观点分歧的原因。

第三节 最终目标:分级产权

一、地方国有资产产权结构的非对称性

从历史角度看,地方国有企业一般由国家投资设立,其财产理应归国家所有。也有部分企业是由地方政府投资设立的,这部分企业的产权目前也属于国家。由于国家所有权的权利主体仅仅是一个概念上的体现,所以通过法律授权政府行使所有权权能。实践中,国有企业的剩余收益权由国家享有,即国有企业

---

① 参见刘汉屏、贾宝和:《国有资产管理亟待走出"分级所有"的认识误区——兼与邓子基、陈少晖二位先生商榷》,载《广西财经学院学报》2006年第1期。
② 参见《中国国有资产监督管理年鉴》编委会:《中国国有资产监督管理年鉴(2006)》,中国经济出版社2006年版,第2页。
③ 参见张文魁:《国资体制改革的核心是落实"准分级所有"》,载《中国经营报》2003年6月17日。
④ 参见刘纪鹏:《论国有资产管理体系的建立与完善》,载《中国工业经济》2003年第4期。
⑤ 参见国务院发展研究中心专题课题组:《进一步改革国有资产管理体制的若干思考》,载《特区理论与实践》2003年第2期。

的利润需上缴国家;而对国有企业财产的支配权则由地方政府享有。政府作为国有资产的代表,对国有企业的经营方针、财产处置以及经营管理者的选任享有决策权。在这个过程中,对于地方政府来说,作为不同利益集团结合体,它很难完全代表国家的利益;同时,在地方政府代表国家对国有企业行使所有权权能时依靠的是公务人员,出于"经济人"的天然自私性,他们既可能以权谋私,也可能因享受不到应有利益而偷懒。①

这种非对称性的产权结构产生了一系列的消极影响。在我国国有经济中,委托代理关系较为复杂,形成了"全民—国家—政府—国资管理机构—国企"的委托代理链条,在企业内部也有"股东会—董事会—经理"等一系列委托代理环节,过长的代理环节势必造成交易成本的增加。实践中,我国国有资产名义上由国务院代表国家统一所有,但是各地地方政府有权转让国有资产,有权决定国有企业改革的形式,作为管理者的地方政府实际上成了所有者。在名义所有权与实际支配权不对称的情况下,地方政府不可能完全将国有资产保值增值作为评价工作绩效的唯一标准,反而会尽力维护本地的地方利益,甚至强化其变卖国有资产的动机。例如,地方政府因没有产权,缺乏在本地区加强交通、能源等基础产业、基础设施的国有投资积极性;在中央与地方财权与事权划分不合理的情况下,由于地方政府无法获得国有资产的剩余所有权,反而要承担安置下岗职工等改革成本,因此降低了甚至缺乏推进国企改革的积极性;在政企不分的情况下,地方政府在拥有权力的同时并不需要承担责任,造成地方政府在干预企业投资决策时的道德风险,为争夺投资而拼命铺摊子、上项目,忽视对老企业的技术改革,在作投资决策时盲目趋向于滥用国有资产,而致重复建设、产业结构趋同以及由此产生的生产过剩、开工不足等问题而不顾。

二、产权分级所有的理论与实践

所有者缺位、产权没有人格化、代理链条过长、控制权和剩余索取权不匹配一直是我国国有资产管理体制改革要解决的问题。通过产权改革,在分级代表体制下,这些问题也没有得到解决。针对这些问题,一些学者提出了从源头上解决问题的途径,即改变国家产权的单一性,形成多元化代表,由中央与地方分别行使国有资产产权。

主张"分别所有"的学者多集中在经济法学界和经济学界。比如,史际春认为,需要打破国家所有制或所有权内部"铁板一块"的认识和做法,建立中央与地

---

① 参见曹世华等:《地方国有资产管理制度研究》,中国科学技术大学出版社2004年版,第199—200页。

方分别所有的国家所有制。① 屈茂辉明确提出了国有资产"分级所有,分级管理"原则。② 李松森教授则以国有资产分布的领域为标准,建议在竞争性领域对国有资产采用"分级所有"原则,资源性国有财产仍采用"统一所有"原则。③ 对于提供公共物品与公共服务的国企,在中央和地方政府的职能定位为"公共服务型"政府的基础上实现"分级所有",对于经营性、竞争性国企应通过"政企分开"实现分级所有。④ 也有学者提出"分别代表"的制度设置理念。"分别代表"是对"分级代表"的突破,中央与地方分别界定为国有资产出资人的代表,两者相互独立,是独立的民商法主体。⑤ 从"分别所有"的建议内容看,实质上是"分级所有"的不同表述方式。

考察其他国家的情况,苏联解体后,原来实行的统一的国有制也随之消灭,目前俄罗斯实行的是联邦和地方分别所有的国有制。在联邦制国家中,对于国有资产,联邦和联邦成员分别所有是常态,如美国联邦和州所有是国有的主体部分。在单一制国家中,存在集权型单一制和分权型单一制之别,特别是在分权型单一制国家中,也有采用中央和地方分别所有的国家,如日本。⑥ 可见,中央与地方分别所有是市场经济发达国家和经济转型国家的共同选择。之所以如此,根源还在于不同的宪政环境和立法环境,国外一般很少有"国家所有权"概念,国家所有权一般仅指中央政府的所有权。⑦

与"统一所有"相比,"分级所有"能给国有资产管理体制带来更新的突破:(1) 在承认"谁投资,谁所有"的法律基础上,有利于划分中央和地方国有资产,形成市场经济条件下多元投资的需要,促进国有企业股权结构合理化;(2) 有助于缩短现行"全民—国家—政府—国资管理机构—国企"这一过长的委托代理链条,降低代理成本和管理成本;(3) 有利于中央与地方集权与分权的平衡,形成权利义务对等、责权利相统一的中央与地方关系,调动各级政府运营国有资本的积极性,确保国有资本保值增值,促进经济发展;(4) 有利于国家所有权以及国有财产内部的相对市场化,从而形成相对平等的市场交易主体,适应社会主义市

---

① 参见漆多俊主编:《经济法学》,高等教育出版社 2003 年版;史际春、姚海放:《国有制革新的理论与实践》,载《华东政法学院学报》2005 年第 1 期。

② 参见屈茂辉:《中国国有资产法研究》,人民法院出版社 2002 年版,第 290 页。

③ 参见李松森:《中央与地方国有资产产权关系研究》,人民出版社 2006 年版,第 194—196 页。

④ 参见黄范章:《国有资产管理体制中的中央与地方的关系》,载《中国经济时报》2005 年 10 月 31 日。

⑤ 参见陈甦:《关于〈国有资产法(讨论稿)〉的意见》,http://www.iolaw.org.cn/showarticle.asp?id=2448,2016 年 7 月 18 日访问。

⑥ 参见史际春、姚海放:《国有制革新的理论与实践》,载《华东政法学院学报》2005 年第 1 期;徐向艺:《比较·借鉴·创新——企业改革的国际经验与中国道路选择》,经济科学出版社 2001 年版,第 174—175 页。

⑦ 参见孙宪忠:《论物权法》,法律出版社 2001 年版,第 490 页。

场经济要求;(5)对于我国地区发展不均衡以及国有资产比重较高的国情,分级所有可以使中央集中精力管理关系国民经济命脉的行业和产业。[①] 从法理上讲,现行宪法允许地方政府独立代表国家实现在地方上的经济利益。同时,"全民—国家—中央政府—地方政府"的委托代理链条过长,而且由于国家主体的抽象性,代理行为很难得到有效的制约。地方政府作为直接的所有权代表,以国家的名义对管辖范围内的国有资产行使所有者权益,更能体现出法律的效率价值。只有中央政府才能代表国家整体利益的传统观念应该更新。[②] 对国有资产所有权进行多元代表的划分,符合现代化的权力理念,有利于实现国有资产管理权限划分的现代化。

可见,"分级所有"的制度设计可以破解"统一所有,分级代表"的体制弊端。中央政府和地方政府在履行出资人职责时,在民商法上的地位相互独立。"分级所有"能够实现国有资产经营管理体制的重大变革,在政企分开的基础上,实现国有资产经营管理上的"政政分离"。

三、产权分级所有的依据和障碍

(一)产权分级所有的依据

实现中央与地方国有资产产权的"分级所有"具有上文所述的诸多优势,在理论上和实践中也能够找到相应的依据。

1. 企业产权和所有权理论

按照企业产权和所有权理论,企业是一系列契约的组合,而这些契约又是不完备的,由此产生了剩余索取权和剩余控制权。为实现效率的最大化,两权必须达到匹配的状态。由此,在统一所有制下,地方只是国有资产的使用者,即使是实行"分级代表"制度,由地方政府代表国家享有出资人权利,最终的收益还是归于中央,地方就会为了自己的利益截留收益,造成"占有"比"所有"更重要;而中央虽有名义上的所有权,但收益事实上又被地方占有,中央与地方利益由此不匹配。

2. 委托代理理论

委托代理理论要解决委托人与代理人之间的博弈和平衡,越短的委托代理链条越容易实现此目的。分级所有能够减少中央与地方之间的委托层级。由地

[①] 参见常健:《国家所有权制度改革的阶段性特征:分析与前瞻》,载《社会主义研究》2008年第3期;赵赞扬:《对构建国有资产分级所有制度的思考》,载《北京交通大学学报(社会科学版)》2007年第4期;李昌庚:《国有财产的中央与地方关系法治考量》,载《上海财经大学学报》2011第4期。

[②] 参见李伯侨、黄群财:《国有资产所有权多元代表论的理论思考》,载《经济体制改革》2003年第3期。

方作为产权所有者,地方会为实现利益的最大化而提高使国有资本保值增值的能力。

3. 宪法下地方自治的要求

宪政视角下,为调动地方积极性,增加地方自治权是保持中央与地方财权与事权划分合理的手段,其表现方式就是在中央与地方之间进行集权与分权的平衡和博弈,以提高地方承担经济职责的能力。

根据《宪法》第3条和第五节、《地方人大和地方政府组织法》以及民法等相关立法,地方政府具有独立的主体地位。作为地方国有资产所有者代表的地方政府在管理和运营国有资本时以私法主体表现出来,有其独立的权利和义务。在现实中,地方国有企业的出资人是地方政府,其利益当然应由地方享有。

4. 实践要求实行"分级所有"

实践要求主要表现在:第一,众多国家分级所有的实践经验;第二,目前我国地方实际上实行的是"谁投资,谁受益"的分级所有机制;第三,在"分税制"改革后,财政联邦主义已成现实,以地方财政投资形成的地方国有企业的收益如果归于中央,地方政府也就丧失了运营国有资本的动力;第四,地方国有资本随着国有经济布局和结构调整会集中到非竞争性领域,以提供公共服务为主要目的,实现分级所有能够促进地方政府公共职能的发挥。

现行的"统一所有,分级代表"体制给了地方充分的权利,是逼近"分级所有"的设计。随着"一级政府,一级财政,一级预算"的确立,实行"分级所有"也应成为改革的目标。

(二)产权分级所有的障碍

实行"分级所有"在意识形态上的最大障碍是:公有制的主体地位是否会受到动摇?国有经济的主导作用还能否发挥?从理论上分析,"分级所有"既不会动摇公有制的主体地位,也不会影响国有经济主导作用的发挥。第一,实行"分级所有"是经济分权的结果,我国公有制的性质并没有发生变化。同时,由于控制权和剩余索取权的匹配,使国有资产效率提高,在发展中还会不断壮大公有经济。[①] 第二,国有经济的主导作用是通过体现国有经济控制力的、关系国民经济命脉和国家安全的大型企业、基础设施和重要的自然资源等表现的,这些领域的国有资产仍由中央政府代表国家履行出资人职责,地方"分级所有"后占有、使用的主要是非竞争性领域的国有资产。从国有资产总量、规模以及发挥作用的范围看,地方所有的国有资产不会冲击到国有经济的主导作用。

[①] 参见安增军:《国有资产监管的若干理论问题探索》,载《福建行政学院福建经济管理干部学院学报》2003年第4期。

另外,由于各地所掌握的国有资产的分布和总量不平衡,实行"分级所有"是否会造成地区间更大的不平衡?应该承认,区域间财富差别是客观存在的,但是这种差别不会因为实行"分级所有"而变得更为严重。历史上,我国各地区存在的贫富差距主要不是因为国有资产存量和过去的国家投资造成的,而是受多种因素的制约,如交通条件、资源、地方政府能力等。例如,我国过去在东北地区建立了大量国有企业,但是这一地区目前的经济实力和发展速度与长三角地区相比就有所差距;西部地区受交通条件限制,经济发展也没因国有资产投入而明显改善,反而在国有经济布局和结构调整过程中变卖了大量国有资产。因此,以扩大地区间经济差距为由反对"分级所有"并不充分。

四、产权分级所有的层级划分

在明确分级产权的情况下,学界对产权分级所有的层级划分也有不同意见。在实践中,产权的层级划分也因各国具体的政治、经济环境而异。

在我国,综合主张分级产权的学者论点,主要有以下几种:有学者主张"一级政府,一级产权"。根据我国"中央—省—地市—县—乡"的行政层级现状,可以推论出应实行五级分权。也有学者在强调"一级政府,一级产权"的同时,主张应区分国有资产种类,资源性国有资产仍由中央统一所有。[①] 还有学者在借鉴国外实践的基础上,认为国有财产宜分两级,即只分中央与省两级。[②] 在实践中,美国、法国、德国、英国、波兰、俄罗斯、泰国等国家实行的都是分级所有制。例如,联邦制国家俄罗斯实行"分级所有,分级管理"的国有资产管理体制,分为联邦国有财产、联邦主体财产和市政机关财产。[③] 在我国历史发展中,1930年《土地法》将公有土地区分为国有土地、省有土地、市县有土地和乡镇有土地,采取四级所有形式。

从理论上说,根据"一级政府,一级产权"的标准,国有资产的中央与地方分权应当与目前所实行的五级政权相适应,即五级所有。但是,这种五级所有形式因为高度的中央集权体制,会造成地方政府自治权减少、信息不对称和委托代理链条过长而增加成本的弊端。考虑到目前地方国有资产在各省市的分布状况、国有资产的市场定位以及对财产能否有效运营和监管,乡镇一级并没有分级产

---

① 参见李松森:《中央与地方国有资产产权关系研究》,人民出版社2006年版,第194—196页。
② 参见张建文:《社会转型时期国有财产领域中央与地方关系之重构——以国家所有权主体的论证为中心》,载《郑州大学学报(哲学社会科学版)》2007年第6期。
③ 参见国务院国有资产监督管理委员会编:《探索与研究:国有资产监管和国有企业改革研究报告(2009)》,中国经济出版社2010年版,第57页。

权的必要。① 对于县级地方政府,各地国有资产的分布很不均衡,既有沿海发达城市的高容量,也有西部地区几无国有资产,因此现阶段可以采取"原则三级,例外不设"的分级产权方式,即原则上采用"中央—省—市(地)"三级,例外情形下只分权于"中央—省"两级。随着我国政治体制改革的深入,在"省管县"体制下,实行"中央—省—市县"三级模式,根据市县所占有的国有资产总量,再决定是否分级到县级而只实行"中央—省"两级模式。

第四节 分级产权下的中央与地方国资立法

2011年5月26日,湖北省第十一届人大常委会第二十四次会议审议通过《湖北省企业国有资产监督管理条例》,并以湖北省人民代表大会常委会第121号公告对外公布,自当年8月1日起施行。这是在党的十六大确立新体制、《企业国有资产法》颁布之后,全国率先出台的第一部国资监管地方性法规。该条例在固化先行体制的基础上作出了六项创新,使地方国有资产立法问题进入人们的视野并引起了强烈关注。

一、国资改革中的地方立法先行

地方国有资产管理体系是整个国有资产管理体系的重要组成部分,地方的先行先试为完善整个国有资产管理制度提供了借鉴。1988年国务院组建国有资产管理局之后,地方各级国有资产管理局相继设立。到1994年,超过80%的地方国资管理机构就位。② 为规范化管理国有资产,各地逐步加强了法制建设。

作为改革开放实验区,深圳于1992年创建了国有资产管理委员会,为规范管理工作,先后制定了《深圳市属国有企业财务总监管理暂行办法》《深圳市级资产经营公司监事会规定》《关于市级资产经营公司董事局、经营班子职能分工暂行规定》等以规范资产经营公司的运作,同时制定了《深圳市国有资产经营公司经营业绩考核办法(试行)》以确定考核的标准。深圳是全国最早开展授权经营的地方,其《关于市属企业国有资产授权经营试点工作若干意见》成为其他很多省市学习和借鉴的模板。为应对全国范围内存在的国有资产流失严重的情况,1999年11月,国有经济重镇上海先于国家制定了防止国有资产流失的地方法规——《上海市国有企业国有资产损失责任人处理办法》。该办法旨在防范国有资产流失,其中规定的制度形成了日后被称为"上海模式"的国有资产监管制度

---

① 参见李昌庚:《国有财产法原理研究》,中国社会科学出版社2011年版,第205页。
② 参见杨涧华主编:《中国国有资产管理发展简史》,经济科学出版社1997年版,第214页。

的基础。虽然这些法规、规章多为某一方面的,层次较低,但是它们在国有资产管理中起到了一定的示范作用,具有历史进步性。

随着党的十六大提出的"统一所有,分级代表"体制的确立和《企业国有资产监督管理暂行条例》的颁布,自 2003 年到 2009 年,各地国资委为规范国有资产监管工作,共起草制定了约 1800 多个地方法规、规章及规范性文件。①《企业国有资产法》颁布后,国务院国资委一直致力于推动地方国有资产的全覆盖监管,并于 2009 年 9 月发布《关于进一步加强地方国有资产监管工作的若干意见》。《湖北省企业国有资产监督管理条例》可以说正是在此背景下产生的。

与《企业国有资产法》相比,《湖北省企业国有资产监督管理条例》拓展了企业国有资产的范围,将行政、事业单位投资的企业或者经济实体的国有资产以及各级人民政府授权履行出资人职责的机构管理的其他国有资产纳入监管范围;赋予国资监管机构在履行出资人职责上的专门性、统一性和唯一性地位,体现了"大授权、大国资、全覆盖"的理念;建立了文化企业国有资产"统一纳入、委托管理"的体制;创新了国家出资企业的选人用人机制,建立了国家出资企业管理者优胜劣汰机制、业绩考核及激励约束机制。

继湖北之后,山东省人大常委会于 2011 年 11 月 25 日通过了《山东省企业国有资产监督管理条例》。与湖北相比,山东还把文化资产纳入监管的范围,把国资监管体制的要求延伸到了县级。湖北、山东两地的做法既是完善国有资产监管、运营的成绩,也给未来的改革提供了一个规范性、法制化的操作框架。地方国资委在国资立法上的先行先试,也会倒逼中央统一立法的完善,推进全国国有资产立法进程。② 允许地方先行立法的实质是鼓励地方对改革中的制度选择进行试验,上海、四川对金融国资的管理模式也可以说是一种"金融国资委"立法的尝试。

二、我国国有经济法律体系

根据党的十六大报告,国资委成立后陆续出台了众多法规文件。目前,我国已形成了一个相对完整的国有经济法律体系,具体包括国有资产综合管理法、国有股权管理法、国有资产清产核资和评估法、国有资产登记法、国有资产出售转让法、人员分流安置法、国有企业破产清算法、国有资产运营管理法、境外国有资产管理法、行政类和资源类国有资产管理法等,最终形成了国有资产监管法、国

---

① 参见谢振恩:《新形势下地方国资监管政策法规工作的思考》,载《法制与经济(中旬刊)》2009 年第 6 期。

② 参见康怡:《国资立法地方先行 大国资改革加速》,载《经济观察报》2012 年 1 月 7 日。

有资产运营法和国有企业改革法三位一体的国有经济法律框架。①

完整的国有经济法律体系可以用下表表示：

国有资产管理法律体系②

纵向结构		横向结构					
法律	一般法	民法通则、公司法、合同法、物权法等					
	特别法	企业国有资产法					
行政法规		国有资产运行主体法	国有资产基础管理法	国有资产投资管理法	国有资产占用管理法	国有资产收益管理法	国有资产转让管理法
地方性法规、国务院部门规章、地方政府规章		国有资产管理部门组织法、相关行政部门国有资产管理职责划分法、国有资产运营结构组织法、国有资产占用单位内部国有资产代表机构和管理机构组织法、国有资产服务机构组织法、其他	国有资产清产核资法、国有资产产权界定法、国有资产产权登记法、国有资产评估法、国有资产统计报告法、国有资产纠纷处理法、国有资产流失查处法、其他	国有资产投资规划法、基本建设法、固定资产更新改造法、国有资产与外资合资合作法、其他	国有资产占用状况考评法、企业国有资产保值增值考核法、专用国有资产占用管理法、基础设施占用管理法、特种国有资产占用管理法、其他	国有资产收益确认法、国有资产收益权属界定法、国有资产经营预算法、国有资产收益分配和收缴法、企业留存收益管理法、其他	国有产权交易所管理法、国有资产转让合同法、国有资产重组管理法、国有股权转让法、国有资产拍卖法、国有资产租赁法、国有资产承包法、国有资产涉外转让法、国有资产调拨法、其他

三、我国中央与地方国有资产立法现状

依法管理国有资产是世界各国的通行做法，特别是在日本、法国、新加坡等发达国家，有关国有企业的设立、运行、管理和退出等条件和程序都有相应的法律规范。大多数国家的此类立法都是由国会通过，法律位阶高。依法管理国有资产，可以提高国有资本运营制度的权威性和连续性，明确在国有资本运营中各种主体间的权利义务，增强国有资本运营的稳定性。相比之下，我国国有资产，特别是地方国有资产法律法规建设还很滞后，突出表现在越权立法、立法滞后、

---

① 参见顾功耘等：《国有经济法论》，北京大学出版社2006年版，第20—21、29—33页。
② 参见郑国洪：《国有资产管理体制问题研究》，中国检察出版社2010年版，第201页。

重复建设等方面。

（一）中央国有资产立法不完整

中央国有资产立法不完整主要表现为与《企业国有资产法》相配套的行政法规的缺失和规章的不完整。应当承认,国资委成立之后,依据《公司法》《证券法》《企业国有资产监督管理暂行条例》等,围绕国有企业的公司治理、薪酬制度等,制定了比较完善的政策法规体系。截至2010年3月,直接规范企业国有资产监管和国有企业改革调整的法律文件有213个,地方有1800多个规章及规范性文件。《企业国有资产法》出台后,相关部门明确规定有关制度应由国家或政府即国家立法部门制定,主要包括:国有资产保值增值考核和责任追究制度;国有资产基础管理制度;财务、会计制度;企业管理者经营业绩考核制度;国有资本经营预算制度。① 有课题组认为,《企业国有资产法》的配套法规不完善,并建议按照轻重缓急的程度分类推进。②

《企业国有资产法》配套法规项目分类推进表

	行政法规类	规章
第一类	1. 企业国有资产基础管理条例 2. 国有企业监事会暂行条例	1. 境外国有资产监管办法 2. 进一步规范中央企业对其出资公司履行出资人职责的规定
第二类	1. 重要国有独资、控股企业界定办法 2. 国家出资企业对其出资企业重大事项管理规定	国家出资公司（企业）章程规定（指引）
第三类	企业国有资本经营预算条例	履行出资人职责的机构委任的股东代表管理规定

（二）地方国有资产立法缺陷

地方在改革实践中出台了不少法规、规章,虽然在国有资产管理中起到了一定作用,但是也暴露出不少问题:③（1）照抄重复,不能体现地方特色。为体现立法有据,地方国有资产立法者在制定地方法规、规章时,往往是简单"拷贝"中央立法条文,体现不出中央国有资产立法地方化的特点,既损害了法律的权威和尊严,也影响了法律的执行。（2）越权立法,追求部门利益现象突出。由于立法权限划分不清,一些地方国有资产立法者受利益驱动,为扩大地方和部门利益,

---

① 参见黄必烈:《〈企业国有资产法〉出台后的国有资产管理体制发展趋势》,载《中国发展观察》2009年第12期。
② 参见周渝波等:《〈企业国有资产法〉配套法规研究》,载国务院国有资产监督管理委员会研究局编:《探索与研究:国有资产监管和国有企业改革研究报告(2010)》,中国经济出版社2011年版,第29页。
③ 参见朱福惠:《论我国法的冲突及其解决机制》,载《现代法学》1998年第4期。

超越地方立法权限,或者在地方法规与上位法相违背的情况下仍继续执行。(3) 法律滞后。由于国有资产相关基本法的缺失,地方国有资产立法者在面对法律规定滞后和大量的立法空白时无所适从。(4) 缺乏体系。地方国资委多是以中央立法或国资委制定的行政法规、规章为依据立法。在中央立法缺乏系统性规定,地方国资监管机构本身又缺乏创新动力的情况下,地方国资立法更显示出缺乏体系的弊端。①

造成这些立法缺陷,首先与地方国资监管机构中政策法规工作人员配置、理论研究水平有关。各地国资委的成立时间相对较短,在人力资源配置方面需要有一个较长时间的提高过程。人员配置、政策理论研究水平以及实践经验积累等方面的不足在一定程度上影响了地方企业国资监管政策法规工作的进一步发展。② 其次,地方立法工作没有引起足够的重视也是一个重要原因。最后,更重要的是因为中央与地方国有资产立法范围不清。在实践中,地方国有资产立法权限和能够立法的范围都不明确,这种状况也直接影响了我国法制的统一性。

四、合理划分中央与地方国有资产立法范围

(一) 划分中央与地方国有资产立法范围的准则

1. 法律规定:相对分权

在我国,立法权是国家权力机关最重要的职权,地方的立法权是中央赋予的,采取的是单一制国家下的相对分权制度。目前,我国《宪法》对中央与地方立法权限只是作了宽泛的规定,而没有列举中央与地方各自的立法事项。针对这个学术界和实务界都十分关心的问题,《立法法》第 8 条根据立法的重要程度对中央立法范围作了规定,即国家主权事项、国家机关组织和职权等九项立法事项和一项兜底条款的规定。第 9 条是授权性规范和禁止性规范的结合。③ 据此,对于应归属中央立法范围的事项,不管中央是否已经立法,地方均不得进行立法;凡专属中央立法范围外的事项,在中央未立法以前,地方可以先行立法,一旦

---

① 参见谢振恩:《新形势下地方国资监管政策法规工作的思考》,载《法制与经济》2009 年第 6 期;李松森:《中央与地方国有资产产权关系研究》,人民出版社 2006 年版,第 397—400 页。
② 参见谢振恩:《新形势下地方国资监管政策法规工作的思考》,载《法制与经济》2009 年第 6 期。
③ 《立法法》第 8 条规定:"下列事项只能制定法律:(一) 国家主权的事项;(二) 各级人民代表大会、人民政府、人民法院和人民检察院的产生、组织和职权;(三) 民族区域自治制度、特别行政区制度、基层群众自治制度;(四) 犯罪和刑罚;(五) 对公民政治权利的剥夺、限制人身自由的强制措施和处罚;(六) 对非国有财产的征收;(七) 民事基本制度;(八) 基本经济制度以及财政、税收、海关、金融和外贸的基本制度;(九) 诉讼和仲裁制度;(十) 必须由全国人民代表大会及其常务委员会制定法律的其他事项。"第 9 条规定:"本法第八条规定的事项尚未制定法律的,全国人民代表大会及其常务委员会有权作出决定,授权国务院可以根据实际需要,对其中的部分事项先制定行政法规,但是有关犯罪和刑罚、对公民政治权利的剥夺和限制人身自由的强制措施和处罚、司法制度等事项除外。"

中央对这些事项立法,地方先行立法的内容和中央后立法的规定不得相抵触。现行《立法法》没有列举地方立法的事项。《立法法》对地方立法事项的概括规定,也给予了地方一定的立法空间。

从中央和地方立法的特征看,重要性、权威性、稳定性等特点是中央立法应坚持的立法原则;地方立法则是中央统一立法权下的有限创制,体现出地方性、试验性、从属性等特点。

2. 中央与地方产权划分

国有资产属于国家所有,由国家统一行使所有权。国家统一所有和各级政府分级代表是现行国有资产管理体制的特征。合理划分中央与地方的产权边界是中央与地方立法的基础。在确认地方政府成为国有资产产权主体的情况下,中央政府只需保留最终所有权,并按最终所有权体现的国有资产制度的重要程度作出立法,如国有经济布局和结构调整方向、国有资本经营预算等。

在此体制下,国家保留了最终处分权和引导规范权。最终处分权表现为,在特定条件下,如遇到战争、重大自然灾害等,国家为筹集资金,可以依法处置地方政府履行出资人职责的国有企业资产。引导规范权是指国家作为国有资产的所有者,有权通过制定法律法规,对各级人民政府履行出资人职责、监管国有资产进行引导规范,如确定国有资产的经营范围,制定国有经济布局和结构调整的方针政策,确定国有股权转让、产权交易的规则以及转让收入的使用原则,编制国有资本经营预算,对各级出资人代表履行出资人职责进行监管。[①]

(二) 中央与地方国有资产立法范围的确定

根据国有资产属性,按照国有资产产权划分原则,依据《宪法》《立法法》,对中央与地方国有资产立法范围可以作以下划分:[②]

1. 中央国有资产立法

在现有立法环境下,中央国有资产立法的范围应根据《立法法》第 8 条的规定予以界定。除基本经济制度以及财政、税收、海关、金融和外贸的基本制度外,境外国有资产因涉及国家经济主权的,也应由中央立法规制。(1) 国有资产管理基础框架法律,包括国有经济布局和结构范围,国有资产管理体制设置,[③]国有资产的总体管理目标、基本要求、基本思路和基本原则。(2) 有关国有资本控制范围的法律。这类事项事关宏观调控,一定要由中央立法。(3) 国有资本经营预算制度。国有资本预算是预算法的一个重要内容,各级政府的资本预算需

---

① 参见刘睿刚:《地方政府贯彻国资法应注意三个问题》,载《产权导刊》2010 年第 12 期。
② 参见李松森:《中央与地方国有资产产权关系研究》,人民出版社 2006 年版,第 405—411 页。
③ 参见焦建国:《国有资产管理体制中的中央与地方关系——历史评价、现实操作与未来选择》,载《财经问题研究》2005 年第 4 期。

要经过同级人大的严格审议和通过。(4)国有资产的跨区域调整。对于竞争性领域的国有资本来说,其运营可以采用市场化的方式进行,通过区域间的投资即可实现跨区域的调整。但是,对于提供准公共产品的非竞争性领域的国有资本来说,由于各地经济发展水平的差异,在进行跨区域调整时需要借助政府的作用。至于如何协调政府间行为,就需要中央对此作出统一的规定。(5)境外国有资产管理。由于对境外国有资产实施管理会牵涉到海关、财政部等其他政府机构,甚至会涉及与国外政府的交涉事项,而地方政府的能力和主体地位限制了其作用的发挥,因此只能由中央对境外国有资产进行立法。

2. 中央与地方"共同"立法

中央与地方能够"共同"立法的领域不能涵盖以上仅限中央立法的范围,除此之外的其他立法才有地方立法适用的空间。对于这些重要性不强的立法事项,如果中央限于现实原因或实践基础不足,可以先由地方立法作出探索,在合理评估立法效果的基础上作出统一的立法规定。在中央统一立法之后,地方先行的立法不能与其相违背,或根据统一立法作出实施细则的规范立法。对于国有资产管理的立法特别集中在国有资本运营部分,如对地方国企财务管理、投资管理、收益分配以及产权界定、登记、评估、监督制度的设计。

3. 地方特别立法

地方特别立法从权源看,包括地方依职权立法和授权立法两类;从内容看,包括执行性地方立法、特殊性地方立法和普通性地方立法。对于授权立法而言,只要是中央授权的立法范围,地方都可以立法。对于依职权立法部分,地方就要受《宪法》《立法法》的约束。一般来说,地方特别立法主要是在操作上对本辖区内特有事项的立法。

最后,还需要特别提及的是,地方立法权应谨慎使用。[①] 这是因为,在现行《宪法》和《立法法》规定下,不仅中央与地方立法的范围是不清晰的,而且地方立法的程序也不规范。在缺少科学、合理的立法标准的情况下,潜在地降低了地方立法的"门槛"。同时,由于政府私利性的存在,一些行业主管部门和地方政府受利益驱动,以立法的形式将部门利益和地方利益法定化,重权力而轻义务。一些地方立法甚至成为地方固化利益的工具,造成地方立法的泛化趋势日渐明显。从立法成本角度考虑,一部法律从出台到颁布、执行,必然要耗费一定的立法资源、司法资源或执法成本。从这个角度讲,法律并不是多多益善。总之,既要崇法、信法,又要充分理解法律的有限性和局限性,谨慎地使用地方立法权。

---

① 参见赵立新:《应谨慎使用地方立法权》,载《法制日报》2007年1月16日。

第三章 地方国有资本运营的实践需求

产权的分级所有实现了中央与地方集权与分权关系的平衡。对于分权之后的地方政府来说,运营国有资本首先需要考虑其本身职能的定位。政企不分的弊端一直无法解决,从一定程度上讲也就是政府做了不该做的、管了不该管的。只有合理定位地方政府职能,才能更好地运营国有资本,其目标就是实现政府公共管理职能和国有资本运营职能的分离,政府的归政府,市场的归市场。建立有限政府是地方国有资本运营的实践需求。

第一节 地方政府经济职能转变

一、地方政府职能的理论阐释

(一) 西方国家政府职能理论的历史嬗变

从概念上分析,"职能"是指一定的主体,如人、事物、机构所具有的功能。政府职能也就是政府所应发挥的作用。从历史上看,国家和政府并不是自始存在的,而是随着社会的发展出现的。从这个意义上说,"政府职能"是属于历史范畴的概念。[①] 对政府职能的界定始终是学界争论不休的一个问题,其焦点是政府与市场的关系,由此形成了不同的理论,在实践中也直接影响了政府的角色定位。在西方国家,随着经济、社会的发展,政府经历了从"守夜人"、万能政府到有限政府的长期演变过程。

重商主义是西方经济学界产生较早的学说,以保证金银等货币财富尽可能流入国内为主线,主要研究国家如何增加国家财富和发展对外贸易。重商主义

[①] 对此,边沁论述道:"社会一旦组成,政府就必然产生,它对于保持和维护秩序是必需的。"〔英〕边沁:《政府片论》,沈叔平译,商务印书馆2007年版,第128页。

是在资本原始积累需要大量资本而市场还不能提供的历史条件下形成的。它更加强调政府力量的强大是发展经济和聚集财富的重要条件，国家需要积极对经济实施干预，以保证国内货币的增加。在重商主义理论指导下，政府的作用得到充分发挥，由此也促进了经济增长，加速了从封建社会向资本主义社会的过渡。

随着市场的完善与成熟，到 17 世纪中期，资本主义国家工农业生产迅速发展，对扩大国内外市场和实行对外贸易提出了新的要求，重商主义所要求的保护关税等政策客观上对经济发展形成了阻碍，政府减少对经济生活的干预成为新兴资产阶级的迫切愿望。在这一时期，西方学者关于政府经济职能的论述集中体现在古典经济学家亚当·斯密、马歇尔的一系列论述里。斯密认为政府的职能应更多地体现在宏观经济领域，反对政府对企业实施管制，主张政府应作为"守夜人"而存在。① 新古典经济学奠基人马歇尔对政府干预经济表现出了抵制和怀疑态度，主张经济自由主义，认为政府职能的行使必须限制在最小限度内，充其量做好"消防员"就可以了。②

1873 年，爆发了世界性经济危机，资本主义也从自由竞争阶段向垄断阶段过渡。资本的进一步集中，使自由竞争状况下能够保持市场均衡的经济规律作用的发挥遇到了困难，经济危机经常爆发。1929—1933 年经济大危机更使人们对自由主义产生了怀疑。实践的发展要求新理论的出现，凯恩斯的《就业、利息和货币通论》正是迎合这种需要的产物。凯恩斯主张，由于有效需求不足，产品供求失衡单靠市场调节是不够的，必须在发挥市场调节作用的基础上，由政府对经济实施积极干预，对经济运行进行国家干预和调节是政府经济职能的重要内容。政府的积极干预不仅体现在市场失灵的领域，还要对市场成功的领域予以保护。政府由此也就从"守夜人"的身份向市场"调节者"转变。凯恩斯主义在经济危机中的作用是明显的，但是随着西方经济的逐渐恢复，政府干预过强导致了对经济活动影响过大的后果，新古典综合经济学派"混合经济"理论由此产生。"混合经济"理论吸收了自由主义和凯恩斯主义的思想，提出应把市场机制和政府干预有机结合，并以市场为主，政府起补充作用。③ 新古典综合派从微观经济领域和宏观经济领域两个方面阐述了政府与市场的关系，主张政府必须干预和调节经济。

---

① 斯密认为，政府的职能主要包括：负责维护国家的安全；设立严格公正的司法行政机构，保护人民，使社会中任何人免受其他人的侵犯和压迫；举办和维护某些私人无力或不愿意承办的公共工程和公共事业。政府的活动范围只限于上述三个方面，如果超出了这个活动范围，政府的作用往往就是有害的：一是容易使资源配置状况恶化，二是容易滋生官员的腐败。参见〔英〕亚当·斯密：《国富论》，唐日松译，华夏出版社 2005 年版。

② 参见晏智杰主编：《西方市场经济理论史》，商务印书馆 1999 年版，第 206 页。

③ 参见〔美〕保罗·萨缪尔森、威廉·诺德豪斯：《经济学》，萧琛主译，人民邮电出版社 2004 年版。

20世纪70年代,一种新的经济现象即"滞胀"在西方国家出现,经济停滞、通货膨胀和高失业同时存在,由此导致的政府失灵在当时的理论体系下找不到合理的解释。对凯恩斯主义的反思和对自由主义的怀古情绪[①]开启了新自由主义理论,并形成了不同的学派,如伦敦学派、货币学派、新制度经济学派等。伦敦学派的代表人物哈耶克强调私有制是自由的前提,应实行自由市场、自由经营,反对国家干预和社会主义。[②] 公共选择学派的代表人物布坎南指出,市场失灵不是政府干预的依据,政府干预也会存在失败的情形,以政府失败干预市场失败只能败上加败。[③] 在政府规模和政府职能尽量小的情况下,应充分发挥市场的作用。现代货币学派的代表人物弗里德曼认为,要恢复人们对资本主义的信心,就要减少垄断和政府干预。科斯和诺斯发展了新制度经济学,认为制度对于经济增长具有关键作用,其中财产关系的作用更为突出,政府是保护产权的一种组织。新自由主义理论适应了后资本主义时代经济发展的需要,对西方经济的恢复和发展提供了理论指导。但是,在1997年东南亚金融风暴中,人们开始重新审视新自由主义的得失。

(二)我国地方政府职能研究概述

我国建立市场经济的步伐落后于西方国家。在建立和完善市场经济的过程中,我国学者借鉴和移植了众多西方的经济学理论和法学理论。在政府职能的探讨中,学者们基本都承认我国政府职能迫切需要转变,政府与市场的关系需要进一步调整,强调政府公共服务职能的发挥,减少对市场的干预。例如,胡鞍钢等认为,政府只应在市场失灵的领域发挥作用,市场比政府干预更能有效地使资源得到配置。[④] 金太军等通过对政府经济职能进行战略性重构研究,提出纠正政府失灵与弥补市场失灵是政府经济职能战略性重构的主要内容。[⑤]

在对我国政府职能进行研究的学术成果中,对于地方政府职能和作用的发挥,特别是地方政府主导经济发展的讨论,学者们给予了较多的关注。例如,吴敬琏等认为,地方政府在以GDP业绩为考核指标的情况下,不得不以公司化的

[①] 参见何秉孟主编:《新自由主义评析》,社会科学文献出版社2004年版,第368页。
[②] 参见〔英〕弗里德里希·奥古斯特·哈耶克:《通往奴役之路》,王明毅等译,中国社会科学出版社1997年版。
[③] 参见〔美〕布坎南:《自由、市场和国家》,平新乔、莫扶民译,北京经济学院出版社1989年版。
[④] 胡鞍钢认为,政府的经济职能有:提供公共产品,保持宏观经济的稳定和协调发展,使经济外部性内在化,限制垄断,调节收入与财富的分配,弥补市场的不完全性和信息的不对称性。参见胡鞍钢、王绍光编:《政府与市场》,中国计划出版社2000年版。
[⑤] 参见金太军等:《政府职能梳理与重构》,广东人民出版社2002年版。

方式实施大规模投资,深入介入市场,致使政府与市场不分。① 徐文付、唐宝富以地方政府分别扮演的经济人、政治人、道德人角色论证了地方政府替代市场的利弊。② 赵子祥认为,在我国经济转型时期,地方政府具有公司化倾向,政府扮演了五种角色,而这五种角色都在一定程度上影响了地方政府与市场的关系。③ 对于地方政府在经济转型时期对经济的主导作用,应以辩证的视角看待。在改革开放之前,由于实行计划经济体制,市场几乎是不存在的,地方政府和中央政府都是全能型政府,无所谓与市场的关系问题。在进行市场经济体制改革之后,要发挥市场配置资源的作用,地方政府对经济的主导作用在这一时期确实发挥了重要作用,如根据本地区经济能力实施制度创新,加强基础设施建设,不断完善区域内的市场发展环境等。但是,随着市场经济的不断发展,市场的作用不断提升,政府应逐步减少对市场的干预,这也是近年来学术界和实务界努力的方向。

在实践中,我国区域差异较大,地方政府根据本区域文化传统、资源分布等具体情况,在不同时期形成了不同的政府职能定位差异。其中,在经济发展备受关注的长三角地区和珠三角地区,虽然都在建立市场经济和促进经济发展方面取得了世人瞩目的成绩,但是其政府职能定位差别很大。在珠三角地区,特别是深圳,在政府与市场关系方面形成了"小政府,大社会"的局面,经济发展以市场调节为主。改革开放初期,广东省的资金短缺现象非常明显,省政府鼓励下级市

---

① 吴敬琏认为,在中国市场化的过程中,存在着一种地方政府主导的发展模式,地方政府官员为扩大地方财政收入,积极介入企业运作。有时,地方政府官员会直接充当企业家的角色,这种角色定位实际上严重影响了经济发展的质量。因为在经济转型过程中,各级政府保持着对重要资源如土地、信贷等的配置权力;以GDP增长作为考核各级政府政绩的主要指标;税收主要来源于生产型的增值税,而且中央和地方政府按比例分成,使得各级政府过分关注产值的增长。在这种政绩标准、财政压力和扭曲的要素价格支持下,地方政府官员致力于建设政绩工程、形象工程,造成投资热和盲目增长。参见吴敬琏:《呼唤法治的市场经济》,生活·读书·新知三联书店2007年版。

② 地方政府在市场化进程中,由于扮演不同社会角色的需要,在社会对其制约及其适应社会的互动中产生了行为异化现象。作为"经济人",地方政府选择了"市场交易"的企业化行为,以满足其自身利益最大化的偏好;作为"政治人",地方政府通过非理性的企业化行为,以加强抽取能力,夸大"供给能力",从而取得其生存合法性所必需的"政府政绩";作为"道德人",地方政府继续以社会精英的身份直接代理企业、替代市场。地方政府的这些企业化行为在改革之初对开启和推动市场化进程起到了一定的积极作用,但是在市场发育趋于成熟和完善的今天,它开始阻碍的作用。参见徐文付、唐宝富:《地方政府行为企业化的角色分析》,载《江海学刊》2000年第2期。

③ 五种角色:一是在市场转型过程中,地方政府表现出一个大公司的许多特征,官员们像董事会成员。二是地方政府与企业之间形成类似于公司或工厂内部的结构关系,政府作为所有者类似于公司中的董事长,而企业的管理者则类似于厂长或车间主任的角色。三是乡镇政权同时扮演着国家利益的代理人和谋求自身利益行动者的双重角色。四是在市场体制尚处于功能不完全的状态下,政府扮演了市场行动者的角色,具体表现在:推动了市场经济的区域化,衔接和协调了不完全的计划和不完全的市场,对中央宏观调控进行了市场化调整。五是资源配置者的角色。拥有较大资源配置权的地方政府同时也是追求经济利益最大化的政治组织。参见赵子祥:《振兴东北老工业基地与地方政府职能转换》,载《决策咨询通讯》2005年第2期。

县积极向外寻找商机,地方市县获得了更多的自主权,使该省经济快速发展。但是,这种粗放式的放权模式也造成地方市县的自主性缺乏约束,各地都以本地利益最大化为目标,致使各自为战、重复建设等问题凸显。与广东形成鲜明对比的是上海式的经济发展方式。"强势政府""大政府"是外界对上海非常突出的印象认知。上海市政府直接介入市场,凭借政府的强势地位配置资源,执行效率较高。这种方式使上海经济得到急速发展,金融、房地产等行业的发展速度全国领先。但是,这种强势的政府职能定位造成政府对国企的偏好,上海的国有资产总量、年末净资产额一直居全国首位。在与企业的关系上,政府式的管理贯穿始终,行政手段多于法律手段。近年来,珠三角地区和长三角地区都遇到了经济发展障碍,两地都在反思过去的政府职能定位问题,取长补短、相互融合成为趋势。

二、我国地方政府职能定位的偏差

在计划经济体制下,中央高度集权,地方政府只是中央政府的派出机构,作为执行者存在。其间虽然存在20世纪50年代和"文化大革命"时期的权力下放,但是地方政府作为执行者的地位并没有改变,中央政府高度控制着下放权力的时间和程度,地方政府没有实质性权力。改革开放之后,中央政府不断下放权力,改变了原来的行政性手段,而代以经济和法律手段,使地方政府逐渐成为相对独立的经济主体和决策者。在政府职能发挥方面,中央政府也在不断作出调整,其中2004年通过的《国务院工作规则》第12—16条明确提出政府要全面履行经济调节、市场监管、社会管理和公共服务职能。[①] 2008年,国务院对该规则作了修订,其基本内容是相同的,意欲在我国构建服务政府、责任政府、法治政府和廉洁政府。

(一)我国地方政府在经济生活中扮演的角色和作用

在经过多次中央对地方的权力下放后,地方政府逐渐成为相对独立的经济主体和地方事务的决策者,并形成了长期的地方政府主导经济发展的现实。

[①] 具体内容为:一要健全宏观调控体系,主要运用经济、法律手段和必要的行政手段,引导和调控经济运行,调整和优化经济结构,发展对外经济贸易和区域经济合作,实现经济增长、增加就业、稳定物价和国际收支平衡。二要加强市场监管,创造公平和可预见的法制环境,完善行政执法、行政自律、舆论监督、群众参与相结合的市场监管体系,建立健全社会信用体系,实行信用监督和失信惩戒制度,整顿和规范市场经济秩序,建设统一、开放、竞争、有序的现代市场体系。三要认真履行社会管理职能,完善社会管理政策和法律、法规,依法管理和规范社会组织、社会事务,妥善处理社会矛盾,维护社会秩序和社会稳定,促进社会公正。加强城乡基层群众性自治组织和社区建设。培育并引导各类民间组织的健康发展,充分发挥其作用。依法建立健全各种突发公共事件应急机制,提高政府应对公共危机的能力。四要强化公共服务职能,完善公共政策,健全公共服务体系,努力提供公共产品和服务,推进部分公共产品和服务的市场化进程,建立健全公共产品和服务的监管和绩效评估制度,简化程序,降低成本,讲求质量,提高效益。

作为独立的经济主体,地方政府拥有独立的经济利益,通过中央的分权可以在利益实现过程中独立决策。在建立和完善市场经济过程中,地方政府拥有制度变革和宏观调控的职权。我国进行的市场经济改革是一个复杂、艰难的过程,其中充满了探索,中央政府的重要地位要求其在探索中非常慎重。中央会默许或授权地方进行制度实验,如深圳、上海浦东新区、天津滨海新区等新老开发区就是进行制度探索的产物,这就使地方政府成了制度变革的主体。宏观调控,特别是经济结构的调整,是政府实施的对经济生活的干预行为,旨在实现经济稳定、充分就业等目标。我国各地区发展极不平衡,中央虽可以在总体上实施调控,但难度大、作用有限,就需要地方政府的支持;地方也面临着区域范围内调控的需要,如引导资源流向、培育市场等,从而形成多元调控主体。

依照中央政府提出的政府职能的要求,地方政府也在履行提供公共服务、经济调节、市场监管和社会管理的职能。地方政府提供的公共服务主要有基础性公共服务,如供水、供电、交通、邮电等;经济性公共服务,如政策性贷款、科技推广等;社会公共服务,如教育、医疗、环境保护等;公共安全服务,如警察、消防等。地方政府的经济调节功能是中央宏观调控的重要组成部分,地方政府通过财政、税收、价格、收入分配等手段,对本地区经济结构进行调节和优化,保持经济持续、快速发展。地方政府的市场监管功能主要体现在为保证公平竞争和公平交易,维护企业权益,对市场进行管理和监督。地方政府通过处理社会矛盾、应对公共危机等,维持社会稳定和安定。

在地方政府履行经济职能的过程中,人们最为关注的是地方政府对市场经济的主导作用。地方政府直接参与市场而成为市场主体,形成了地方政府公司化的格局。应当承认,地方政府主导地方经济发展是具有历史性的积极作用的,它强化了市场竞争观念,形成了充满竞争的环境,经济迅速发展,使我国快速走出了经济短缺的困境,减少了新旧体制转换的阻力和成本。但是,从先验理论看,地方政府这种直接参与市场的做法严重影响了经济发展的质量和政府职能转变的过程。首先,地方政府承担着地区经济增长的职责,而对其职责完成情况的评价标准采用了GDP评价方式,这就造成了地方围绕这个"指挥棒"行事,甚至不计成本和社会效果,片面追求短期收益而牺牲长远发展,造成环境的破坏和上访、强拆等破坏社会稳定的局面。其次,对经济增长的需要致使地方政府实行大规模、盲目投资,形成粗放型经济增长方式,也使经济结构调整无法落实,影响了中央整体宏观调控的效果。再次,地方政府主导经济发展,也就意味着地方政府直接或利用国有企业间接参与市场竞争,同时担任"裁判员"和"运动员",官商一体化,公平竞争的市场环境遭到破坏,形成地方保护主义。最后,地方政府作为独立的经济实体具有自利性,在利益驱动下,产生了严重的腐败问题,国土、交通等领域的腐败案件层出不穷。

(二)我国地方政府履行经济职能时存在的问题

1. "万能政府"观念依然没有消除

传统观念、习俗和文化对一国政治、经济制度的影响不会在短期内消失,我国几千年传统的"官本位""权力本位"观念至今仍然存在。"官本位"观念形成了官民关系中官的主导地位和民的服务地位,政府及其公务人员不是作为服务者角色出现,而是变为权利的赐予者。虽然经过多年改革与公众法律意识的觉醒和增强,政府提高了服务水平,但是官员主观意志的影响仍然较大。"官本位"反映到政府和市场的关系上,就形成了"万能政府"的观念,不是由市场而是由政府主导和决定资源配置。目前,国有企业盈利水平、规模和在2008年经济危机之后形成的"国进民退",影响了市场化的资源配置,各级政府在资源配置中仍发挥着主导作用。"万能政府"理念也造成了政府部门职能交叉和空白并存,政府效率低下。"万能政府"理念形成的政府管理体制,压制了企业的创新动力和能力,对民营企业的发展也形成了挤压效应,民营企业的生存一直处于"玻璃天花板"的境地。

2. 政府职能扩张

行政权的扩大是一个世界性的趋势。随着市场经济改革的进行,我国政府职能的扩张与西方国家自发的扩张不同,有其自身的特殊性。首先,由于我国市场经济的建立和完善不是自发形成而是由政府推动的,政府在其间的作用除了一般的社会管理职能外,还承担着培育市场的职责,从而使政府规模和职能扩张。其次,在我国政府机构改革中存在着职能细化的趋势,由此导致在增加政府机构管辖范围的同时,也使政府职能缺乏必需的弹性,使政府行为得以强化。再次,政府和官员存在私利偏好,为增加本部门利益和官员晋升的资本,通过掌握更大、更多的权力获取利益,造成政府职能扩张。最后,"万能政府"观念也在一定程度上造成政府职能扩张。我国现阶段公务员人数猛增和地方政府滥扩编制现象非常明显,这也是政府职能扩张的一种体现。[①]

政府职能扩张在减损政府管理效力、减弱社会管理职能的同时,也抑制了企业经营活力。在计划经济时期,企业是政府的附属物,缺乏经营自主权。改革开放后,企业经营活力不断提升,但是政府对企业的干预并没有消除。在国资委作为出资人代表的现行体制下,本身定位模糊的国资委插手二级乃至三级出资企业;政府将国资委看作政府职能的延伸,而对国资委分派了诸多如履行维护稳定

---

① 参见《治理"官满为患"重在转变政府职能》,载《新京报》2012年3月12日。

等社会管理职能的职责,国有企业受政府干预的情形并没有得到根本的改变。

3. 地方政府角色错位

地方政府角色错位反映在其与中央政府之间的错位和自身的职能角色错位两个方面。从与中央政府的关系看,地方政府对经济的主导作用阻碍了中央宏观调控等统一政策的执行,形成了地方割据的局面,区域协调的进程被拖慢。

地方政府自身的职能角色错位反映在其和企业、市场的关系上。在市场经济条件下,政府、企业、市场的分工不同,分别发挥各自的作用。实践中,地方政府以"全能者"的身份主导经济发展,干涉企业经营和董事会的组成。市场经济要求政府职能发挥的领域在市场失灵部分,重宏观调控,轻微观干预。但是,目前的地方政府热衷于投资以增加地方政绩,对其本应履行的调控、服务、监督职能没有予以足够重视。

三、我国地方政府职能的转变方向

根据科斯的交易费用理论,在经济生活中是由市场还是由政府配置资源,可以用各自花费的成本高低来选择适用,即市场花费的成本高时选择由政府运作,反之亦然。① 地方政府职能的科学定位关系到经济的整体协调运行。理想的政府应当是服务型政府、有限政府、责任政府、透明政府、法治政府和廉洁政府,经济调节不越位,市场监管不错位,社会管理不缺位,公共服务要到位。② 目前,有限政府成为发达国家政府职能定位的主流,地方政府的职能应以提供公共产品和公共服务、制度供给、确定公共政策为主。学界对地方政府转型作了深入的研究,针对我国地方政府转型,提出应实现由经济型政府向社会型政府转变、由全能政府向有限政府转变、由管制政府向服务政府转变、由权力政府向民主政府转变、由利益政府向责任政府转变、由人治政府向法治政府转变。在国有资本运营方面,应更强调地方政府向社会型政府和有限政府转变的重要性和紧迫性。

在我国,地方政府身兼二任,即将政治实体和经济实体集于一身。一方面,政府利用经济实体的身份进入经营性、垄断性行业。另一方面,政府又利用政治实体的身份为其作为经济实体之行为的合法性"大开绿灯"。各级政府管了许多不该管、管不了和管不好的事,行政审批事项仍然较多。特别是一些地方政府直接干预企业生产经营活动,代替企业招商引资,甚至包办企业决策等。地方政府

---

① 参见陈利昌:《试论地方政府职能转变》,载《农业经济》2005年第9期。
② 此观点由国家行政学院樊继达教授提出。参见贾玥:《专家谈政府职能转变:未来应与百姓合理"分蛋糕"》,http://politics.people.com.cn/n/2012/0711/c99014-18495233.html,2016年5月18日访问。

片面强调经济发展,却忽视了提供公共产品和服务的功能,甚至将这部分职责推给了社会。我国地方公共事业已严重滞后于经济的发展,也付出了惨重的社会稳定和环境破坏的代价。随着改革的深化和广泛化,以及社会经济成分、组织形式、就业方式、利益关系和分配方式的日益多元化,地方政府必须从对经济增长的单一认识中解放出来,将精力和资源更多地投入到社会保障、文化教育、环境保护等公共事业上来。

有限政府是以市场为导向和基础的政府。政府和市场、企业之间信息不对称是客观存在的。在高速发展的市场经济条件下,政府不可能像企业一样敏锐地发现市场中的变化,也不可能完全掌握企业内部管理等信息,全能政府只能是一种想象。同时,政府是由具体的个人组成的,会形成不同的利益集团,政府任何一项政策的出台和实施都会受他们的影响,政府能力也会遭到削弱。无所不管的全能政府客观上已经对经济发展形成了障碍,将我国地方政府打造成有限政府是政府职能定位改革的必然选择。有限政府的经济职能表现在经济发展中,即要求政府不再是"掌舵者",而应是"服务者"。[1] 政府职能应侧重于经济调节、市场监管、社会管理和公共服务等方面,充分发挥社会团体、行业协会、商会和中介机构的作用,实现政府经济职能的集中化和精简化。

按照有限政府的要求,政府应实现与企业、社会、市场的分离。首先,在政府与企业的关系上,政府应树立为企业服务的观念,让企业成为自主经营的市场主体。政企不分导致企业经营效率降低甚至丧失已为历史所证明。同时,如果政府管制太多,就会增加政府"经济人"逐利的偏好,形成"寻租"行为,导致腐败现象严重。市场经济要求政府从直接管理转向间接管理。企业是市场上自主经营、自负盈亏、自主决策、自我发展、自由竞争的主体,要剥离其承担的社会公共职能。政府在对企业的管理上,要转变管理方式,由审批制向备案制转变,"凡市场机制能够有效调节的,公民、法人及其他组织能够自主决定的,行业组织能够自律管理的,政府就不要设定行政审批"[2]。其次,在政府与市场的关系上,要把市场还给市场,政府应从市场能够发挥基础作用的领域退出。地方政府应作为市场环境的提供者存在,不能直接介入或干涉企业的生产经营。政府的职能在于促进市场功能的发挥,介入市场失灵的领域,提供市场和社会需要的公共产品和服务,以弥补市场不足。同时,即使在这些领域,如果存在私人经济发挥作用的空间,地方政府也应引入市场机制,打破垄断。最后,在政府与社会的关系上,

---

[1] 参见〔美〕珍妮特·V.登哈特、罗伯特·B.登哈特:《新公共服务:服务,而不是掌舵》,丁煌译,中国人民大学出版社2010年版。

[2] 《温家宝在全国深入推进行政审批制度改革工作电视电话会议上的讲话》,载《人民日报》2011年11月16日。

政府应从社会和市场中介组织能够发挥作用的领域退出，仅以提供公共产品和服务为己任，提供社会和中介组织无法提供的公共产品和服务，如公共政策、公共安全、公共卫生、基础设施等。

第二节 地方政府与中央政府职能分配与博弈

作为单一制国家，我国的财政体制呈现出中央集权的特征，不仅财税法律的制定权由中央高度集中行使，而且财税资源的分配也是由中央掌握。这种高度集权式的财政体制逐渐不适应经济发展的要求，在中央与地方之间合理分权成为改革的要求。在历次分权和收权的博弈中，目前实行的"分税制"在调动地方积极性的同时，也暴露出中央与地方财权与事权不平衡的格局。

一、我国财政体制改革的基本历程

从新中国成立"统收统支"的财政体制到目前实行"分税制"，我国财政体制改革是以经济体制改革为基础的。从历史演变看，我国财政体制改革主要经历了三个阶段：[①]

第一个阶段是改革开放之前传统计划经济体制下的财政体制改革，时间从1949年新中国成立到1978年实行改革开放之前。在这30年中，我国主要实行高度集中的管理模式，以"统收统支"为基本特征。其间虽有地方分权的探索，但没有改变"集中力量办大事"的财政体制。新中国初建的两年，为尽快恢复经济，同时支持战争需要，中央需要高度集中的管理体制。1951—1960年，分级管理体制初步建立。特别是1958年实行"以收定支，五年不变"，对财政体制改革作了尝试。三年自然灾害期间，在"调整、巩固、充实、提高"的方针下，中央开始收回地方分权。十年"文革"，政治动乱和经济政策变动频繁，过多下放财权造成企业的盲目下放。到1977年，中央开始收回部分财权。

从改革开放到要求建立社会主义市场经济阶段，我国中央与地方实行的基本是"分灶吃饭"的体制。改革开放要求对传统计划经济下的经济体制进行改革，财政体制作为经济体制改革的突破口在此期间经历了"放权让利""利改税"的重要变革，调动了地方发展经济的积极性。中央与地方之间的收支划分也随着"利改税"的推进实行不同的政策。在1979年开始"利改税"阶段，中央与地方按照隶属关系将收支分类分成，形成了"划分收支，分级包干"的体制。在"利改

[①] 本部分内容主要参考借鉴了项怀诚：《中国财政体制改革六十年》，载《预算管理与会计》2009年第19期。

税"进行到 1984 年时,随着财政收入以税收为主局面的形成,中央与地方收入的划分也就基于税种实施,财政收入分为中央固定收入、地方固定收入和共享收入三类,形成了"划分税种、核定收支、分级包干"的财政体制。但是,这种财政体制造成中央财政收入的减少。1988 年《关于地方实行财政包干办法的决定》标志着中央与地方财政大包干体制的形成。这一阶段的财政体制改革是在"摸着石头过河"的背景下进行的,缺乏明晰的目标和政策指导。"利改税"中形成多种体制并存,中央与地方"一对一讨价还价",致使中央财政收入比重失调,中央实施宏观调控的能力因缺乏财力支持而降低。

1992 年召开的党的十四大提出建立社会主义市场经济体制的改革目标。为适应改革的需要,"分税制"于 1994 年正式确立,成为整个经济体制改革的突破口。"分税制"财政体制的主要内容:一是按照中央政府和地方政府的"基本事权",划分各级财政的支出范围;二是根据财权、事权相统一的原则,合理划分中央和地方收入;三是与分税办法相配套,建立中央和地方两套税务机构分别征税;四是按承认现状,分省确定税收返还的数额。"分税制"改革形成了我国现行财政体制的基本框架。此后,随着经济社会发展与体制改革深化,又针对性地对财政管理体制运行中的一些方面进行了调整。①

二、现行财政体制造成地方财权与事权不匹配

20 世纪 80 年代,中央开始实施"放权让利"改革,地方获得了相当大的经济自主权,提高了其发展经济的积极性。但是,由于缺乏有效的规范,地方财政包干导致地方本位主义严重,中央宏观调控能力相应削弱,中央与地方关系失去平衡。经过十几年的"分灶吃饭",1994 年,我国开始实行"分税制"改革。"分税制"立足于事权的划分,试图理顺中央与地方财政分配关系。"分税制"把税种划分为中央税、地方税、中央与地方共享税三种;同时,初步明确了各级政府的事权

---

① 一是调整中央与地方收入安排。1997 年,调整金融保险营业税收入划分;1997 年、2000 年、2001 年、2002 年,多次调整证券交易印花税中央与地方分享比例;2002 年,实施所得税收入分享改革,按市场经济原则,将企业所得税按企业隶属关系划分,中央、地方统一按比例分享;2004 年,按照"新账不欠、老账要还、完善机制、共同负担、推动改革、促进发展"的原则,改革出口退税负担机制,建立了由中央与地方共同负担出口退税的新机制。二是完善政府间转移支付制度。1995 年起,中央对财力薄弱地区实施了过渡期转移支付,2002 年实施所得税分享改革后,统一为一般性转移支付;2000 年起,实施民族地区转移支付;1999—2004 年,安排调整工资转移支付资金;2005 年开始,实行对县乡"三奖一补"财政奖补转移支付制度。同期,根据我国经济社会发展的阶段性目标要求,为配合实施中央宏观政策目标和推动重大改革,新增了一些专项转移支付项目,如针对农村税费改革、天然林保护工程、社会保障制度建设专项补助等,初步建立了比较规范的专项转移支付体系。

和财政支出范围。①

1994年开始实行的"分税制"使中央与地方财政分配关系得以初步规范,地方与中央讨价还价的分配格局得以改善,并以极快的速度确立了中央财政的主导地位。由此,中央财政收入迅速增加,占全国财政收入的比重大幅提高,也使中央实施宏观调控的能力得到增强。"分税制"改革后,中央财政收入占全国财政收入的比重由1993年的22%提高到了2010年的51%,同期地方财政收入的比重由78%降到49%,而地方政府在公共产品供应上承担的支出比例却高达70%左右。② 通过财税体制改革,中央政府基本具备了进行大规模宏观调控的财力,而地方政府支出则依赖于中央政府的转移支付。在财权越来越集中的同时,政府的基本事权却在下移,造成明显的财权与事权不匹配。目前,财权与事权不匹配表现在:

第一,中央与地方事权划分缺乏明确规定。

中央与地方事权的划分是宪法学中的一个重要课题,是一国政治体制和经济体制的重要内容,宪法应对此作出明确规定。目前,我国中央政府与地方政府各自承担的事项在宪法中也有所体现,但是由于宪法规定的原则性,造成中央与地方事权划分的模糊不清。在宪法没有清晰界定中央与地方各自承担的事项的情况下,普通立法也没有将其细化。同时,由于我国是单一制国家,地方政府职能和中央政府职能保持一致的要求比较高,地方政府事实上也形成了对中央政府的依赖关系。这就导致中央政府与地方政府间所承担的事项没有明显的差别,除外交、国防等必须由中央政府履行职责的事项外,其他公共服务的提供等事项在中央与地方之间没有区别,从而呈现出"上下对口、职责同构"的特征。③ 事权缺乏法律规范,较为笼统和模糊,造成地方各级政府事权差别不大,也导致上级政府对下级政府职责范围内的事情干预过多,影响了地方预算安排。同时,事权存在下移现象。近年来,政府职责不断层层下放,加重了地方财政负担。

---

① 根据中央政府与地方政府事权的划分,中央财政主要承担国家安全、外交和中央机关运转所需经费,调整国民经济结构、协调地区发展、实施宏观调控所必需的支出以及由中央直接管理的事业发展支出,具体包括:国防费、武警经费、外交和援外支出、中央及行政管理费、中央统管的基本建设投资、中央直属企业的技术改造和新产品试制费、地质勘探费、由中央安排的支农支出、由中央负担的国内外债务的还本付息支出,以及由中央本级负担的公检法支出和文化、教育、卫生、科学等各项事业费支出。地方财政主要承担本地区政权机关运转所需支出以及本地区经济、事业发展所需支出,具体包括:地方行政管理费,公检法支出,部分武警经费,民兵事业费,地方统筹的基本建设投资,地方企业的技术改造和新产品试制经费,支农支出,城市维护和建设经费,地方文化、教育、卫生等各项事业费,价格补贴支出,以及其他支出。参见温来成:《事权与财权相匹配:中国行政管理体制改革60年回顾》,载《中国特色社会主义行政管理体制"研讨会暨中国行政管理学会第20届年会论文集》(2010年)。

② 参见赵云旗:《完善中央与地方税收划分的思考》,载《经济研究参考》2005年第66期。

③ 参见张纪华:《促进事权财权匹配 提升公共财政能力》,载《社会主义论坛》2009年第12期。

与上述事权缺乏法律保障一样,我国中央政府与地方政府间财权的划分也存在宪法和法律规定不清的问题。宪法、法律层次规范的缺乏,全国人民代表大会及其常务委员会的长期缺席和实践中具体运作的不规范,是我国财政分权领域宪政视角缺失的突出表现。①

第二,财权与事权不匹配。

由于缺乏立法的严格约束,中央政府与地方政府间财权与事权的划分缺乏严格的标准。在单一制国家的政治体制和经济体制之下,地方政府服从于中央政府,中央政府利用其权威自我扩权是不争的事实。在政府职能转变不畅、政府主导经济成为经济利益体的情况下,中央政府又把本应自己承担的公共服务职能下派给了地方政府。在我国,省级以下政府承担了绝大多数的公共服务职能,而其中的社会保障、基础教育等公共服务本应属于中央政府的职责范围。在地方政府承担过多、过重职责时,面对的却是中央政府财权的上移,地方财力无法承担中央交派的任务,陷入财政入不敷出的境地。② 例如,税收的减免权和调整权统一由中央掌管,中央政府提高所得税分享比例,直接减少了地方收入。中央与地方财权与事权的不对称,致使地方政府没有足够的财力提供公共服务,为缓解财政压力,地方政府不得不绕过预算法的约束变相举债;同时,也催生了地方政府向上级政府和市场寻租的动力,导致腐败现象的产生和蔓延。③

第三,转移支付制度有待完善。

政府间转移支付制度有利于实现政府间纵向均衡和地方政府间横向均衡,增强政府的调控能力。目前,我国的转移支付规模已比较大,成效也比较明显,但是整体上仍具有过渡性特征,其中还存在许多急需完善的制度。首先,转移支付制度的法律基础薄弱。作为与基本经济制度相联系的转移支付制度,目前在我国财政立法中的规定不能满足实践的需要。其次,为照顾地区既得利益,税收返还实行来源地标准,地区间不平衡的局面依然存在,有违转移支付以实现公共服务均等化的目标。转移支付中大量使用了专项拨款的形式,拨款的特定目的不会给地方增加提供公共服务的支持,甚至在专项拨款时需要地方配套,这反而

---

① 参见刘剑文等:《中央与地方财政分权法律问题研究》,人民出版社2009年版,第147页。
② "分税制"改革存在的财政权力和事权不对称,已导致一些地方政府入不敷出。2006年,中央与地方财政收入的比重为52.8%∶47.2%,而财政支出的比重则为24.7%∶75.3%。据国务院发展研究中心调查,农村的义务教育经费,中央只负担2%,省地两级负担11%,县级负担9%,78%的经费要由乡镇这一级负担,最后实际上就是由农民负担。由于"财权上移、事权下移",以至于中央"请客",地方"埋单"。各省、地级市也依葫芦画瓢,把属下政府的财税上收,大大削弱了县乡一级的财政力量,许多基层政府捉襟见肘,不得不负债前行。参见刘效仁:《以"财力与事权相匹配"为基石调整分税制》,http://news.163.com/08/0701/09/4FOO97V2000120GU.html,2016年8月3日访问。
③ 参见张永生:《政府间事权与财权如何划分?》,载《经济社会体制比较》2008年第2期。

增加了地方财政负担。再次,在转移支付标准方面,同样基于对地方既得利益的保护,使用了"基数法"标准,在不能实现地区间平衡的同时,也助长了地方政府与中央政府讨价还价的动力,削弱了中央政府的权威。复次,政府间转移支付包含了纵向转移和横向转移两种方式,目前我国实行的是纵向转移支付制度,横向转移几乎不存在。在中央政府财力有限的情况下,富裕地区支持贫困地区的横向转移应成为改革的方向。最后,转移支付资金的使用缺乏监督,既没有建立起资金使用的考核指标体系,也没有建立起有效的审计系统,对地方政府违法使用资金的惩罚措施也不得力,地方政府使用资金的随意性较大。

三、财权与事权不匹配对地方国有资本运营的影响

新中国成立以来,经历了多次中央对地方的权力下放和上收,但是都缺乏明确的制度规则对权力分配结构进行规范,权力的收放都比较随意。在中央与地方分权过程中,虽制定了一定的法律制度,但都没有对中央与地方形成较强约束。中央与地方分权的非规范化以及中央放权的随意性和不稳定性,造成地方政府的短期行为,同时也助长了地方政府扩张权力的冲动。由于分权的不清晰,制度中存在着许多灰色地带,为腐败和投机行为提供了温床。这就要将中央与地方关系制度化,以立法的形式将各自的权力范围、权力运作机制、利益配置结构、责任和义务固定下来,在中央与地方之间形成法定的权利义务关系。

近年来,实证研究表明,在相关制度供给不足的特定制度环境中,转型中的中国地方政府已经逐渐从"代理型政权经营者"转变为"谋利型政权经营者",① 地方政府在以 GDP 为政绩评价标准的引导下,不计成本地促进经济的发展,不仅充分暴露了地方政府的有限理性,也使地方政府盲目逐利的行为得以显现,地方政府在本应承担的社会职能面前选择了更加短期化的经济目标。② 在这种情况下,当代中国的地方政府独立成为经济发展中的一体,其身份也演变成了多种身份的综合:中央政府代理人、地方民众代理人、地方政府官员利益的代表者。地方政府所追求的利益最大化并非地区公共利益最大化。"正是地方政府行为与地区公共利益之间的错位、对地方政府及其主要官员利益最大化的追求,才导致了实践中地方政府间关系不协调以及地方政府间的恶性竞争。"③

---

① 参见杨善华、苏红:《从"代理型政权经营者"到"谋利型政权经营者"》,载《社会学研究》2002 年第 1 期。
② 参见李军杰、钟君:《中国地方政府经济行为分析——基于公共选择视角》,载《中国工业经济》2004 年第 4 期。
③ 张紧跟:《当代中国地方政府间关系:研究与反思》,载《武汉大学学报(哲学社会科学版)》2009 年第 4 期。

随着我国社会主义市场经济体制的建立和逐步完善,市场机制配置资源的作用逐步得到发挥。中央对地方分权之后,地方政府在区域经济活动中的决策空间也日益拓展。地方政府以其社会管理者和国有资产所有者的双重身份配置资源,追求地方局部利益最大化,以期在与其他地区的竞争中保持优势,并有可能与中央政府确定的国家经济社会发展总体目标相背离。在国有资本运营方面,执行机构的分设并不能保证"政资分开"必然实现,出资人代表的身份成为其追逐"地方私利"的合法工具,或表现为实行国有资本全面退出,随意削减国有经济的比重,或表现为对本地国有企业的偏袒,阻碍公平竞争的市场环境。①

财政体制造成的地方政府财权与事权的不匹配会直接影响地方国有资本运营的效率。首先,由于财政短缺,会诱发地方政府改变地方国有资本的运营目标,减少甚至放弃公共利益的需要,片面以国资的保值增值为目标,以期为地方财政添砖加瓦。其次,为争取更多的利益回报,面对国家对国有经济布局和结构战略性调整的要求,不肯舍弃营利性较强的行业和领域,从而使国有经济布局和结构战略性调整进展困难。再次,在地方政府无权发放地方债,从而缺少直接融资渠道的情况下,②土地财政大面积出现。但是,土地是有限的,土地财政不可持续,地方需要寻找另外的融资渠道。此时,国有资产运营平台进入地方政府视野,各种"曲线发债"的行为造成了许多隐性债务。③ 最后,由于"分税制"的要求,中央国企和地方国企的企业所得税分别上缴中央和地方,这种依靠行政隶属关系的分配方式不利于中央和地方国资产权流动。中央和地方都有把优质企业留存以获取利润的动机,地方还可能因此实施地方垄断。

第三节 地方政府在国有资本运营中的角色定位

一、市场失灵与地方政府行为

(一)为克服市场失灵而存在的国有资产

在市场经济条件下,主要应由市场对资源进行配置,通过市场自发的调节,促进资源在不同领域合理配置,提高资源利用效率。从总体上看,市场能够自我有效运行。但是,市场不是万能的,由于自然垄断和外部性的存在,市场在配置

---

① 参见张存刚、姚红:《地方政府行为与国有资产管理运营》,载《经济与管理研究》2002年第1期。
② 2011年之前,发债主体一直是财政部,资金使用主体是地方政府,债券本身难以定位。2011年11月16日,经国务院批准,上海市总额为71亿元的地方政府债开始发行。随后一周,广东、浙江立刻跟进。
③ 参见刘昌荣:《争议地方债》,载《上海国资》2012年第1期。

资源时也会存在效率降低,出现市场失灵和市场缺陷。由此,形成了政府干预的必要性,即政府通过行政、经济、法律手段实施宏观调控,调整资源配置的合理优化。政府实施宏观调控的重要手段之一,就是提供市场效率较低的公共产品。政府在提供公共产品时会形成对市场的资金投入,这部分由政府投入的资金也就形成了国有资产。

在市场经济中,与非国有企业相比,国有企业具有两重性:营利性和社会性。国有企业作为市场主体的一种,虽然在资本的来源上与其他企业存在差异,但是资本的增值性在国有企业中同样存在,并不会因由国家投入而不同,盈利并实现利润的最大化也是国有企业作为市场经济中的一员的必然要求。但是,也正是由于国有企业资本来源于国家的投入,现代国家要求其本身不应当获取私利,国家投资的目的在于实现全民的整体利益。同时,市场经济中的市场失灵需要国家对经济生活进行干预。通过国有企业这种经济手段进行干预,避免了行政手段的强制性,更符合市场的要求。国有企业此时扮演的角色体现出了其社会性的一面,而且应当是其主要的一面。

(二)地方国有资本运营中的政府行为

面对市场失灵,政府干预进入人们的视野,地方政府在其中必然承担着相应的职责。但是,政府作为行政组织有其自身利益,而且由具体个人组成的政府机关也受自身条件限制,政府干预未必总能发挥人们期望的效用。目前,我国地方政府在经济发展中起主导作用,既是政治实体,也是独立的经济实体。在这种情况下,政府一方面利用经济实体的身份直接参与市场,另一方面又利用政治实体的身份为其经济实体参与市场创制规则。特别是一些地方政府直接招商引资,在与企业关系中深入参与企业经营决策,行政审批事项仍然较多。随着改革的深化和地方政府职能转变的需要,政府通过行政手段主导经济发展越来越显示出对市场经济发展的阻碍。

市场失灵导致经济发展的低效率,造成竞争失败和垄断的形成,这也成为政府干预的原因。但是,理论研究和实践表明,政府干预不当造成的政府失灵比市场失灵的危害更大。特别是在法治不健全的情况下,政府干预反而会造成"火上浇油"的后果。因此,在国有资本运营过程中,利用国有资本实施宏观调控、增加政府收入必须被限制在市场不能发挥作用的场合,政府不能直接进入市场与民争利。

二、预算软约束下地方政府职能错位

20世纪70年代末,经济学家科尔内在其著作《短缺经济学》中首次提出"预算约束软化"(Soft Budget Constraint,SBC)①这一概念,用以描述从传统计划经济向市场经济转型时期,国有企业的经济行为及其绩效。

在分权化体制框架下,地方政府作为独立的经济主体具有"经济人"的特征,追求利益的最大化是其必然的要求。在预算软约束的情况下,地方政府利用手中掌握的国有资本为其利益服务,导致国有资本运营目标和国有企业经营效率都会受到影响,在一定程度上甚至会成为地方经济发展的障碍。从现阶段看,我国地方政府主导经济发展的独立经济主体地位和地方事务决策者身份使国有资本运营成为其追求政绩的工具。

(一)国有资本运营中的行政化倾向依然存在

在多年的国有企业改革之后,国有企业逐步脱离政府控制,作为参与市场竞争的主体已经得到确认。政府对国有资产的管理也从对企业的管理向资本运营转变。在国资委成为出资人代表之后,地方国资委有直接参与资本运营的趋势。国资委的特殊身份依然没有摆脱政府机构的观念,在国有资本运营过程中以行政手段进行干预的行为还普遍存在。例如,在"三层次"运营模式中,国有资本的运营一般由地方国资委监管的企业集团等执行。对这些企业集团的运营行为,地方国资委从高管、经理任免到投资方向的确定采用的都是行政考核的方式,而非市场化的评价方式,尽管地方国资委在不断减少这种行为。对于企业集团或国有资产经营公司来说,行政化的设立方式使其往往成为政府职能的"二传手",依然部分承担着就业甚至维稳的职能。在地方国有资本运营过程中,根据主辅分离的要求,地方政府为摆脱"烂摊子"、争取利税、扩大就业,主导许多企业完成了重组。

(二)地方政府利益造成国有资本运营目标的偏移

国有资本运营目标的偏移在地方上表现得尤为明显,除国有资本运营本身的原因外,地方政府自利化的偏向更是一个重要原因。由于地方政府职能不明确,中央政府转移给地方较多的公共服务职责,以及地方政府GDP考核标准的存在,地方政府直接参与市场的意图十分强烈。一方面,地方政府需要获取更多的政绩,经济发展速度是一个重要的考核标准,由此导致一些地方政府官员不惜代价地推动经济增长,利用国有资产盲目投资。另一方面,在中央与地方关系上,中央政府强大的资源掌控权威迫使地方政府"跑部钱进",以争取更多的资源和项目,在与政府间的竞争中获胜。地方政府官员在升迁愿望中不再把公共服

---

① 科尔内指出,由于总是受到财政补贴或政府追加投资、减税等其他形式的救助,长期亏损的国有企业并不会被市场淘汰,国企的经营者通常情况下也将会预期得到国家财政支持,从而严重削弱市场机制,造成对整个市场肌体的腐蚀。科尔内称上述现象为"预算约束软化"。参见〔匈〕亚诺什·科尔内:《短缺经济学(上卷)》,张晓光等译,经济科学出版社1986年版。

务作为工作重点,而以经济增速为目标。在这种政绩观下,地方政府期望依靠所有能够掌控的资源直接参与市场竞争,其表现就是对国有企业的经营进行干预,在资本运作中单纯以营利为目标,对国有资产的社会功能关注不够,造成国有经济布局和结构失衡,国有企业经营效率降低。

对于国有企业来说,地方政府的干预影响了其经营的展开,导致了其社会服务功能的减少。同时,一些地方国有企业,特别是大型国有企业,由于对地方政府上缴利税较多,反而会影响地方政府的行为。这些企业借助于其优势地位,与地方政府讨价还价,索取政策优惠和银行信贷的支持,既破坏了良好的金融环境,也对民营企业的发展形成了挤压效应,使公平竞争的市场秩序遭到破坏,阻碍了市场经济的正常、快速发展。

(三)地方政府利用信息不对称对国有资本运营实施干预

地方政府相对于中央政府来说,对于本区域内的国有企业的信息掌握更为全面,通过委派董事长等方式控制企业控制权,把本应由自身承担的部分社会服务功能交由企业承担。虽然从国有资产的社会功能来说,国有企业需要承担更多的社会责任,但是这种责任的承担是以市场化的方式,而不是"企业办社会"式的。

(四)非理性政府间竞争对国有资本运营的影响

地方政府间竞争并非我国特有。但是,我国的地方政府间竞争反映了经济转轨过程中的特色和地方政府的角色定位。政府绩效考核制度的强化直接影响了地方政府的竞争行为。在以 GDP 总量为考核标准的情况下,对于地方官员来说,做大经济总量成为必然。合理的政府间竞争对于整体经济效益的提高、发展民营经济都有作用。但是,我国在经济转型期间的地方政府间竞争超越了必要的限度,造成产业结构趋同、地方保护主义盛行、公共服务提供的缺失等弊端。对于国有资本运营来说,地方政府在承认自身能力不足、民营经济发展受阻的情况下力促和央企的联合,以利用央企的资金、技术促进地方经济的发展。央地联合使经济结构不合理的局面无法得到改善,也使地方国有资本运营的行政手段强化,导致重复建设和产生过剩。同时,非理性的竞争妨碍了市场配置资源的效率,盲目关注经济总量的发展使地方政府忽略了公共服务职能,把诸如义务教育等公共服务交给了市场,造成公共物品的"公地灾难"。

三、合理确定地方政府在国有资本运营中的角色

现代市场经济运行有三个基本环节:一是企业,二是市场,三是政府。市场经济的根本特征是将市场作为配置经济资源的基础性手段,而政府的角色体现为既是制度的供给者,又是经济增长的推动者;既是社会经济的管理者,又是国有资产的所有者。① 因此,政府作为国有资产出资人不能直接运营国有资本,而应设立独立的与政府职能分离的国有资本运营公司负责国有资本的运营,地方政府应作为监督者。在有限政府理念下,地方政府在国有资本运营中具有以下角色定位:②

(一) 地方政府的公权角色

此处的"公权角色"主要是指地方政府提供社会管理职能。具体而言,地方政府的公权角色,是指地方政府通过公共权力的行使以处理公共事务。政府作为社会公共管理者,在地方国有资本运营过程中,应以社会整体利益为出发点,行使公共职权,以满足社会公共利益最大化为目标。与私权追求私利不同,公权应重视社会公共利益的平衡。在地方政府行使公权过程中,首先要体现出公平价值,即地方政府要为市场中的所有主体,包括国有企业和民营企业,创造公平的竞争环境;其次要体现公正要求,即政府以同样的制度规范,一视同仁地对待市场中的主体;再次要体现出公开要求,即政府行为要做到程序公开、内容公开、方式公开;最后要体现出政府的公信力,即确保政府职能的正确发挥,真正做到为公共利益服务,维护政府对人民的诚信。

(二) 地方政府的调控角色

地方政府的调控角色主要是执行经济调节职能。地方政府在国有资本运营中,还是中央宏观调控的执行者和本区域经济调控的实施者,这是地方政府经济职能中的一个重要职能。地方政府的调控主要是对国有经济布局和结构的调整,从宏观上综合运用政策、立法和行政手段,引导国有资本投入方向和退出渠道,实现资源在市场中的优化配置。但是,在微观层面,地方政府应充分尊重市场的作用,不得干预企业经营。

(三) 地方政府的公益角色

为本区域人民提供公共服务是地方政府职能的主要内容。首先,地方政府需要负责提供公共物品和准公共物品。在国有资本运营中,地方政府应对处于非竞争性领域、提供公共产品的国有企业提供政策依据,既要防止以国有资本保值增值甚至利润最大化为目标,偏离公共属性,损害公共利益;也要防止因为此行业或领域企业的低利润而从此行业或领域退出,造成公共产品短缺。其次,地方政府应对国有资本运营中的外部效应分类制定政策,既要保护正外部性,如鼓励国有企业进行科学研究、治理环境污染;也要努力消除负外部性,典型现象如环境污染。最后,地方政府应通过调节收入分配实现社会稳定。收入分配在不

---

① 参见彭澎:《政府角色论》,中国社会科学出版社2002年版,第103页。
② 参见邓宇:《政府监管国有资产能力研究》,中国政法大学2007年博士论文。

同的阶段有不同的价值取向。在初次分配时,鼓励"效率优先,兼顾公平",地方政府应尊重市场作用,由市场发挥基础调节作用,保证市场主体合法、合理竞争获取利润。在再分配领域,特别强调公平,地方政府应以税收和社会保障制度调节在初次分配中形成的贫富差距,并为低收入阶层提供基本生活保障。

(四)地方政府的市场监管角色

经济法以宏观调控和市场监管为主要内容,地方政府在经济生活中也要承担市场监管角色。首先,要规制垄断。地方政府应通过执行反垄断立法,对市场中的垄断行为予以规制,保证市场中的充分竞争,特别是国有企业凭借信贷优势和政府的公权支持等对市场造成的垄断,形成国企、民企平等竞争的局面。其次,要防止不正当竞争,如企业间联合定价损害了消费者利益。最后,要促使信息充分公开,防止信息不对称。在市场机制的基础上,地方政府应该通过制度构建、政策引导等措施,促使企业和消费者信息对称,从而保护消费者和雇员的利益。

(五)地方政府的监督角色

地方政府的监督角色即对国有资本运营实施监督。在宏观层面,地方政府应该建立健全国有资产管理体制,对国有资产进行立法规范管理。在微观层面,地方政府要建立国有资产监督制度,完善国有资产管理体制和监督方式,完善国有资本经营预算制度,规范国有企业改制和国有产权转让,防止国有资产流失,维护员工的合法权益。

第四章　地方国有资本独立运营体系框架

国有资本运营体系是国有资产管理体制的组成部分,受国有资产管理体制约束。国有资产管理体制不仅为国有资本运营提供组织和制度框架,而且从根本上制约和影响着国有资本市场化运营的顺利开展。研究国有资本运营,必须将其放在国有资产管理体制的大框架中。同时,国有资本运营在国有资产管理体制中起着承上启下的作用,高效的国有资本运营模式是国有资产管理体制成功运行的关键。

经济合作与发展组织制定的《OECD国有企业公司治理指引》指出,国家应该扮演一个明智的、负责任的和积极进取的所有者角色,应该建立一套清晰稳定的所有权政策,并确保在保持必要程度的职业化和有效率的基础上,以一种透明、负责任的方式对国有企业实施治理。所有者权力的行使应在政府行政监管部门内得到明确界定。[①] 国有资产管理是作为国有资产所有者的各级政府实施所有者权利的一系列行为的总称,包括如何设置管理组织和机构,如何划分这些组织和机构的职能及其相互之间的责权利关系,以及有关国有资产管理的各种方式、方法和制度的总和。从性质上看,这种由政府实施的行为是以其职权进行的行政行为。从政府投资的角度看,国有资产管理包括投资的决策、执行以及监督三个环节。[②] 在三个环节中,应设置不同的主体履行各自的职责:对投资的决策应由资本所有者进行,即由人大进行投资的预算决策;投资执行主体应具体、合理,一般由财政部门进行;对投资执行和国有资本运营进行监督的主体包括人大、政府以及社会公众等。

[①] 参见经济合作与发展组织:《OECD国有企业公司治理指引》,李兆熙译,中国财政经济出版社2005年版,第33—34页。

[②] 从对国资管理的功能分析,大致可以分解为三个方面:一是投资的决策,即投资的预算决策;二是投资的执行;三是对投资的执行以及国资的经营、收益等进行全过程监督。参见顾功耘:《国有资产立法的宗旨及基本制度选择》,载《法学》2008年第6期。

由于国有经济在我国的独特地位,我国经济体制改革的一项重要内容就是对国有资产管理体制的改革,这也成为学者们关注的焦点。对国有资产管理体制进行改革,关键是如何设置管理机构和明确出资人的构造。我国国有资产管理体制改革经历了多年公法、私法的调整,形成了目前以国资委为出资人代表的体制。

第一节 国有资产管理体制的应然设计

国有资产管理在内容上包括:设置管理组织和机构,划分这些组织和机构的职能及其相互之间的责权利关系,确定有关国有资产管理的各种方式、方法和制度,处理政府与企业的关系、国有资产管理机构与其他行政部门的关系、国有资产管理机构与国有资本运营机构的关系以及企业内部的关系。其中,最为关键的是构架出资人制度,设置专司管理职能的机构,在管理机构和运营机构合理分开的情况下对国有资产实施监督。

一、国有资产管理体制的立法基础

(一)国家所有权主体归属

由社会主义基本经济制度所决定,我国《宪法》《民法通则》《物权法》等相关法律对国家所有权作了较为详细的规定。根据我国法律,国家所有的性质是全民所有。但是,对于如何理解这种规定,理论界出现了不同的解释,产生了全民论、国家论、政府论、综合论、缺位论等观点,进而影响到国有资产管理机构的设置模式。

全民论源于苏联,认为全体人民是国家所有权唯一的终极主体,国家是全体人民的代表。我国在法律移植过程中,长期接受苏联法律的理念,对国家所有权的规定也是从苏联引入的,并反映在《宪法》"国家所有,即全民所有"的规定中。人民只是在政治领域使用,并非法律主体;即使将人民作为法律主体对待,其抽象性导致其也不能具体行使所有权。全民论在学界遭到了强烈的质疑。[①]

在全民论不能很好地解释国家所有权主体问题的情况下,出现了国家应作

---

① 参见周林彬、李胜兰:《试论我国所有权主体制度改革与创新》,载《云南大学学报(法学版)》2001年第3期;王利明:《论国家所有权主体的全民性问题》,载《法商研究》1990年第4期;高富平:《公有和私有的法律含义——一种新的公有和私有观念》,http://www.lawtime.cn/info/minshi/misslunwen/2011101966219.html,2016年8月5日访问。

为国家所有权主体的观点,并且成为主流观点。① 我国多部立法都采用了这种观点,如《物权法》第 45 条、《企业国有资产法》第 3 条的规定。国家论确定了国家作为国家所有权主体。但是,同样由于国家的抽象性与所有权主体明晰的要求不符,国家还必须委托其他主体代表其行使所有权,并由此形成了由人大代表行使②、由政府代表行使③的不同观点。在由政府代表国家行使所有权的论点中,又分为由中央政府统一代表④、由中央政府与地方政府分别代表⑤两种观点。总体上看,由政府代表国家行使国家所有权获得了更多学者的支持,原因主要是:虽然人大理论上更符合代表者的理念设计,但是人大的非常设性会导致所有权行使的不顺畅,而政府的职能定位更有利于所有权的实施。

还有学者不仅对全民论提出质疑,而且对国家作为国家所有权的主体提出批评,认为国家所有权不过是一个虚幻的概念,与其抽象地对待,不如将所有权主体实在化,将政府界定为国家所有权的主体。⑥ 认为由政府作为国家所有权主体的学者大多对国家所有权存在的必要性作出了大胆怀疑。从主体明确角度看,政府论确实比国家论和全民论更为具体。

此外,还有学者从实质、形式和实践三个不同层次理解国家所有权,从而形成了综合论。⑦ 也有学者认为国有资产没有真正的所有权,所有者是缺位的。⑧

讨论国家所有权的主体问题,旨在明确国有资产的归属以及对国有资产的管理与对国有资本运营制度的设计。国有资产自然是归属于全民的,全民对国有资产享有最终所有权和收益权、监督权,这也是我国国有资产存在的一个重要原因。由全民享有国有资本运营的收益是国有资本运营的根本目标。从这个意

---

① 有学者认为,国家作为所有权主体的人格,不仅应得到法哲学的认可,更应得到张扬。参见程淑娟:《确信与限制——国家所有权主体的法哲学思考》,载《河北法学》2009 年第 5 期。
② 参见蔡定剑:《谁代表国家所有权?》,载《人大建设》2005 年第 1 期。
③ 参见谢次昌:《国家所有权理论在实践中的运用和发展》,载《中国法学》1996 年第 6 期。
④ 同上。
⑤ 参见漆多俊主编:《经济法学》,高等教育出版社 2003 年版,第 226 页;张建文:《转型时期的国家所有权问题研究》,法律出版社 2008 年版,第 142 页。
⑥ 比如,有学者认为,公法意义上的国家作为所有权主体不符合民法基本法理。民法意义上的国家应当理解为中央政府。在主体制度上,或取消国家所有权,根据法人制度理论将其确定为各级政府(公法法人)的公共所有权;或保留国家所有权,以立法说明或司法解释的方式明确其为区别于地方政府的中央政府所有权。参见李康宁、王秀英:《国家所有权法理解析》,载《宁夏社会科学》2005 年第 7 期。
⑦ 作为国家所有权的主体,可以从实质、形式和实际操作三个层面理解全民、国家和政府各自的地位:全民作为一个实在的整体,为实质意义上的国有资产所有者;国家作为全民的当然代表,为形式意义上的国有资产所有者;政府作为全民和国家的法定代表,实质上代表全民,形式上代表国家,为实际操作意义上的国有资产所有者。参见王全兴:《经济法基础理论专题研究》,中国检察出版社 2002 年版。
⑧ 全民所有不过是名义上的或同形虚设,因为全民所有是不真实的。就真实的产权关系而言,国有财产并没有真正的所有者,全体国民并不能行使国家财产所有者的职能,因此造成所谓的"所有者缺位"。参见王利明:《物权法论》,中国政法大学出版社 1998 年版。

义上讲,全民论无疑是最准确的,而国家论、政府论都在一定程度上抛弃了全民利益,甚至成为国家、政府乃至政府官员谋取私利的工具。但是,从国有资本运营的要求看,明确、清晰的主体是资本运营的条件。我国多年来的国资产权改革就是使国资主体具体化、实在化。在这个意义上,全民论、国家论都没有克服主体抽象的局限,而政府论则具体化了主体。从目前实行的国有资产管理体制看,由政府代表国家对国有资产进行管理和运营实质上是由政府控制国有资产、享有国有资产收益,全民论、国家论在现实中变成了政府论。在法治不完善、政府职能定位不清的情况下,现有的这种由政府控制国有资产的体制反而忽视了全民对国资的所有权和收益权。如何还原人民的最终所有权应成为以后改革的方向。

(二) 国家所有权实现:公法与私法的结合

1. 国有资产的存在形式

我国国有资产具有形态的多样性和分布范围的广泛性等特点。将国有资产划分为经营性国有资产、行政事业性国有资产和资源性国有资产是最为常见的划分方法,三类国有资产具有不同的价值目标。对国有资产进行分类,是加强国有资产管理的重要内容。

经营性国有资产,是指投入市场领域,从事生产、流通、经营服务等活动,以营利为目标的国有资产。经营性国有资产是国有资产中最重要、最活跃的部分,直接用于生产经营,具有增值性。

非经营性国有资产,又称"行政事业性国有资产",是指由行政事业单位占有、使用的国有资产。行政事业单位包括国家机关、事业单位和社会团体。非经营性国有资产主要用于国家公务和社会公益事业,以提供公共产品为目标。其目的不在于使国有资产增值,而只表现为非生产性消费过程。

资源性国有资产,即国有自然资源,主要包括土地资源、矿藏资源、海洋资源、河流资源、森林资源等。资源性国有资产承载着使国家和民族存续和发展、为社会经济的发展提供基础性资源条件以及实现社会可持续发展的功能,并由此决定了其管理目标与经营性国有资产不同:在横向上,要合理、科学地配置资源性国有资产;在纵向上,要实现代与代之间配置的公平和合理。[1]

2. 国家所有权实现中公法与私法的混合

"全民"是个人的集合,这种集合起来的抽象性造成国家所有权与私人所有权行使中的区别。对于私人所有权来说,其权利和义务是明确的,而国有资产的国家所有权不能明确每个人享受多少利益、承担多少责任;国家所有权在实现上

---

[1] 参见郑国洪:《国有资产管理体制问题研究》,中国检察出版社2010年版,第139—140页。

必须借助于代议制的方式,不同于私人自主选择如何行使权利;个人所有权以个人为本体,国家所有权只能通过不同的代表行使权利。① 从所有权的内容看,国家所有权比个人所有权更强调其公共性:第一,价值取向与功能的公共性。国家所有权的价值在于实现社会公共利益。第二,主体的公共性。国家所有权的所有者是全体人民,国有资产的终极所有者应是一个国家的全体人民。第三,终极目的的公共性。国家所有权的行使应以追求公共利益为目标。

在市场经济条件下,出于效率的需要,国家所有权的行使有必要利用私法化的形式。在我国,基于全民的委托和代议制的实施,国有资产由国家所有,国家再委托中央和地方各级政府行使国有资产所有权。各级政府将国有资本投入市场,以实现国有资本的保值增值乃至利润的最大化,是以行使私权的方式参与市场。同时,国家和各级政府还以公权力管理国有资产,承担着维护社会公共利益的职责。"我国《物权法》规定的国家所有权,显然包含了以上两种情形,国家既是民事主体也是行政主体,其权利的性质既有私权也有公权。"②

国有资产营利性与公益性的交错、国家所有权实现中公法与私法的混合,造成在国有资产管理体制中必须合理区分和融合对立的两种关系,创制合理的国有资产管理体制和运营体制。

二、国有资产管理体制模式选择

(一)国外国有资产管理的三种模式及其启示

国外对国有资产的管理和运营因国有资产总量和作用不同,体制多样而不同一。按照管理权的集中程度,可以划分为集权模式、统分结合的集权与分权模式、分权模式。

1. 集权模式

集权模式下,政府和企业不分,企业经营范围、投资方向、发展规划等都被严格限制,虽以市场配置资源为主,但政府通过产业政策等引导资源的配置方向,以实现期望达到的经济发展目标。集权模式在现阶段以日本、韩国最具代表性。

分析集权模式,在苏联存在时最为合适。苏联时代实行的是高度集权的方式,企业成为政府的附庸,没有经营自主权,国有资产的整个运行过程,包括投入、使用、经营、收益等都受政府指令性指标控制。我国在计划经济时代对国有资产的管理方式就是对苏联模式的复制。这种高度集权模式随着苏联的解体和我国进行改革开放而消失。现阶段,虽将日本、韩国归为集权模式的代表,但集

---

① 参见丁宇飞:《企业国有资产管理体制的法律探索》,华东政法大学2010年博士论文。
② 马俊驹:《国家所有权的基本理论和立法结构探讨》,载《中国法学》2011年第4期。

权程度已经大不一样。

　　政府主导是日本发展市场经济的突出特色，反映在国有资产管理体制中，就是政府以计划和产业政策对国有企业形成强力干预。日本国有资产管理机构分为执行机构、咨询机构和监察机构。其中，国会负责对国有资产管理进行监察，国有资产审议委员会是其咨询机构，由大藏省作为总辖机构。日本国有企业依据设立主体、设立目标和与政府的关系，可以分为直营事业、特殊法人和第三部门三种。直营事业和特殊法人都由政府设立，只不过直营事业不是独立的经济实体，受政府管制严格，连其组成人员都是公务员；特殊法人与政府分离，独立经营。第三部门由政府和私人企业共同投资设立，采用股份公司形式经营，和普通商事公司已非常接近，只不过是在公司重大事项改变时需经政府批准。日本国有企业的领导成员需经政府任免或批准，董事会是最高决策机构。[①] 值得一提的是，日本虽是单一制国家，但在中央与地方关系上实行的是"分级所有"的体制。

　　韩国在1998年之前实行的是部门分工管理的模式，国有企业归口管理。改革之后，韩国成立了国有企业管理委员会，由该委员会行使股东权，政府承担监督者角色，从而变直接管理为间接管理。[②]

　　2. 统分结合的集权与分权结合模式

　　集权与分权结合模式在欧洲国家中较多，这种管理模式缩减了政府对企业的干预程度，增加了企业参与市场竞争的自由度，试图在政府干预与市场作用之间寻找一种平衡。这些国家一般以财政部门的综合管理为主，同时结合其他主管部门的管理，其中尤以法国为典型。

　　虽经过数次私有化浪潮，但法国国有资产比重依然比其他欧洲国家要高。法国对国有资产的管理有两个层次，一个是议会、财政部门和主管机关，另一个是国家控股企业。法国议会内部设置了公共部门最高委员会，对国有资产运营报告予以审查。同时，议会还可以通过调查和诉讼方式对国有资产进行管理。除议会的监督外，法国还设置了国家审计法院，对国有资产进行审计监督，并向议会报告。财政部负责统一管理国有资产，国有控股企业由各主管部门归口管理。法国于2003年在财政部下设立了国家参股局，行使国家股东职权，负责国

[①] 参见陈金亮、马淑萍：《日本、美国政府资产管理的基本情况及启示》，载《调查研究报告》2004年第82期；阮慧斌、王永礼：《透视日本国有财产法律制度》，载《人民论坛》2001年第11期；李源山、黄忠河：《日本国有财产管理与监控的启示》，载《外国经济与管理》1998年第6期。

[②] 参见蓝寿荣、张伟伟：《国外国有资产监管的三种模式及其启示》，载《佛山科学技术学院学报（社会科学版）》2008年第4期。

有资本运作和审计。① 在这次立法先行的改革中,法国政府认为国有企业应根据时代特点实现政企分离,由专门机构执行国家股东权利,国家作为股东的权利应明确而透明。

3. 分权模式

分权模式存在于市场经济发达国家,这些国家重视市场配置资源的作用,政府只负责市场失灵领域。企业在市场中充分竞争,自主经营,政府以立法形式对企业进行规制而不参与经营活动。

在美国,"国有资产"这个概念并不常用,在其联邦制政体中,联邦政府和州政府分别拥有独立的政府资产,国有资产更多的是指联邦政府财产。在美国高度发达的市场经济条件下,私营企业在市场中占有绝对主导地位,国有资产主要分布在公共产品领域。分类管理是美国国有资产管理的重要特征。在管理机构设置上,经营性国有资产交由财政部门管理,行政服务总局则对非经营性国有资产管理履行职责。以立法对国有资产进行管理也是美国的重要特色,联邦政府控制的企业的设立、撤销以及内部管理制度都要通过国会立法决定,国有企业的运营严格受国会预算控制。审计署负责对国有企业的经营活动进行监督。美国国有企业分为政府设立公司、国有民营企业、民营国助企业和国家参股企业,②对后三类企业的管理主要是以合同的方式进行。③

在分权模式中,最为我国注意的是新加坡对国有资产的管理方式,并成为我国效仿的对象。新加坡国有资产管理由议会、中间层和参股公司三个层次组成。新加坡议会对不同类型的企业实施不同的管理方式。对于法定机构,议会控制其资金来源和使用,分别立法,规定其组织机构设置、领导人任免、职能和权限,确保其依法独立运作。对于控股公司和参股公司,议会以公司法予以指导。新加坡最有特色的是其第二层级的设置,包括了法定机构和政府控股公司。法定机构依法设立,独立运作,同时具有行政权力和企业经营权利,承担着政府职能延伸的职责,主要存在于交通运输、公用事业等基础设施和社会服务领域。政府控股公司依照公司法,完全由政府投资设立,依据市场规则进行运营。新加坡财政部设置了包括淡马锡控股公司、政府投资公司等多个控股公司,其中淡马锡最为出色。淡马锡代表政府对其投资公司行使股东权,以追求资本的增值为目标,同时承担满足公共投资需要的职责。处于第三层次的国有企业一般称为"国连公司",是由控股公司投资的公司。国连公司与普通市场主体一起参与市场竞

---

① 参见李兆熙:《国资管理变革的法国样板》,载《国企》2007年第5期。
② 参见盛毅、林彬:《地方国有资产管理体制改革与创新》,人民出版社2004年版,第73—75页。
③ 参见陈金亮、马淑萍:《日本、美国政府资产管理的基本情况及启示》,载《调查研究报告》2004年第82期。

争。新加坡实现了政府和企业的分离，依靠出资人机构行使出资权，出资人与企业之间将着力点放在董事会建设、对公司重大决策的监督上，董事会在公司治理中发挥核心作用。在国有资本运营方面，政府按照私人公司的规则参与市场。

4. 国外国有资产管理模式对我国的启示

任何一项制度都有利有弊，集权模式会造成对企业的过多干预，从而使企业不能适应市场竞争；分权模式虽有利于政企分开，企业自主参与市场，可增强企业活力，但也造成企业经营不受政府调控，片面追求盈利的行为偏离了国有企业存在的根本目标。相对来说，集权与分权结合的方式在集权与分权之间找到了平衡，既有利于增强企业运营能力，也没有使政府作用落空。但是，无论哪一种模式，都是各国基于不同的传统、社会历史形成的。例如，美国高度的私人自由理念导致对政府干预的抵制而形成分权模式；法国的混合经济模式也要求集权与分权模式同其相适应；日本受传统文化影响，由于民众对政府形成的依赖，产生了集权模式。因此，我国在吸收借鉴国外模式的时候也必须基于本国的特殊国情以选择，在不同发展阶段使用与经济发展相适应的管理模式。

对国有资产进行分类管理是所有国家的重要经验总结，经营性国有资产保值增值的目标和非经营性国有资产的公益性目标决定了政府在其中不同作用的发挥。政府对非经营性国有资产的控制可以较多地运用行政性手段；而对经营性国有资产，则不应干预过度，要实行政企分开，在政府职能转变过程中逐步退出。

国有资产管理机构应有明确的分工。对国有资产的管理，大多实行议会与政府的分工，议会通过立法实施监督，政府负责法律的实施和对国有资产的行政监督。国有资产管理的法治化是我国在国有资产管理中急需解决的问题。目前，我国对国有资产管理的立法体系尚不健全，有法不依的现象还比较突出。对于政府来说，公共服务是其主要职能，因此应把国有资产所有者职能与公共服务职能分离，实施对国有资产的监督。在政府机关内部，也应明确对国有资产管理的分工，出资人代表和监督人需要分设。国有资本运营主体的设置应以政企分开、政资分开为导向，较多国家采用设立控股公司的方式实现政府与市场的隔离。

（二）我国国有资产管理体制的演变

1. 改革开放前的国有资产管理体制

改革开放前，我国实行的是行政命令式的计划体制。在这种体制下，国有企业完全听从政府的指令性计划，进行生产经营和决定发展方向，企业没有自主经营的余地，缺乏创新意识。对国有企业的管理机构实行多部门归口管理，轻工业部、商业部、物资部等分别管理其下属企业，决定下属企业的人事安排，企业人员属于国家干部。企业分属中央、省、市、县，企业之间没有联系。企业完全是政府附庸,所需资源由政府调拨,生产的产品也由政府分配。

2. 经济双轨制下的国有资产管理体制

经济双轨制在我国存在了较长的时间,从1978年底实行改革开放开始引入市场调节,到1993年十四届三中全会要求建立市场经济,计划与市场都在发挥作用。国有资产管理在这个阶段有明显的改革痕迹。国有企业一方面需受计划的指挥,在政府指令下生产;另一方面开始自主决定一部分产品的生产,在市场中自行销售。对国有企业实施管理的部门虽有国有资产管理局统一管理阶段,但主要还是以行业主管部门为主。国有企业领导的行政任免、行政级别制都沿袭旧制,没有改变。

在此期间,国家根据经济发展形势和认识的深入,对国有资产管理体制作了许多探索。从改革开放开始到1984年,国家开始对国有资产管理体制作初步的改革,主要以扩大企业自主权为主,同时实行利润留成和盈亏包干。与扩大企业自主权相配套,中央从1983年开始实行"利税并存",到1984年全面实行"利改税"的改革,提高了企业、职工的积极性,却忽视了对国有资产流失的关注。1984—1988年,国家开始从简单的行政放权过渡到对企业机制的改革,所有权与经营权分离、政府与企业分离的政企分开和党政分开成为这一时期的主要改革方向,在经营方式上出现了承包经营责任制、租赁经营责任制等。这种以契约形式明确国家、企业间责权利关系的改革,改变了行政放权的行政性管理方式,从行政隶属关系变为经济契约关系,是我国国有资产管理体制从纯粹的公法调整向私法调整转变的开始。1988年开始的国有资产管理体制改革认识到产权的重要性,试图合理对待国家作为国有资产所有者和社会行政管理者与企业之间的关系,以两种职能的分开为改革的方向,为此组建了国有资产管理局,对国有资产实行统一管理。国有资产管理局的成立对于转变政府职能、实现政企分开、确立企业独立市场地位具有深远的影响。国有资产管理局成立后,开展了一系列国有资产管理的基础工作,包括对国有资产清产核资、产权登记、资产评估和统计以及推行企业兼并等。

3. 建立市场经济过程中的国有资产管理体制

党的十四届三中全会确立了建立社会主义市场经济的改革目标,并把转换国有企业机制、产权改革提到了重要位置。在这个阶段,国家在以私法形式对国有资产实施管理方面取得了较多的进展。在认识到国有资产管理局作为行政机构对国有资产实施管理无法实现政企分开后,国家在所有者和经营者之间设立中介机构,由政府对其授权行使投资主体职能,"授权经营"登上历史舞台,国有企业也主要以企业集团为组织形式。随着西方经济理论的引入,股份制作为西方国家的通行制度被引入我国,但是股份制需要的资本市场、资产评估等基础条件限制了它在当时的发展,建立"产权清晰、权责明确、政企分开、管理科学"的现代企业制度成为客观要求。

1998年,国务院实行机构改革,国有资产管理局被并入财政部。统一的国有资产管理机构被取消之后,由各政府职能机构直接对国有企业实施管理,从而形成了多年的"五龙治水"[①]局面。国家对国有企业的管理也从全面管理转向对企业集团的直接管理。为加强对企业集团的管理,1998年,我国开始实行稽查特派员制度。2000年,《国有企业监事会暂行条例》发布,据此形成了监事会外派的格局。国务院外派的监事会由稽查特派员组成,监事会负责对企业集团实施监督,而不参与企业的经营。外派监事会以财务监督为核心,对企业领导人经营业绩和执法情况进行评价后向国务院汇报。这一时期的国有资产管理体制备受批评,政企不分和政资不分是被诟病最多之处。

4. 出资人主导下的国有资产管理体制

1998年之后形成的"五龙治水"体制,割裂了国家作为出资人管资产、管人和管事的要求,造成多部门以所有者代表的地位对企业实施管理,出现问题时又相互推诿,缺乏责任承担的主体。"五龙治水"的结果,是所有者实际上的缺位。这种体制在很大程度上降低了国有资本运营的效率,而且在很长时间内国有资产流失非常严重,部门利益侵犯国家利益和全民利益。政府没有专门机构管理国有资产,统一行使国有资产所有者职能,不利于国有资产的保值增值,从总体上搞好国有经济,是一个"重大的体制缺陷"。国有资产管理体制面临着改革的紧迫性。

2003年3月,十届全国人大一次会议决定成立新的国有资产管理机构——国有资产监督管理委员会。根据国资委"三定方案"和其后通过的《企业国有资产监督管理暂行条例》,我国国有资产管理开始进入"统一所有,分级代表"的新阶段,实行在国有资产国家统一所有的前提下,由中央政府和地方政府分别代表国家履行出资人职责,享有所有者权益,权利、义务和责任相统一,管资产和管人、管事相结合的国有资产管理体制。2008年《企业国有资产法》以法律的形式确定了履行出资人职责机构的地位,并对其权责作出了规定,为国资委履行出资人职责提供了法律依据,也为未来完善国有资产管理体制确定了方向。

5. 地方国有资产管理体制的发展

严格来说,由于我国是单一制国家,地方受中央的严格控制,在国有资产管

---

① 国务院是国有资产出资人的唯一代表,多个部门分割行使出资人职能:计委负责立项,经贸委管理日常运营,劳动与社会保障部门负责劳动和工资,财政部管理资产登记和处置,组织人事部门和大型企业工委负责经营者任免,这种模式被戏称为"五龙治水"。

理体制上,地方与中央实行的国有资产管理体制几乎不存在差别。特别是在计划经济条件下,中央与地方都是行政权的上收或下放,地方不存在有差别的国有资产管理体制。改革开放和市场经济的引入使我国经济体制改革向纵深发展,对国有资产管理也在《关于建立社会主义市场经济若干问题的决定》提出"统一所有,政府分级监管"之后,给了地方探索新制度的依据和动力。地方在对国有资产管理体制的探索中,努力实现政企分离、政资分离、所有权与经营权分离,在国家统一所有的前提下,维护国家和社会的整体权益。在地方对国有资产管理体制进行探索过程中,形成了不同的管理模式和运营模式,其中尤以上海、深圳为代表。

深圳是我国最早探索成立独立的国有资产管理机构的地方,早在1987年就设立了投资管理公司,虽然性质上仍属于行政性公司,但是统一管理国有资产,具有收益权和投资权。1992年,国有资产管理委员会成立,形成了国有资产管理委员会、国有资产经营公司、控股和参股企业的三层次管理体制,三个层次之间不具有行政关系,而是以产权管理为纽带。国有资产管理委员会在政府与企业之间起到了"隔离带"的作用,实现了政府国有资产所有者职能与社会管理职能的分离。国有资产经营公司的设立,实现了国有资产运营与监督职能的分离。国有资产经营公司在这个环节具有核心作用,它不再行使行政职能,而只作为政府的代表对其控股、参股企业行使出资人权利,以国有资本运作为业务范围,而不从事具体的生产经营。

上海国有资产管理体制实行"两级政府,三个层级"。与深圳不同,上海国有资产总量较大,分布广泛,单纯由市政府管理会增加管理难度。和深圳相同的是,上海也是以"国有资产管理委员会—国有资产经营公司—企业"的三层模式对国有资产实施管理。上海对国有资产经营公司的设置是对原有主管部门的改造,以主管部门为依托,将资产管理职能分离后,组建国有资产经营机构进行授权经营,而深圳则是以产权为纽带建立联系。

除上海、深圳及珠海、武汉具有特色的管理体制外,全国大部分地区都是以中央实行的国有资产管理体制为样本,形成了国有资产管理局时期的"一体两翼"①模式和国有资产管理局并入财政部后的"五龙治水"模式。

党的十六大之后,以国资委为主导的新的国有资产管理体制形成。各地均以此为据设立国资委,作为国有资产出资人代表,实行三层次的管理模式。中间虽有深圳国资委直管企业的短暂阶段,也因国务院国资委的"指导和监督"作用而回归到三层次模式。

---

① "一体两翼"是指以财政部门为主体,以国有资产管理局和税务局为两翼,归口财政部门管理。

(三) 国有资产管理体制模式选择

从对国外和我国国有资产管理体制的演变过程看,一国国有资产管理体制的选择是与其独特的经济状况、文化传统等相联系的。各国虽有差异,但也存在许多共性,如议会(人大)的监督、独立设置运营主体等。在我国,如何处理由谁代表国有资产最终所有者对国有资产进行管理,如何对国有资本进行运营,是国有资产管理体制改革中最为关键的问题,其核心是如何将国家社会管理职能与国有资产所有者职能分离。①

1. 由最高立法机关直接管理

从等级制度向代议制转变是现代国家文明发展的表现,是民主政治发展的产物,是现代世界各国普遍实行的基本政治制度和政权组织形式。代议制下的议会(国会)代表人民行使对国家管理的职责,国有资产作为全民财产由议会管理实至名归。国有资产管理机构代表全民行使国有资产所有权,其成员由议会选举产生。政府只履行社会管理职能。在我国,由人大对国有资产直接管理和运营国有资产存在操作上的困难。例如,人大的非常设性限制了国有资本的高效运营,而且在人大内部设立行政性的管理机构并不合理,也会造成与政府之间的摩擦。②

2. 由政府管理模式

由人大管理和运营国有资产存在操作上的难题,一个替代的方案是由人大委托政府对国有资产进行管理和运营。基于政府职能机构的多元性和职责的不同,由政府管理国有资产也有多种选择。

第一种模式是由政府各部门根据其职能分别行使国有资产出资人职责,也就是我国1998年开始实行的"五龙治水"模式。实践证明,这种模式存在明显的弊端而不宜采用。第二种模式是由统一部门对国有资产进行管理,在不同国家由财政部、专门主管部门管理。我国现行国资委对国有资产行使出资人职责就是采用这种模式。应当承认,这种模式将出资人予以明确、集中,符合国有资产出资人主体明晰的要求。但是,这种模式在我国也存在不可逾越的困境。我国国有资产总量比任何一个国家都大,国有资产对我国经济乃至政治生活都具有不可轻视的作用,仅由一个部门对国有资产实施监管不仅让人怀疑其履职能力,也与国有资产的地位不相称。第三种模式是由政府对国有资产管理和运营。这种模式下,又可以划分为由政府直接管理、运营国有资产和两种职能分离方式。

---

① 参见李保民:《任务与目标——论国资管理体制改革(之三)》,载《中国企业报》2008年11月28日。
② 参见陈小洪、张文魁、李兆熙:《关于国有资产管理体制的一些看法和建议》,载《中国经济时报》2002年11月30日;周天勇:《国有企业出资人制度的原由和框架》,载《中国工业经济》2002年第11期。

在国有资产较少、企业不多且多存在于以提供公共服务为主旨的公益性领域时，由政府直接对国有企业进行管理和运营是一种简单、便宜的制度设计，既减少了委托层级，也增加了企业的自主权。但是，在国有资产规模较大且处于竞争性领域时，必须将政府的社会管理职能与国有资产所有者职能分离，将行使国有资产出资人职能的机构单独分设，中央与地方分别代表国家行使出资人职能。

综上所述，只有在人大和政府层次才能实现政企分离、政资分离。从我国国有资产管理体制改革进程和地方探索经验看，最具操作性的国有资产管理模式是在政府层次实现两种职能分离。

三、国有资产管理体制的应然设计

如上文所述，国有资产管理包括设置管理组织，划分管理组织的职能及其相互之间的责权利关系，以及制定有关国有资产管理的各种管理方式、方法和制度。国资管理应当是指政府作为国有资产的出资人代表所能够实施的对经营性国有资产的管理行为，包括投资的决策、执行和监督全过程。[①] 从我国权力机构的设置看，将投资的预算决策权赋予人大以体现终极所有者的权利，由财政部具体执行投资的预决算；明确定位国有资产监管机构的职能，作为政府机构和统一执法主体行使对国有资产的政府监管权；独立设立国有资本运营公司，并根据国有资本存在领域分类设立，保持与政府的职能分离，真正作为私法主体参与市场，按照市场化方式运营国有资本。

（一）人大：终极所有者权利的实现

国有资产的原始所有者是全民。无论是从法理上考察，还是根据《宪法》规定，能够代表全民行使所有者职能的只能是人大，人大作为人民行使国家权力的机关对国有资产进行监督实至名归。

作为国有资本终极所有者的人民享有国有资本的最高决策权和监督权。人大有权决定国有经济布局和结构调整的方向、国有资本存在的形态和总量以及国有资产产权交易的形式和规则。

国有资本投资决策权的具体实现形式是国有资本经营预算的编制和核定。我国《宪法》第 62 条规定，人大拥有"审查和批准国家的预算和预算执行情况的报告"的权力，这从立法上确立了该制度的合理性和合法性。另外，人大的职能还包括对国有资产的最高立法权、重大事项的决策权、监督权等。

人大代表人民行使国有资产的所有权，在实际操作中存在一些障碍。因为我国的国有资产非常庞大，国有企业千差万别、数量众多，如果所有国有资本的

[①] 参见顾功耘：《国有资产立法的宗旨及基本制度选择》，载《法学》2008 年第 6 期。

重大决策权都要由人大解决,这种运作的制度成本是相当大的。同时,人大是非常设机构,难以处理不时出现的复杂的国有资产运作问题。因此,必须在机制设计上完善全国人大在国有资产中的作用。有学者建议,在人大内部设立国有资产决策委员会。① 还有学者建议,设置国有资产管理委员会作为独立机构,专门依法行使除各级人大权力以外的国有资产所有者代表的权力。② 尽管名称有差异,但是对人大作为最高决策者和监管者的要求是一致的。

(二)政府:监管职能与运营职能的分离

对国有资产实施管理和运营是公法和私法同时发生作用的过程。一方面,为增强国有企业经营活力,提高国有资本运营效率,实现国有资本的保值增值,公法式的行政运营方式与市场经济不符。由此,国家必须遵循资本运行规律,按照市场经济的要求,利用私法化的组织形式和运营方式建立出资人制度,合理利用债券、物权、股权等形式,同私人所有权主体一样参与市场竞争,成为独立的市场主体。另一方面,国有资本的本质属性,即公共性,要求国有资本的运营收益用于满足全体人民的需要,而不是成为政府、部门甚至官员、企业及其员工获取私利的工具。因此,国有资本的运营必须保证"政企分开""政政分开""政资分开",监管者和运营者之间不存在利益关系,国有资本运营机构和国有资产监管机构应是各自独立的两个主体。

我国现行法律法规,如《企业国有资产监督管理暂行条例》《企业国有资产法》都明确规定,中央政府和地方政府分级代表国家行使国有资产所有权,履行出资人职责。在政府层面,这种职责涉及决策出资、执行出资和监督管理等环节和内容。国有资产出资人职能是综合性的,是一组职能的集合,可分为资产管理职能和资本运营职能。在政府资产管理职能中,其职责应该分解,而不应该集中在一个部门。出资决策通常由政府有关部门提出预算方案,然后提交人大讨论通过。出资人决策由财政部执行,然后由国资委代表政府行使监督管理职责。这种监督管理是从监督角度进行的监督管理,它是现代政府的一种新职责,应当由国资委担当。这样,政府作为出资人的三种职责就分解了。③

基于政府职能的分析,由政府直接运营国有资本有违"政企分开""政政分开"的要求。政府在作为监管人的同时,必须将运营职能分离,交由专职的国有资本运营机构进行国有资本的运营,这个机构就是国有资本运营公司。

---

① 参见樊纲:《国资管理缺失"最高决策机制"》,载《中国企业家》2005 年第 3—4 期;丁宇飞:《企业国有资产管理体制的法律探索》,华东政法大学 2010 年博士论文。
② 参见岳燕锦:《国有资产管理机构的法律地位研究》,载《重庆交通大学学报(社会科学版)》2008 年第 4 期。
③ 参见顾功耘:《国资监管难题剖解》,载《上海市经济管理干部学院学报》2010 年第 2 期。

(三)国有资本运营公司:出资人代表的落实

国有资产的全民性要求在国有资本运营中设置合理的出资人代表制度,以实现从公法向私法转换的目的。我国国有资产管理体制改革,无论是产权改革还是建立现代企业制度,都是以此为基础和核心内容的。在从对国有资产的管理向国有资本运营转换的过程中,国有资本通过出资人代表投资的形式形成国有股权以参与市场,实现国有资本的保值增值。出资人代表制度实际上是将国有股权予以私法化运作的制度设计,通过这样一个转换过程实现全民所有制与市场经济的连接。

因此,出资人所享有的权利在本质上应归属于私法调整的权利,受民事法律、商事法律规范。出资人代表运营国有资本的行为是利用国有资本投资于国有企业,或普通民商法主体以股东权的形式获取利益的行为。这就要求履行出资人代表职责的机构与普通私法主体一样参与市场竞争,按照私法规范运营国有股权,根据市场规律对企业行为作出灵活、专业的反应,必须具有专业化、商业化的运营能力。

在明确经营性国有资产不能由政府运营,也不能由人大运营的基础上,应建立一种独立的运营体系。也就是说,在人大代表全民对国有资产行使所有权的前提下,应成立独立于政府的国有资产运营体系,其主体表现形式即国有资本运营公司。

按照人大作为最终所有者代表、政府两种职能分离、国有资本运营公司独立运营的定位,应然的国有资产管理体制可以用下图表示:①

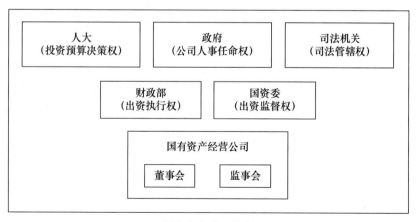

国有资产管理体制

---

① 参见顾功耘:《国有资产立法的宗旨及基本制度选择》,载《法学》2008 年第 6 期。

第二节 地方国有资本运营体系构建

一、现行地方国有资产管理体制

由于采取"统一所有,分级代表"的原则,地方国有资产管理体制基本上是中央国有资产管理体制的翻版,虽然某些地方依据本地情况作出了新的探索和尝试,但是没有改变现行体制的总体格局。

（一）国资委履行出资人代表职能

根据党的十六大精神,国务院于 2003 年设立了国有资产监督管理委员会,授权其作为特设机构行使国有资产出资人职能。随后,各地相继设立了地方国资委。根据国资委成立时的"三定方案"和《企业国有资产监督管理暂行条例》,国资委同时承担了监管者和出资人代表的双重职能,被学界称为"婆婆加老板"的定位。面对学界的批评和实践发展的需要,《企业国有资产法》剥离了国资委监管者的身份,将其定位为专司行使出资人代表职能的特设机构。但是,实践中的国资委仍没有摆脱政府控制,行政管理职责依然还是其重要的作用发挥领域。

地方国资委除具有出资人和监管人的双重身份之争外,实践中还存在监管和运营是否可以同时实施的争议。国务院国资委以及大部分地方国资委目前实行的基本都是纯粹的监督管理模式。在监管方面,主要是代表相应的政府履行出资人职责,履行资产收益、重大决策和选择管理者的权利,以实现管资产和管人、管事的有效结合。但是,由于地方国资委所监管的国有资产规模、范围及其功能等与中央监管的国有资产存在很大差异,所以针对纯粹的监督管理模式的缺点,有的地方国资委积极创新,逐步实行监督管理与运营职能部分合一的模式。例如,深圳市国资委根据自身的实际情况,率先进行了尝试,将 14 家上市公司中的 9 家直接划归自己监管,履行出资人职责,集监管与运营职能于一体。北京市国资委根据其监管资产的现实,在医药集团的重组改制中,积极推进监督管理与运营职能部分合一的模式。

（二）国有资产的分类运营与统一监管的探索

根据现行立法,作为出资人的国资委只对部分企业经营性国有资产行使监管职责。金融类国有资产的监管虽有《企业国有资产法》的宽泛规定,但在中央层面还属于财政部管理的范围。其他类型的国有资产,包括非经营性国有资产、资源性国有资产,分别由财政部和其他行业主管部门行使出资人职责。在各地方国资委的实际操作中,已有包括上海、重庆、成都等地方将金融类国有资产统一由国资委监管。2009年,国务院国资委针对各地监管工作进展不平衡的状态,在金融危机的背景下,加强了对地方国资委的指导工作,并下发了《关于进一步加强地方国有资产监管工作的若干意见》。该意见提出,各地方可将金融类国有资产纳入监管范围,逐步扩大至其他经营性国有资产,积极探索经营性国有资产集中统一监管的方式和途径。

(三)国有资本运营"三层次"与"两层次"方式混合

《企业国有资产监督管理暂行条例》和《企业国有资产法》都没有将国有资本运营模式纳入立法范围,国有资本运营模式还是以授权经营为主。在各地的实践中,主要以"国资委—国有资产经营公司—国有企业"的"三层次"运营为主。深圳由于国资总量和国有企业数量都不多,曾短暂实行"国资委—国有资产经营公司"的两层次运营方式。目前,随着多个地方整体上市的推进,北京、上海等地方国资委也在尝试以国资委直接持股的方式进行"两层次"运营的探索。

二、现行体制的问题剖析

(一)国资委定位偏差

首先,国资委的定位很难实现政企分开。以国资委为出资人代表的国有资产管理体制改革的一个很重要的出发点就是要实现政企分开。国资委的设计实现了政府机构职能的分开,但是没有隔开政府权力与企业的联系,政府依然通过对企业领导层的任免达到控制企业的目的,机构之间的分离并不意味着权力就实现了分离。即使在"三层次"运营方式中,中间层的国有资产经营公司与政府的联系也没有被切实地隔断,政府交办的社会服务职能仍然是国有资产经营公司需要承担的部分责任,而且其对国有资本的运营大多成了服务地方财政的工具,为本地区民众利益服务的目标落空。

其次,出资人职责过于集中。从我国地方国有资产分布和各地区国有资产总量看,东部地区占有、控制的经营性国有资产规模还较大。例如,上海国资委监管着55家大型国有企业,还不包括委托监管的金融类、文化类企业。仅由国资委对这些企业实施监管,而且还准备在上市过程中作直接持股的尝试,对于国资委来说,其管理半径显得过于宽泛而很难保证监管质量,同时还负责政府交办的其他事项。

再次,国资委面临法律风险。国资委作为出资人代表,在公司法上成为众多公司的控股股东或实际控制人,而立法对控股股东的严格要求和"刺破公司面纱"的规定会使国资委面临众多法律风险。国资委一旦成为被告,其特殊机构的定位将使其无法独立承担责任,即使能够承担责任,也可能造成国有资产的流失。

最后,国资委具有追求自身利益的诉求。国资委作为出资人代表,在缺乏对其监督和考核的情况下,会片面追求国有资产保值增值。加上国有资本经营预算制度的不完善,国资委也会使国资收益在内部循环而自我受益,与国资的社会功能相违背。国资监管机构履行出资人职责,其主体性质必然异化为追求自身利益的经济实体。[①]

(二)资本运营目标的偏移

资本运营目标的偏移是与国资委定位偏差相联系的,也是国资委定位造成的后果之一。除此之外,现行体制下过于注重使现有的经营性国有资产保值增值,而忽略了国有资产为全民所有的性质,没有合理处理全民利益、政府利益、国资委利益和企业利益之间的关系,特别是全民利益在现阶段反而没有体现。

(三)资本运营监督的缺失

从《企业国有资产法》的规定看,包括人大、政府、社会公众在内的众多主体都有权对国有资本运营实施监督。但是,这些监督主体的地位、监督权的行使、监督权的内容都不明确,"大家都管、大家都不管"的现象难以根除。[②] 同时,从政府监督看,虽然有审计监督和外派监事会的监督,但是在将国资委定位为出资人代表之后,缺乏国有资产统一的行政监督主体,也缺乏对国资委作为监管人的再监管制度设计。

三、构建地方国有资本运营体系的影响因素

(一)"统一所有,分级代表"的基本模式

如前文所述,"统一所有,分级代表"体制对于调动地方积极性具有重要作用,同时也存在很多弊端,如政企分开的愿望还没能完全实现;出资人之间的权益不易相互分清,各自的出资人职责也难以独立履行;民商法上易被认定为关联关系等。在现实操作中,由于国资委在法律定位上并不清楚,特设机构的特殊性并不清晰,导致国资委越来越具有行政化的倾向,这也直接导致中央与地方国资委的关系演变为行政性的领导与被领导关系。这种倾向致使中央国资委通过对地方国资委的"指导和检查",甚至"追究责任",产生了间接干预地方国有资产运营的后果。地方国有资产的真正所有权代表仍然是中央政府,

---

① 参见顾功耘:《国有资产立法的宗旨及基本制度选择》,载《法学》2008年第6期。
② 参见王克稳:《〈企业国有资产法〉的进步与不足》,载《苏州大学学报(哲学社会科学版)》2009年第4期。

中央政府仍然可以对地方国有资产随意分配和划分。目前的这种中央与地方国有资产的纵向划分,在一定程度上增加了交易的成本,国有企业的经营效率也受到影响。

(二) 中央与地方国有资产的存在领域及功能差异

1. 存在领域的不同

中央与地方国资委监管范围的不同主要体现在监管领域、资产规模两个方面。在监管领域,中央政府授权监管的经营性国有资产主要集中在关系国民经济命脉和国家安全的重要基础设施和重要自然资源等领域,而地方政府授权监管的经营性国有资产则主要集中于一般竞争性领域以及水、热、气、市政基础设施领域等准公共物品领域。中央企业大多是垄断或寡头垄断性企业,而地方企业不仅多数分布于竞争性领域,而且还面临战略性调整和退出的局面。这决定了中央与地方国有资产监管运营方式和实现手段的差异性。在资产规模方面,中央经营性国有资产远超地方经营性国有资产。这种资产规模、总量以及单个企业的平均资产量的巨大差异,决定了中央与地方国资委的有效管理宽度和深度也完全不同,进而决定了两者应采取不同的监管运营模式。

2. 功能的不同

从国有资产分级代表的特点看,除了保值增值的资本共性外,中央企业的主要功能是维护国家战略安全,维系国计民生,带动非国有经济发展,保障重要基础设施的安全运行或运营以及重要自然资源的供给、充分利用和保护,即保证重要实体经济的稳定和发展。但是,对于地方而言,其国有资本的功能更重要的是为地方经济发展和人民生活提供基础保障,其战略性功能相对较弱。这种中央和地方国有资本的不同功能,决定了地方国资委的监管模式需要有别于国务院国资委对中央企业的监管模式。

3. 区域间国有资产规模、总量及其结构存在诸多差异

由于经济发展水平以及改革推进的力度不同,各省、自治区、直辖市的国有资产总量存在着很大差异;同时,各地经营性国有资产占国有资产总量的比例也相差较大。各地国有资产监督管理机构所监管的国有资产范围不尽相同,有的监管对象不仅包括经营性国有资产,而且包括非经营性资产;而有的监管对象则仅为一部分经营性资产,有的除了一部分国有资产之外,还监管着金融类资产。各地国资委监管对象、规模的巨大差异,使得其监管模式存在很大的不同。同时,目前全国各地国资委的监管模式也不完全相同。由此可见,各地国资委所监管国有资产的不同决定了监管模式的差异性。

(三)日益强化的地方局部利益

随着社会主义市场经济体制的建立和逐步完善,中央与地方关系也在不断发生变化,中央对地方的分权使地方政府有了更大的经济决策空间。同时,建立在"分税制"改革之上的中央与地方分权也造成了中央与地方财权与事权的不匹配。财政收入由地方向中央上解的同时,地方政府面临的却是增加的公共服务职责。在政府业绩考核方面,往往以 GDP 增长为核心,为此地方政府需要更多的投资、项目做支撑。在转移支付制度作用发挥受限、土地财政因宏观调控不可续时,地方政府增加了对地方国有资本运营的关心,大量地方融资平台涌现。地方政府为在与其他地区的竞争中保持优势,片面追求地方利益最大化,往往与中央政府确定的经济、社会发展总体目标相背离。

(四)国有资本运营目标的选择

国有企业长期的经营不善和国有资产流失使我国在进行国有资产管理体制改革时高度重视国有资本的保值增值,在某些阶段甚至以法律法规的形式将其规定为立法宗旨之一,如《企业国有资产监督管理暂行条例》。保值增值的目标要求符合市场经济下参与市场经济的企业盈利的经营目标,也是改善我国国有资产经营效率的重要手段。但是,对保值增值的长期强调使国有资产偏离了社会属性,全民利益受到损害。对于经营性国有资产来说,非竞争性领域的国有资产并非以实现增值为目的,而是以为政府提供公共服务为要旨;即使是竞争性领域的国有资产,虽有增值的天然属性要求,但同样要求其以增值收益服务社会、增进全民福祉为根本目标。

四、地方国有资本独立运营体系构建

(一)地方国有资本独立运营体系构建原则

1. 经济民主原则

民主意味着"最高权力应该掌握在人民的多数或多数人民手中"①。对于国家而言,经济民主的要求基本上确立了其行动的限度,使得体现国家干预经济的经济法的国家行动是有限度、有边界的。从这个角度看,经济民主调动的是国家与市场两个积极性,从而有利于发挥国家与市场这两种资源配置方式各自的优势。在宏观上,国家通过控股、参股形式直接投资公共产品部门,在市场失灵领域履行经济管理职能,促进经济结构优化,为市场主体创造同等的市场环境,践行平等理念的客观要求。在微观领域,自由竞争是市场经济的动力源泉,市场保护市场主体采用正当手段自由竞争。但是,自由竞争超过了必要

---

① 刘军宁等编:《直接民主与间接民主》,生活·读书·新知三联书店 1998 年版,第 141 页。

限度,甚至造成垄断的情况下,就必然要求国家进行干预。特别是在国有企业凭借特殊优势对民营企业形成挤压的情形下,需要对国有企业进行必要的限制,恢复自由竞争。对于国有资本运营来说,经济民主首先要求实行政企分开,使企业成为自主竞争的市场主体,摆脱对政府的过多依赖;政府职能与国有资本运营分开,政府不能直接运营国有资本。其次,是要实现所有权和经营权的分离。国家资本投入企业之后,国家以股权形式对企业享有出资人职权。最后也是最重要的是,要实现民主管理。具体而言,不仅应在立法上明确全民作为终极所有者的地位,还应坐实人大的作用,全民通过人大实现对国有资本运营的监督权和受益权。

2. 分权制衡原则

当前的国有资产管理体制改革是由于历史上国企经营不善等原因促成的,重点放在了保值增值上,而对监督制度的重视程度不够,对于国家、政府、企业以及政府、国资委、企业之间的权利分配和制约没有形成制衡机制,造成人民作为终极所有者的虚位监督、社会公众的弱位监督和政府监督的缺失,国有资本运营中"无法避免因机械式的分权制衡机制所导致的形式主义或官僚主义以及那些有令不行、有禁不止、上有政策、下有对策、制度歪曲、制度失效等现象的出现"①。

3. 分级所有原则

我国地方政府实际控制的国有资产的数量和规模依然很大,从市场经济的要求出发,依照宪政原理,在中央与地方之间适度分权,分别由中央与地方政府代表国家行使对国有资产的所有权,对于调动中央与地方政府运营国有资本的积极性大有裨益。从改革进程看,确立地方政府分级所有既有利于明晰企业产权,建立现代企业制度,形成完善的公司治理结构,②又有利于国家对国有经济布局和结构的调整。

4. 法制原则

首先,宪法是根本法,所有立法都不得与宪法相违背,国有资本运营体系构建同样如此。其次,在国有资本运营的相关法制出台前,必须依据立法程序予以公开,维护国有资产最终所有人的知情权和监督权。再次,应以立法形式明确规定国有资本所有者、出资者、运营者等主体的定位、职能、相应的权责和义务。最后,应基于国有企业的公共性和营利性的双重属性,以及国家所有权行使过程中

---

① 阳东辉:《国有企业改革的法哲学基础及多元模式构想》,载《法商研究》2002年第1期。
② 参见李小渝:《论建立地方国有资产管理体制》,载《安庆师范学院学报(社会科学版)》2000年第3期。

公法与私法的兼容并存,合理划分公法与私法的作用领域。

(二) 地方国有资本独立运营体系构建

1. 强化人大作用,坐实人大工作

在我国,全民将管理国家和社会的权利通过委托由人大行使,人大代表全民行使国有资产最终出资权。这种委托代理关系应有立法的明确规定,并反映在国有资产管理和运营的专项立法中。但是,在经济转型时期,人大无法胜任管理和运营国资的具体工作,因此在立法确认人大具有最终所有权的前提下,授权政府对国有资产实施管理和监督,发挥其超然地位,积极实施监督,弥补政府监督的缺陷。除通过立法监督外,人大还享有一定的高级人事建议与审核权、财务审查与知晓权、国有资产预算统筹管理与审核权以及根据特殊环境而采取的特别调查权。① 在具体措施上,人大进行三大预算平衡,协调国有资产管理部门、财政部门和社保机构之间的权力和利益冲突,并进行三大预算的统一审批;同时,应当设立专门委员会,监督与审计国有资本预算的执行结果,对国有资产的调整进行外部监督工作,防止政府过度介入,使国有资产调整符合国有资本中长期预算,约束相应部门对国有资产处置的随意性和无限制性;将不同类型的国有资产授权于不同的管理机构,然后根据不同类型的国有资产的特性,协调国有资产管理部门与财政部门及其他政府职能部门的冲突。

2. 弥补政府监督缺漏

国资委出资人代表的定位所隐藏的缺陷使众多学者对其提出了质疑,其中最为突出的就是使政府监督出现了缺漏。改变国资委定位,还原其监督者的角色成为众多学者的建议,而且相对于另外设立新的监督机构,这种改革方式所付出的成本也是最低的。在国资委作为监督者角色存在时,立法应明确其行政监督的性质和具体的职能,包括:(1)负责建章立制。即负责研究起草国有资产管理和监督的法规草案,研究国企改革和发展中的有关法律问题,拟订国有资产清产核资的政策及制度、办法等;负责建立国有资产产权交易监督管理制度。(2)负责国有资产的基础管理工作,如国有资产的产权界定、产权登记、资产评估监管、清产核资、资产统计、综合评价等。(3)协调国有企业之间的产权纠纷。(4)实施行政处罚行为。(5)负责国有资产管理中的行政主导和审批行为,如推动国有经济布局和结构战略性调整等。

3. 合理构建出资人代表制度

"国有资产经营机构是授权经营国有资本的出资人代表,这在国际、国内都

---

① 参见纪宝成、刘元春:《论全国人大参与国有资产监管的合理性与必然性》,载《社会主义经济理论与实践》2007年第2期。

是不争之事实。"[①]它作为国有资本的出资人代表,负责在授权范围内,根据国家政策及市场情况进行资本运营,对控股、参股企业履行股东权利,在企业内部实行人事管理、重大决策管理、收益管理三项事权管理,同时进行战略管理、预算管理等辅助管理及产权事务管理。

完整的国有资本运营体系可以用下图表示:

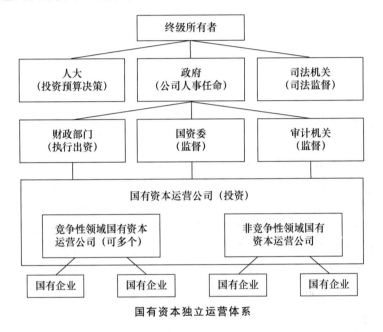

国有资本独立运营体系

---

① 刘仪舜:《有关专家谈:怎样完善国有资产出资人制度?》,载《南方周末》2003年6月19日。

第五章　地方国有资本运营模式选择

在经过多年的国有资产改革后,《企业国有资产法》巩固了改革的成果,但是没有对国有资本运营模式作出明确规定。产生于20世纪80年代的授权经营依然是当前国有资本运营的主要方式,它在提高国有资本运营效率的同时,也因制度设计原因存在较多需要改善的地方。从国有资本存在领域看,授权经营更多地适应于非竞争性领域国有资本的运营;而对竞争性领域国有资本来说,有学者认为信托经营或承认政府直接投资行为更能体现竞争性领域国有资本增值的要求。本书基于地方国有资产较多地分布于非竞争性领域的现实和政府职能转变的需要,主要对授权经营进行剖析。分层运营和分类运营是国有资本运营的两种重要方式,这两种方式的运用在地方国有资本运营中都有需要改进之处。

第一节　国有资本运营的起点——授权经营

授权经营是在20世纪80年代后期,随着我国国有资产管理体制改革的深入和企业集团的增多而出现的一种国有资产经营模式。《国家试点企业集团国有资产授权经营的实施办法》最早对授权经营的内涵作出了界定。① 当时,集团公司与成员企业还没有改变行政隶属关系,政府希望通过授权经营在短期内形成两者之间的产权关系,变公法调整为私法规范,改善国有企业分散经营、竞争力弱的状况。② 可见,实行授权经营的目的在于以产权形式连接企业集团核心层和紧密层企业,由核心层企业在获得国有资产管理部门授权时对紧密层企业

---

①　根据1992年国家国有资产管理局、国家计委、国家体改委和国务院经贸办联合下发的《国家试点企业集团国有资产授权经营的实施办法》,所谓授权经营,是指由国有资产管理部门将企业集团中紧密层企业的国有资产统一授权给核心企业(集团公司)经营和管理,建立核心企业与紧密层企业之间的产权纽带,增强集团凝聚力,使紧密层企业成为核心企业的全资子公司或控股子公司,发挥整体优势。

②　参见赵旭东、王莉萍、艾茜:《国有资产授权经营法律结构分析》,载《中国法学》2005年第4期。

进行管理和经营,以提高国有企业经营效率,使国有资产保值增值的目标得以实现。

一、授权经营制度的历程及依据

面对国有企业规模小而散的局面,我国在20世纪80年代后期开始探索以企业集团的形式发展国有经济。1986年《民法通则》和1988年《全民所有制企业法》确立了企业法人的地位、所有权与经营权分离制度,为实行授权经营奠定了法律基础。在两部法律通过之后,国家体改委、国家经贸委颁布《关于组建和发展企业集团的几点意见》,确立了发展企业集团的改革思路。东风汽车公司1989年的改革方案形成了授权经营的初步想法。至1991年,国家形成了授权经营的总体部署,授权东风汽车集团、中国重型汽车集团等八家集团公司开始试点。1993年《公司法》第72条以立法形式确认了授权经营制度,更多地方政府试点国有资产授权经营,涌现了上海、深圳、福建、江苏等典型。① 1996年,国有资产管理局对试点工作作了总结,出台了《关于企业集团国有资产授权经营的指导意见》,将授权经营界定为:政府将企业集团中国家以各种形式直接投资设立的成员企业的国有产权授权集团公司持股。② 2000年《国有大中型企业建立现代企业制度和加强管理的基本规范(试行)》对授权经营的主体及其各自职责、授权经营的条件给予了明确规定,③成为授权经营的依据和行为方针。国资委成立之后,依据《企业国有资产监督管理暂行条例》,对其监管企业中具备条件的国有企业、国有公司进行授权经营。

二、授权经营的积极意义和现实困境

(一) 授权经营的积极意义

国家实行授权经营,其目的在于实现政企分开和政资分开。首先,传统体制下是将政府机构作为国有资产管理机构,并由其行使国有资本营运职能。由政府行政机构参与市场,但是作为政府机构成员的公务员大多不具有商业经营能力,造成企业经营效益不佳。更为严重的是,政府机构将营运职能和监管职能集于一身,既当"运动员"又当"裁判员",显然不符合现代企业的分权与制衡机制,

---

① 参见顾功耘等:《国有经济法论》,北京大学出版社2006年版,第196—206页。
② 参见余菁:《授权经营的制度内涵及其局限性》,载《当代财经》2004年11期。
③ 国有资产实行授权经营:政府与被授权的大型企业、企业集团公司或国有资营公司等被授权企业签订授权经营协议,建立国有资产经营责任制度;被授权企业应当有健全的资产管理、股权代表管理、全面预算管理、审计和监督管理制度,对授权范围内的国有资产依法行使资产收益、重大决策和选择管理者权利,并承担国有资产保值增值责任。

致使监管约束软化、权力资本化,以权谋私行为屡禁不止。授权经营试图将运营功能剥离,实现政企分开。其次,由被授权的国有资本营运机构运营国有资本,在一定程度上实现了国有资产人格化的要求,有利于消除所有权虚位的弊病。同时,在授权经营体制下,政府、国资委、被授权主体之间以产权为纽带联系起来,政府与具体运营资本的公司之间没有了直接联系,在一定程度上实现了政企分开。① 最后,构建国有资本授权经营制度,是适应政府对国有企业的资产管理转向资本运作的要求。在国有企业改革中,突出的问题之一是,政府在很大程度上仍将资产管理当成国企监管的重点,而未适应现代市场经济资本营运的要求。事实上,只有把国有企业的资产当作流动性的资本对待,国有企业的发展才能找到正确的路径。这也要求成立国有资本授权经营公司,由其对国有企业进行资本运作,才能迎合市场经济的发展要求。

1. 授权经营初步实现了政企分开

长期以来,我国国有企业政企不分,积弊日深,"两权分离""租赁制""承包制"都曾是解决这一问题的积极尝试,但是经实践证明都没有从根本上解决问题。通过授权经营,集团公司割断了与一般生产经营性企业之间的直接行政关系。被授权企业(母公司)对其全资、控股、参股的企业享有股东的三项权利,即资产收益权、重大决策权和选择管理者的权利。政府不参与对子公司及其董事、监事、经理的考核奖惩。另外,作为出资人代表的国资机构与授权经营公司之间存在授权经营关系,其具体权利和义务完全依赖授权合同的约定和作为国资监管者的职责规定。

2. 授权经营使出资人相对到位

在传统的国有资产管理体制下,企业中的国有资产名为全民所有,实际上是缺位的。在授权经营管理体制中,企业中的国有资产有了具体的、明确的、统一的、排他性的出资人。同时,由于国有资产出资人到位,有利于促进一般生产经营性企业按照公司法建立健全法人治理结构,促进企业真正转换经营机制和有效运作。

3. 授权经营使企业责权更加明确,有利于实现国有资产保值增值

通过授权经营,国有资产管理机构赋予企业集团、国有资产经营公司独立地位,它们在授权范围内,以市场为导向,以经济效益为中心,开展国有资本的运作。这无疑有利于促进企业建立科学的法人治理结构,形成规范的企业领导体制和组织制度,能对国有资产保值增值起到促进作用。

---

① 参见唐俊、王蕊、程飞:《透视我国国有资本授权经营中的资产运营主体问题》,载《桂林师范高等专科学校学报》2003年第2期。

(二)授权经营的理论和实践困境

1. 理论认识的不统一

授权经营经过了近三十年的发展,国务院及其部委对出台了很多相关的行政法规对其实施作了规范,在实践中也取得了不小的成绩。但是,"授权经营"仍是一个内涵很难界定的概念,其中"授权"之"权"的属性、授权双方的法律关系、授权双方的权利义务的认定,在立法没有明确规定的情况下,学界有多种解释,是委托代理关系还是信托关系,或者是其他法律关系,无法取得理论认识上的统一。

在授权经营制度产生之后,当时的学者大部分还是以委托代理解释授权经营的本质,认为授权经营是被授权主体接受国有资产管理机构的委托经营企业中的国有资产。① 但是,如果将授权关系的法律性质界定为委托代理关系,将与国家推出授权经营制度的初衷不相符。授权经营旨在改变当时的纯行政隶属关系,从产权改革入手,切割政府与企业的关系。以委托代理关系解释授权经营会产生的问题有:首先,被授权主体获得了出资人权利,包括资产收益权、重大决策权和选择管理者权,作为独立的市场主体参与市场竞争,与民商法要求的代理人应以被代理人的名义行事有别;其次,从实践要求看,如果承认是代理关系,则授权双方都可以单方解除委托代理关系,与现行授权经营制度的架构不同。②

委托代理关系受到质疑,信托关系说随后产生,即认为授权经营的实质是一种信托关系,③在学界得到了众多人的认可。但是,以信托关系解释授权经营也存在问题。根据信托法,受托人对信托财产享有非常充分的权利,排除他人的不当干涉。在现行授权经营制度下,作为委托人的国资委管人、管事、管资产,企业重大事项都需要经过国资委的审批,被授权企业享有的权利和地位与信托受托人超然的地位和充分的权利相去甚远。④ 从受托机构看,信托受托人主要是信托公司,授权经营受托人主要是国有独资公司。从企业类别看,信托经营主要适用于竞争性领域国有资产,授权经营主要适用于非竞争性领域国有资产。⑤

也有学者认为,授权经营关系中授权双方的"授权",本质上是行政授权关系。⑥ 也就是说,政府为实现政企分开,将国有资产的经营职能从政府中分离,

---

① 参见李建伟:《国有独资公司前沿问题研究》,法律出版社2002年版,第140—141页。
② 参见赵旭东、王莉萍、艾茜:《国有资产授权经营法律结构分析》,载《中国法学》2005年第4期。
③ 参见徐士英、刘学庆、阎士强:《国有资产授权经营公司与政府部门关系初探》,载《华东政法学院学报》2001年第2期。
④ 参见毛卫民:《国有资产授权经营的局限与出路》,载《海南大学学报(人文社会科学版)》2005年第3期。
⑤ 参见顾功耘等:《国有经济法论》,北京大学出版社2006年版,第149页。
⑥ 参见顾功耘等:《国有资产法论》,北京大学出版社2010年版,第122页。

由适格的国有资本运营机构对国有资产进行经营,国有资产经营公司作为独立主体运营资产,政府对其实施监督并获取投资收益。

2. 实践目标的不一致

授权经营制度在实施中产生了理论上的设想与实践的背离。由于《企业国有资产法》没有对国有资本的运营模式作出规定,对授权经营立法进行规范的主要还是《企业国有资产监督管理暂行条例》。在这种体制下,国资委作为授权人,部分国有独资公司、独资企业作为被授权人,被授权人以出资人代表身份向其出资企业行使管人、管事、管资产的出资人职权。与国有资产管理体制存在较多弊端一样,这种授权经营模式的弊端也无法避免。

(1) 政企分开的愿望没能完全实现

三级授权模式的设想意欲实现政企分开,在实现政府两种职能分离的同时,也要实现国资监督职能和运营主体的分离。国资委作为授权方,其本身就存在兼任出资人和监管者、充当政府职能"二传手"的现实,国资委主任由地方政府领导兼任,这种现实操作方式造成政企分开很难实现。

(2) 国资委作为授权主体有待商榷

世界银行政策分析报告指出,国有资产管理机构的工作人员应当经过商业培训或拥有商业经验,能够对国有企业的营销、生产、财务和其他商业计划和成果进行综合评估。①《企业国有资产监督管理暂行条例》将国资委规定为出资人和监管者,《企业国有资产法》在此基础上将国资委规定为出资人。但是,这种设计如前文所述,实在值得商榷。

(3) 授权经营公司定位模糊,欠缺独立性

从实践看,被授权的国有独资公司、企业多是由行业公司和政府职能部门转化而来,是经过改制形成的"翻牌公司"。这些公司本身定位就不明确,很多还承担了较多的政府职能的延伸功能,行政管理色彩没有被消除。在与国资委关系的处理上,由于国资委掌握着人、财、物的控制权,被授权主体独立运营的可能性大打折扣。在这种情况下,除非国资委"总是能够并且善于作出明智的商业决定。但是,在现实生活中,政府机构可以担负公司职能的事例,还是闻所未闻"②。

(4) 授权经营监督机制弱化

国资部门在将资产授予授权经营公司后,就需要对被授权主体进行监督。

---

① 参见世界银行政策分析报告:《改革国有资产管理:从国际经验看中国》,http://www.mofcom.gov.cn/aarticle/s/200303/20030300078467.html,2016年8月18日访问。

② 顾功耘等:《国有经济法论》,北京大学出版社2006年版,第149页。

从国资委的角度看,主要是派出财务监督和监事或监事会。从现实情况看,财务总监主要在财务运作与财务制度的执行中发挥作用;外派监事或监事会制度在集团公司空壳化的现实下对下属上市公司无法行使监督职责,监事人员人手不够导致出现同一监事监督多个企业,监督效果可想而知。

三、授权经营制度的完善

(一)授权关系的内涵确定

如前文所述,应然状态下的国有资产管理体制,即人大的最终决定权、政府两权的分离以及国资运营机构的设置,包含以下几个关键环节:首先由政府编制投资预算预案,人大收到预算预案后决定是否能够执行,人大通过预算方案后交由财政部门执行,具体执行过程也就是政府授权国有资产经营公司经营管理国有资产的过程。在执行过程中,应由国资监管部门对预算执行、国有资产经营的整个过程实施监督。

政企分开的要求是授权经营的核心。在国家通过委托代理关系授权政府对国有资产进行管理后,政府需要负责对投资的执行和监督,这些行为都是政府凭借政权做出的,理应属于行政行为。在政府完成投资,国有资本进入国有资本运营公司后,公司作为独立市场主体从事商事活动,以实现资本的保值增值和社会整体利益。这两个行为如何联系,就是授权的本质。

由此可见,政府授权国有资本运营公司对国有资本进行运营的法律关系,在投资关系的"资资关系"中融合了政府与企业的"政资关系",是契约性和非契约性、商业性和公益性的融合。[①] 国有资本运营公司所运营的国有资本的来源是政府的投入,政府再将资产交予国有资本运营公司运营,其中必然以合同的形式确定这种关系。这种合同不是一般民事合同,而应当归属于经济合同或政府商事合同。[②] 一方面,政府与国资运营主体之间经过自愿、平等协商,双方平等、诚信地遵守约定的权利、义务。另一方面,出于管理的需要,政府以强势地位在订立合同的过程中起主导作用,国资运营主体对国资委依据国家计划和产业政策所提出的要求应当被动地协从。这种授权使得国资运营主体的职责、运营目标不能仅通过讨价还价的协商固定,还必须以法律、经济、行政手段促成。同时,国

[①] 参见王全兴、傅蕾、徐承云:《国资委与国资运营主体法律关系的定性探讨》,载《法商研究》2003年第5期。

[②] 参见史际春、邓峰:《合同的异化与异化的合同——关于经济合同的重新定位》,载漆多俊主编:《经济法论丛》(第1卷),中国方正出版社1999年版,第41—65页;史际春、邓峰:《经济(政府商事)合同研究——以政府采购合同为中心》,载史际春、邓峰主编:《经济法学评论》(第一卷),中国法制出版社2000年版,第1—45页。

有资产的运行除保值增值、追求利润和效益之外,还必须为社会提供公共产品或准公共产品。在国有资产整体调整的过程中,商业性和公益性始终融合在一起。

因此,可以将政府与国有资产经营公司之间的授权理解为特殊的行政授权,即政府将本应由自己履行的国有资产经营职能授权给一些具备资格、能够承担国有资本运营职能的机构,使之拥有自主发展的决策权,而政府有权对其进行监管并收取投资收益。行政授权经营的客体既包括投入的资金,也包括国家作为出资人所拥有的股东权利。[①] 依照这种理解方式,政府在与国有资本运营公司关系中仍然具有很大的主动权,它可以要求被授权主体按照预算确定的投资方向进行投资,对整个授权经营过程进行监督,考察被授权主体的经营状况,如发现被授权主体没有达到授权的预期或有违背授权内容的行为,可以解除授权。

(二)授权经营制度的完善

1. 明确授权主体

明确授权的主体是授权经营立法必须解决的首要问题。根据《企业国有资产监督管理暂行条例》和《企业国有资产法》,国务院和地方人民政府分别代表国家履行出资人职责,享有出资人权益。因此,有权实施授权的主体只能是政府,而不是政府下设的国资监管机构。相应地,国资监管机构与国有资本运营公司之间的关系也就从授权与被授权关系转变为考核与监督关系。

2. 明确国有资本运营公司的定位

"国有资产经营机构是授权经营国有资本的出资人代表,这在国际、国内都是不争之事实。"[②]在明确政府的授权主体地位和国资监管部门的定位之后,国有资本运营公司也就可相应地定位为国有资产的出资人代表,由其负责国有资本参股、控股行为,实施对外投资。

在国有资本授权经营公司的组建上,必须明确国有资本运营公司的功能就是通过控股、参股进行资本经营,经营的对象基本上是股权或资产。国有资本运营公司从事资本运营的形式可分为纯粹型和混合型两种。纯粹型国有资本运营公司不直接从事生产经营活动,通过控股、参股其他企业,从事国有股权经营及金融资本运营,实现国有资产的保值增值。混合型国有资本运营公司既直接从事生产经营,又从事资本运营,一般是具备条件授权经营的大型企业集团。根据国有资产的性质和分类,国有资本运营公司可以设置不同形式,如政策性国有资

[①] 参见顾功耘等:《国有资产法论》,北京大学出版社2010年版,第119—121页;胡改蓉:《"国有资产授权经营"制度的剖析及其重构》,载《西部法学评论》2009年第2期。

[②] 刘仪舜:《有关专家:怎样完善国有资产出资人制度?》,载《南方周末》2003年6月19日。

本投资公司、服务性国有资本投资公司、营利性国有资本投资公司。①

3. 国有资本授权的实现机制

授权应当以契约而非行政指令的方式实现,由政府与国有资本运营公司签订授权经营合同。② 授权关系一旦达成,作为被授权的国有资本运营公司在对国有资本运营过程中,必须严格遵守合同;授权主体政府对国有资本运营公司实施监督,在国有资本运营公司的行为严重违背合同时有权解除合同。

4. 加强对授权的监督

由于国有资本运营公司本身也是一个独立的经济实体,为了防止其为了谋求自身利益,违背授权的本意,必须加强监督,以保障授权目的的实现。该监管权主要由国资监管机构行使。③ 为保证国有资本授权经营的目标能够实现,必须建立起由人大、政府、社会公众组成的国有资本运营监督体系。

第二节 分层运营:"两层次"与"三层次"的动态选择

目前,我国地方国有资本运营普遍实行"三层次"的授权经营模式。由于"三层次"运营存在缺陷,一些地方也在寻找解决的办法,其中国资委以直接持股方式转化为"两层次"运营的试点尤其引人注目。

一、"两层次"与"三层次"运营的域外实践

(一)"两层次"运营

在一些国有资产规模较小或市场经济发达的国家,由政府或政府设立的管理机构在获得国有资产所有者授权的情况下,直接管理国家出资企业,两者中间不再设立中间层作为过渡。最具代表性的有法国、美国、德国、加拿大、巴西等国。

法国在国有资本运营组织上采用的是"政府主管部门—企业"的运营模式。在政府一级,法国于 2003 年在财政部下设立了国家参股局,行使国家股东职权,

---

① 政策性国有资本投资公司是为了配合国家宏观经济政策的实施,特别是公共福利政策、产业政策、区域经济政策的顺利实施,求得较好的宏观社会经济效益而专门设立的,其经营目标主要是特定政策目标的导向。服务性国有资本投资公司是为了响应国家宏观经济政策的总体导向,配合国有资本的战略调整,求得较好的政策实施效果和资本经营效果而专门设立的,其经营目标主要是为宏观经济健康运行提供合适的基础条件和服务保障。营利性国有资本投资公司是为了加速国民经济发展,培植国家财源,增强国有资本而专门设立的,其经营目标主要是提高国有资本经营效率,考核标准主要是国有资本增值程度,一般针对一般竞争性领域。参见顾功耘等:《国有经济法论》,北京大学出版社 2006 年版,第 219 页。
② 参见王克稳:《经济行政法基本论》,北京大学出版社 2004 年版,第 276 页。
③ 参见顾功耘等:《国有资产法论》,北京大学出版社 2010 年版,第 109—116 页。

负责国有资本运作和审计。① 经济和财政部、国家审计法院负责执行监督权。国家主要负责国有企业的人事任命、企业经营方向和财产管理。经济和财政部是对国有企业行使财务监督权的主要机构。"计划合同制"②是法国管理国有企业的主要方式。国有企业实行董事会负责制,董事长和总经理由总统、总理或主管部门提名,并由政府颁布法令正式任命。公司分支机构的公司治理由公司董事会确定,国家不予干预。

美国将企业国有资本和行政服务性国有资产分开管理。企业中的国有资产以政府公司控制法案为基础,受国会监督。财政部是国有企业管理的核心。美国政府对国有企业的管理主要体现在以下两方面:(1)人事任命。在政府公司中,董事会成员大都由总统任命并提请参议院审批,主管部长则为有关公司的董事;在混合所有制国有企业中,总统和主管部长只任命部分董事,其余董事由股东选出。(2)财务控制。美国国有企业都在不同程度上依靠国会拨款或从财政部借款维持运转,国有企业在取得这些款项前必须向国会提交报告,接受国会的预算控制。政府指定机构如审计署对国有企业进行财务审计。

巴西的"两层次"模式为"国营企业控制署—企业"。国营企业控制署是巴西国家计划部内的一个专门负责管理国有资产的政府机构。巴西这种集中管理从根本上说并没有摆脱行政部门的分割管理,也产生了严重的官僚主义,出现了一些经营失误和化公为私现象。为此,巴西进行了改革,重点是调整国有经济结构,扶植重点企业。巴西的国有企业数量较少,关系国计民生的中央经济部门由国家垄断,形成了石油、能源、电信、矿业、铁路和水电六大国营企业。巴西大型国营企业实行高度统一的领导体制,董事长由总统任命,实行董事长集中领导。

(二)"三层次"运营

实行"三层次"运营的代表性国家有意大利、英国、比利时、新加坡等。"三层次"运营是指国家对国有资本进行运营时主要实行三个层次的管理:第一层次是国有资本管理机构,第二层次是国有资本运营机构,第三层次是国有资本经营机构。

1. 国有资本管理机构

国有资本管理机构是行使国有资本运营权的政府管理机构,主要职责是制定国有资本运营的规章制度,进行国有资产产权界定和经营方式的选择,作出重大战略决策,制定考核体系等。根据各国国情,国有资本管理机构可以分为集中

---

① 参见李兆熙:《国资管理变革的法国样板》,载《国企》2007年第5期。
② 即国家与国有企业在自愿、平等、协商的基础上,按照一定的程序签订契约性制度,从而使双方形成具有法律效力的合同关系。

专职、集中非专职和分散非专职三类。集中专职型国家的国有资本所有权管理职能从一般社会经济管理职能中分离，组建专门的机构集中行使国有资本所有权管理职能。集中非专职型国家的国有资本管理职能集中由一个部门行使，该部门除此功能外还行使其他社会经济职能，如英国工业部。分散非专职型国家将国有资本管理职能交由各个政府职能部门分别行使，国家不设专职的管理机构，即使设立有关业务机构也只行使监督权。

2. 国有资本运营机构

国有资本运营机构一般是国家批准设立的，代表国家对授权范围内的国有资本行使出资者权利的特殊法人，主要负责资本的运营。国有资本运营机构对政府承担经营责任，对其投资的独资公司行使出资者权力，对控股、参股公司行使股东权，一般有控股公司、企业集团公司、综合经营机构三种。

3. 国有资本经营机构

国有资本经营机构即普通的国有企业，主要利用出资人投资形成的资产进行生产和经营活动。

二、我国国有资本分层运营制度的演化

（一）国有资产管理局成立前的"两层次"运营

在1988年国有资产管理局设立前，我国在整体上采用的是"两层次"的国有资本运营方式。第一层次是国家各部委，在行使行政管理职能的同时，对所属企业的国有资产具有直接的使用权和处置权，企业资产行政调拨就是这种权能的集中体现。第二层次是国有企业，企业的设立、撤并和注销等直接由所属主管部门行使权力，企业生产经营活动归主管部门直接管理，企业经营者任免由主管部门会同人事部门决定。"五龙治水，部门分割"的直接后果是国有企业效益低下，国有资产流失严重。

（二）国资委成立前的"三层次"运营

1988年初，国务院根据原国家体改委及世界银行的建议，开始酝酿把国有资产的产权管理职能从政府的社会经济管理职能中分离出来，据此成立了国有资产管理局，作为国务院直属机构。国有资产管理局的成立，标志着我国国有资产管理体制改革在政府层面上将社会经济管理职能与国有资产管理职能分开方面迈出了重要的一步。从国有资产管理体制看，这是从国有资产多部门管理向职能化管理转变。此时的"三层次"运营表现为"国有资产管理局—中介经营机构—国有企业"。1998年，国资局被撤销。

在此期间，地方政府也不断探索"三层次"运营，并取得了较为显著的成绩，突出表现为深圳和上海的做法。深圳于1994年基本构建起了"国资委（国资

办)—国有资本经营公司—国有企业"的"三层次"国有资本运营模式。1996 年深圳三家市级国有资本经营公司的正式运作,标志着"三层次"运营方式的确立。国有资本运营公司由国资委授权,代表政府对相应的国有资本行使资产收益权、重大决策权、选择经营者等投资者权益,具体从事国有资本产权经营和资本运作,一般不直接从事生产经营活动。上海于 1993 年成立了国资委和国资办,通过国有资本授权经营,形成"国资委(国资办)—国有资本经营公司—国有企业"的"三层次"模式。

(三)现行"三层次"运营的利弊:以中间层为例

2003 年,国资委成立。《企业国有资产监督管理暂行条例》从国家层面确立了"国资委—国有资产经营公司—国有企业"的"三层次"运营模式,省、市地方政府相继跟进。这种"三层次"运营模式,在政府层面实现了政府的社会经济管理职能与资产所有者职能的分开;在中间层实现了国有资产管理职能与国有资产经营职能的分开;在第三层,企业拥有独立财产权,与政府之间不发生直接联系,实现了政企分开。通过层层授权,建立责任制度,解决了国有资产主体缺位问题,有效地保障了国有资产的安全和增值。

但是,实践结果和理论设想总会产生偏移,严重的委托代理问题出现在现行"三层次"运营方式之中。这种方式虽解决了国有资产主体缺位问题,有效地保障了国有资产的安全和增值,但由于委托代理链延长,更加复杂的代理链条造成了新的委托代理问题:中间层的国有资产经营公司对国资委是代理人,对下又是普通国家出资企业的委托人,集代理人和委托人于一身,产生了"双重利益代表"问题。① 对上,国有资产经营公司在传统管理观念的主导和政府的要求下,由政府主管部门或行政性公司改制而成的"翻牌公司"具有较强的政府色彩,成为政府指令的"传话筒"。对下,国有资产经营公司作为国有资产所有权代表的"合法性"不被认可。特别是在分拆上市的企业集团中,企业集团空壳化,上市公司对企业集团反而形成了控制。另外一种情形是,集团公司借由控股股东身份干涉子公司经营,操纵子公司董事会,子公司丧失了独立性。受这种"双重利益代表"身份和"潜规则"影响,在国资委和国家出资企业发生利益冲突时,角色错位就会在国有资产经营公司身上发生。

三、国资委对"三层次"运营突破的尝试:直接持股

尽管《企业国有资产法》赋予国资委出资人身份,但是如何使国资委切实肩负起国家出资企业的"股东"重任、胜任"股东"角色、完成"股东"使命,却是实践

---

① 参见李博:《国有资产"三层"管理模式探析》,载《经济视角》2006 年第 7 期。

中的难题。尤其是在国企整体上市的背景下,该问题显得尤为突出。

(一)"三层次"下国资委履行出资人职责的方式

在"三层次"模式下,国资委主要通过集团和资产管理平台公司持有公司股权。

目前,通过集团公司间接持股是国资委持有上市公司股权的主要方式之一。这种方式有利于防止政府对上市公司运作进行干预,从而实现政企分开;同时,国资委与上市公司之间中间层的存在也有利于阻隔国资委面对的风险。但是,从实践效果看,现行集团持股模式的缺陷日益突显:首先,集团的管控力较弱。集团空壳化、行政化的现象明显,不能有效整合内部资源,以实现各子公司之间的高效协同发展。集团公司在加强对子公司的管理时,对于管理范围、方式、程度还不能准确把握,造成治理方面的难题,子公司"内部人控制现象"突显。其次,对国资委而言,在集团模式下,委托代理链条较长,信息流转环节较多,国资委与集团公司之间存在明显的信息不对称,这也导致集团公司偏向于留存大部分收益。最后,与集团公司持股模式相对应的做法是企业集团的分拆上市,而分拆上市又使集团持股模式产生了诸多弊端。这主要体现在如下几方面:(1)集团公司影响甚至干涉上市公司业务,影响了上市公司的独立性;(2)上市公司与控股股东之间的关联交易普遍;(3)上市公司与集团公司或关联企业从事相同业务而产生同业竞争。

在长期的探索中,由于集团公司的行政性弊端,理论界和实务界开始主张设立专门的国有资产经营公司,从而形成中间层。目前,各地不断推行企业集团整体上市以实现资本化运营,得到较多人的认可。该模式的采用可以有以下几方面的制度优势:其一,国有资产经营公司经授权,可依据投资者的身份对上市公司行使出资人职权,起到良好的政企分开、政资分开的"隔离层"作用,防止行政色彩仍然较浓的国资委干预企业事务;其二,因为国有资产经营公司不是行政机构,而是一个以营利为目的的企业法人,专事投资业务和资本运作,有经验丰富的经营管理人员、良好的企业治理结构,因此具有较好的商业化意识和能力,较国资委更适合担任国有资产的出资人;其三,国有资产经营公司管理所投资企业后,国资委无须直接面对众多企业,可以减少国资委的管理难度和幅度。

尽管平台公司作为中间层可以带来上述优势效应,但是并非没有弊端:其一,中间层的存在,使国资经营的委托代理链条加长,导致信息传递时间长、环节多、可靠性低。其二,由于信息的不对称性较强,会增加监管难度和代理成本。其三,增加一级主体会增加税收成本。其四,中间层的平台公司会消耗企业上缴的红利。其五,由于中间层公司的设立和资本运作主要是依据"合并同类项"的方式进行,中间层公司所持有股权的企业往往处于同类行业或具有竞争关系的行业,因此难以避免同业竞争问题;另外,由于中间层公司以资本为纽带,同时控制着下属的多个公司,因此关联交易问题同样难以避免。

(二)向"两层次"运营的突破:国资委直接持股

2009年《关于进一步加强地方国有资产监管工作的若干意见》提出:"要积极探索国资委直接持股方式,依法加强对上市公司国有股权的监管……积极探索经营性国有资产集中统一监管的方式和途径"。《国资委履行多元投资主体公司股东职责暂行办法》规定了国资委履行股东职责的相关要求、履职方式、内部职责分工,对公司股东会议议题的内部审核程序,以及对公司股东会议相关事项的管理等。

实践中,在各地国资委积极推动企业集团整体上市、加快国有资产证券化的背景下,上海、深圳、湖南等地均已出现国资委直接持有上市公司股权的做法,就国资委直接持股上市公司的模式进行了积极探索。同时,重庆等还未采纳该模式的省市国资委也将直接持股作为集团整体上市后履行出资人职责的创新模式加以研究。

国资委直接持股之所以为各地所重视,主要原因在于该模式可以产生如下几方面的正效应:(1)使代理链条更为清晰,能够减少信息不对称和信息传递过程中发生的扭曲,增强上市公司执行国资委意图的效力;(2)在最大程度上缩短委托代理链,减少委托代理成本,阻止内部人控制;(3)代理链的缩短也使决策的效率得以提高,使国资委能更迅速地应对市场形势变化以增利止损;(4)有助于加强对国有大股东股票交易行为的监控;(5)可以直接运营国有资本,实现国资自由流动,有利于国有经济布局和结构调整;(6)资本市场交易迅速、便捷,有利于地方政府回收资金,增加财政收入。

直接持股能够给国资委行使职责带来很多便捷,但是"祸兮福之所倚,福兮祸之所伏",这种超越"三层次"而直接运营的模式也产生了很多法律风险:

第一,国资委特设机构的法律定位,对公众投资人造成了一定的诉讼风险。在现有规则下,国资委作为特殊机构的特殊性界定不清,产生了民事诉讼和行政诉讼的选择问题。国资委直接持股理应作为股东看待,是私主体身份,应适用民事诉讼。但是,在目前对国资委的定性上,其机构设置、人员安排、职责权限更类似于行政主体,因而适用行政诉讼似乎也有道理。这就出现了司法救济程序的尴尬局面。

第二,上市公司的关联交易与同业竞争问题将变得严重。国资委直接持有上市公司股权,各上市公司也就变成其"子公司",其旗下上市公司的关联交易将成为矛盾焦点。国资委监管的很多企业所在的行业和领域交叉,企业之间存在竞争关系。国资委本身虽不从事具体的经营业务,但作为这些企业的股东,必然了解和掌握着这些企业的核心机密,如发展战略、市场策略、投资计划等,而这些机密很可能直接针对国资委控股的另外一家上市公司。在股东大会对公司经营方针、投资规划等重大事项进行决策时,国资委将面临两难的选择。如果利用竞争对手的信息,可能面临法律上的障碍;如果不利用,则又可能损害包括国资委在内的全体股东的利益。如果国资委从自身利益最大化的立场出发,协调各持股公司的经营决策,使持股公司避免竞争,又会减损上市公司的独立性,面临证监会的规制。

第三,股权转让可能引发市场波动。在国有资产资本化,不断推动集团公司整体上市后,国资委直接持股上市公司也会根据政府要求或市场行情变化转让股权,大量国资股的抛售或转让会直接影响股市走向,造成股市震荡。

第四,国资委承担责任的能力缺失。国资委作为上市公司的控股股东,可能面临诸多的法律风险例如,《公司法》第20、21条对公司股东、控股股东的义务作出规定;《证券法》第69、193条对信息披露提出严格要求,第189、214条对控股股东在证券发行和公司收购中的特殊行为作出处罚性规定。除上述国内规定外,若国资委直接持股的上市公司在境外上市,则还要遵守国外公司法、证券法的规定。例如,在美国,上市公司大股东可能遇到股东从事内幕交易、操纵市场、进行关联交易等行为导致的诉讼等法律风险。

国资委虽管理着众多国有资产,但只是其管辖范围,并非独立承担民事责任的注册资本。一旦出现需要国资委承担赔偿责任的情形,国资委缺乏承担责任的基础。

四、"三层次"与"两层次"运营的动态选择

(一) 对国资委直接持股后"两层次"运营的否定

任何事情都有利有弊,关键是看利大于弊还是弊大于利。如上文所分析,国资委直接持股利弊共存。从国有资产管理体制改革的方向看,国资委直接持股并不宜成为改革方向。

首先,国资委职能承担的问题。现实条件下,国资委虽在《企业国有资产法》中被界定为出资人代表的角色,但实际承担着出资人和监管者两种职能,而且在一定程度上监管重于出资。国资委直接持股后,两种角色冲突将更为突出:一方面,国资委可能利用规则制定权为自己设置一个更为宽松的空间,降低其履职标准;另一方面,国资委也可能过度干预企业的经营活动。国资委现有的机构设置也不利于其直接持股,对国有资本运营缺乏相应的人员配置能力,民商事主体意识不足。要使国资委完全履行出资人职能,改革成本巨大。国资委变成持股人,

"利益绑架在一起,模糊了监管者和出资人之间的界限,这不是改革的思路"[①]。国资委也缺乏承担责任的能力。

其次,国资委直接持股会对经济生活产生不利影响。国资委直接持股,在摆脱不了政府控制的情况下,会成为地方政府扩大财源的工具,地方政府可能会不顾市场环境进行股权的交易,从而危害证券市场的发展;国有股权的转让,会影响国有经济布局和结构调整的效果,使国有资产收缩"战线"的任务无法完成,也会造成不公平市场格局,使民营企业发展受到损害;现行立法本就没有对国资委实施监管的制度规定,国资委直接持股后,缺乏对国资委再监管的约束。

最后,从改革方向看,政企分开一直是改革重点,国资委直接持股会在目前"三层次"模式已有效果的基础上造成新的政企不分。

因此,国资委直接持股并不可取,还是应还原到"三层次"模式。

(二)"三层次"运营的完善与重新设计

众多学者认识到现行制度的不足,并提出了很多完善措施。但是,这些措施只是停留在修补的阶段,而没有从实质上根除目前体制产生弊端的基础。根据前文对国有资产管理体制的设计,应认可中央政府和地方政府的出资人身份,建立"政府—国有资本运营公司—国有企业"的"三层次"运营模式。其中,中间层的国有资本运营公司是整个制度构建的核心和枢纽。

(三)"两层次"运营的适用空间

在坚持"三层次"运营的同时,是否就否定了"两层次"运营存在的可能?答案是否定的。"两层次"运营是存在适用空间的,特别是在地方国有资本运营过程中。

首先,各地国有资产的规模、数量、分布差异较大,特别是东西部地区存在更大的差异,因此地方国有资本的营运方式不应采取"一刀切"式的统一模式。依据地方国资规模和数量的变化,地方国资营运体制也可以作动态的调整。对于国有资产规模大、数量多、国有企业多且国有资产分布领域主要集中在竞争性领域的地方,可以采取"政府—国有资本运营公司—国有企业"的"三层架构"。随着国有经济布局和结构的战略性调整,地方上存在的一级国有及国有控股企业的数量在不断减少;同时,随着对经营环节和链条的削减以及主辅分离、辅业改制效果的显现,二三级及以下企业的数量也大幅降低。随着整合力度的加大,如果出资企业的数量继续减少,则可以单独成立一个资产经营公司。由此可见,对

---

① 马会:《国资委是否应该直接持股上市央企?》,载《中国经济时报》2012年2月17日。

于监管国有资产和整合后国有企业数量相对较少的地方,可以采取"两层架构"。①

其次,对于公共产品、准公共产品以及国有经济具有带动性的领域,地方国资适合采取"两层架构",这样有利于强化管理、集中控制。非竞争性国有资产的经营具有政府职能延伸的作用,营利不是其目标,而是要为整个社会经济提供相应的产品和服务,实现政府管理国家经济生活的某些职能。② 这部分国有资产要和政府的其他经济调节功能放在一起共同发挥作用,也可以采用"两层架构"。

不管是哪种可以适用"两层次"模式的情况,都需要坚持的是政企分开,政府经济职能和社会管理职能相分离;同时,坚持政府的出资人地位,而不是由作为监管者的国资委行使出资人的职能。

第三节 分类运营:公益性和营利性的平衡

我国国有资产广泛分布于各个层面和各行各业,在国民经济和社会事业的发展中起着至关重要的作用。依照类别,国有资产主要可分为:国家以各种方式对企业投资形成的经营性国有资产;国家向行政事业单位拨款形成的行政事业性国有资产;国家依法拥有的土地、森林、矿藏、河流、海洋等资源性国有资产。其中,经营性国有资产又可分为金融类企业国有资产和非金融类企业国有资产。

对国有资产进行分类并分别运营实际上是与"两层次"和"三层次"运营的交叉运用,是政府将经营性国有资产按其功能分成不同的类别,由此采用不同的运营方法,并施以不同的绩效考核办法。

一、国有资本分类运营的基础

根据资产的自然属性和国有资产分布领域,将国有资产分为经营性国有资产、非经营性国有资产和资源性国有资产是学界的理论划分方式,同时也是实务界对国有资产进行运营的基础。国内外都存在这三类国有资产的划分。在我国的不同历史阶段,即使是在计划经济条件下也不例外,这三类国有资产同样存在,其功能也因自然属性的不同而有所差异。只不过在计划经济体制下,国家以计划的形式分配资源,且实行大锅饭式的平均主义,制度设计使三类国有资产的不同作用的差异性在经济生活中没有反映出来。随着国有资产管理体制改革的

---

① 参见张春晓、徐文军:《地方国资监管和营运的政策建议》,载《首都建设报》2007年8月17日;赵善庆:《省属企业国有资产管理"两层制"》,载《经营与管理》2006年第1期。
② 参见宁向东:《关注国资改革:国有资产须行分类管理》,载《发展导报》2003年1月24日。

启动和深入,以产权改革为中心的改革方式使国有资产不再纯粹是公法的干预,而是在认识到不同类别国有资产的功能属性之后,融合公法和私法,对国有资产进行管理和运营,经营性国有资产的营利性逐渐显现。特别是随着市场经济体制的确立,市场配置资源的效能逐步发挥,不同资源在市场的调整下发挥了其本应具有的角色功能。

国有资本运营是以资本的营利性为标准的,行政事业性国有资产和资源性国有资产在没有转化为经营性国有资产之前不以营利为目标。因此,国有资本运营的范围主要是经营性国有资产。规模最大的经营性国有资产是我国国有资产中最重要的部分,也是在经济生活中最活跃的部分。从分布范围看,虽有地区之间的差异,但经营性国有资产在各个地方都存在,涉及国民经济中很多重要的部门和领域。行政事业性国有资产比经营性国有资产的分布更加分散,其存在目标既不同于经营性国有资产的营利性,也与资源性国有资产横向配置与纵向配置的平衡要求不同,而更重视实物的安全性与完整性,为行政事业性单位履职提供物质基础。三种不同类型的国有资产的功能和作用决定了其运营方式的差异。

无论是在资本主义国家还是在我国市场经济体制下,经营性国有资产都发挥着资本的营利功能。从根本上说,这源于经营性国有资产,尤其是国有企业作为经济人的自然本能。经营性国有资产的特殊性主要表现在它必须具有特殊的社会性质和社会功能。面对由垄断、公共物品、信息不对称等多种因素导致的市场失灵,政府干预成为必然。在手段上,政府主要通过经济政策和组建国有企业对经济运行进行干预。以辅助政府进行经济干预为目的而存在的国有企业由此在营利功能之外,自然地承担起了非营利的社会功能。

经营性国有资产的双重功能不仅表现在与其他社会资本的区别上,还体现在其本身分布领域的差别上。经营性国有资产通常涉及竞争性和非竞争性两类领域。竞争性领域国有资产以资本的保值增值为目标,必须遵循市场规则,公平、独立地参与市场竞争。非竞争性领域国有资产更多地承担了辅助政府弥补市场失灵的功能,营利并不是其目标。作为政府职能的延伸,非竞争性领域国有资产要为社会提供必需的公共产品和服务,体现出社会功能、服务功能和调控职能的综合性。

二、地方国有资本分类运营的实证分析

我国经营性国有资产在计划经济体制以及有计划的商品经济体制下,也实行过分类管理的运作模式,如按企业所属行业性质将商业企业归商业部管理,将工业企业的国有资本运营归一机部、二机部管理等。在市场经济条件下,分类管理和运营仍需坚持。国资委成立后,我国对经营性国有资产的运营存在分类和混合运营并存的状况。《企业国有资产法》将金融类国有资产和非金融类国有资产分类立法,国资委一般对非金融类国有资产进行监管,在地方上则有混合监管的趋势。

(一) 地方非金融类国有资产运营:经营目标选择的偏差

地方政府对国有资产的管理和运营目前呈现出混合管理的态势,没有合理区分竞争性领域和非竞争领域,在目标选择上突出营利性,导致近年来"国进民退"现象日益引起人们关注。人们质疑:国有企业"为何快速进入到包括地产业等一般性垄断行业甚至充分竞争行业"[①]?

应当承认,确保国有资产保值增值是我国国资改革中一个重要的原因和动力,是改变计划经济原有状态下纯粹以公法调整导致国有企业没有效率和效益,成为政府负累的状况。以私法化的方式运营国有资本,使国有企业进入市场,求得与市场经济的兼容,并实现国有资产的保值增值,是我国国有企业改革的进路。但是,在改革进程中,应基于各类国有资产不同的属性设定不同的目标定位。即使在经营性国有资产内部,也需要区分竞争性领域和非竞争性领域国有资产功能的差异。在市场经济中,也需要考虑国有资产特殊的要求,不能仅以保值增值为目标,更要体现国有资产的本质属性,即为全民利益服务,体现国民经济和社会整体利益的最大化。[②] 政府作为国有资产所有者的代表,不能只以资本增值实现企业和政府利益的最大化,而置国有资产的真正所有者于不顾。现实表明,地方政府忽视了国有资本的特殊性,将追求利润作为其首要目标,甚至是唯一目标。

地方政府将经营性国有资产混合运营,会引起决策过程和目标的混乱。[③] 这主要表现在,地方政府在政策制定过程中,会考虑某行业内的格局,出于对国有企业的偏爱,无法做到平等对待行业内所有企业,引致政策扭曲。目前,地方国有资产的分布状态显示,竞争性领域的国有资产规模还非常大。按照国有经济布局和结构调整的需要,对一些行业需要执行退出政策。但是,一些地方政府为维持其利益,仍执行扶持政策,甚至在企业临近破产时还进行再投资。

(二) 地方金融类国有资产运营

1. 多样化的地方金融国资监管模式

对地方金融国资的监管在不同时期出现过不同方式。长期以来,财政部门

---

① 郑永年:《中国国企发展的边界在哪里?》,载《联合早报》2009 年 10 月 21 日。
② 参见平新乔:《"功能错位"的国资委》,载《中国企业家》2005 年第 2 期。
③ 参见宁向东:《国有资产须分类管理》,载《发展导报》2003 年 1 月 24 日。

负责金融类企业国有资产的基础管理工作,履行出资人的一部分职能。金融国资采用分级监管模式,即财政部对全国性国有金融机构的财务进行管理,省市财政厅局对地方国有金融机构的财务进行管理。2003年国资委成立后,对于金融国资是否应被纳入国资委的监管范围,理论界、实务界在激烈的探讨中也没有形成统一的意见。同年,中央汇金公司成立,和财政部分享了部分出资人职权。此时的地方金融国资依然属于"多头管理"、出资人不明确的状态。2008年《企业国有资产法》对金融类国有资产仅作了原则性规定。① 目前,对金融类国有资产的监管仍处于不明确状态。

在立法不明确的情况下,财政部、国资委对由谁行使出资人职责分别展开了各自的探索。2007年,财政部提议仿照国资委的形式成立金融国资委。但是,金融国资委截至目前仍是"镜中花、水中月"。倒是国资委在力推国资委监管全覆盖过程中,在将地方金融资产纳入地方国资委监管方面取得了一定的成绩。2009年《关于进一步加强地方国有资产监管工作的若干意见》表明,国资委意欲实现经营性国有资产全覆盖监管。在此之后,地方根据该规定展开了积极的探索,有的地方在探索中形成了独特的监管模式。目前,各地对地方金融国资的监管模式主要有财政部门监管、地方国资委监管、其他政府部门(如地方金融办)监管三种形式。在国资委监管模式中,又出现了上海式的委托监管、重庆式的直接监管模式。另外,实践中还曾经有政府控股的企业行使出资人职权的尝试,如上海国际集团,但是终因组建时行政性较强等原因而夭折。地方国资委监管和地方金融办监管目前是地方金融国资监管模式中较为引人注目的两种形式。

(1) 国资委监管模式

在重庆,除工商企业外,所有的地方国有金融企业全部由重庆市国资委监管。2008年,重庆市国资委正式启动国资监管职能调整工作,增加企业监管三处,负责监管银行等金融企业。重庆市国资委并不对地方金融国有企业发展方向作过多的干涉,其重点放在风险监控上。

在2009年国务院国资委发文要求地方经营性国资全覆盖之后,为响应要求,也为了增强建设金融中心的推手,上海市政府将地方金融资产纳入上海市国资委监管,使地方国资委获得了出资人身份和监管权责;后通过"委托监管"的方式,把出资人身份和监管权责授权给上海市金融办,在一定程度上使得金融办不仅仅是金融服务机构,成了地方版的"金融国资委"。2010年初,上海市金融办

---

① 《企业国有资产法》第76条规定:"金融企业国有资产的管理与监督,法律、行政法规另有规定的,依照其规定。"

与上海市国资委签署了金融国资委托监管书,正式对上海市属金融国资履行监管职责。

北京市国资委对其地方金融国资的监管采取的是另外一种形式。北京市国资委出资成立了资产经营公司,由该公司对地方金融资产进行监管。例如,北京银行的第二大股东就是北京市国资委出资成立的北京市国有资产经营有限公司。北京银行主要对北京市国有资产经营有限公司负责,而不是对北京市国资委负责。北京市金融局也不参与银行的日常管理,而是负责一些为银行协调服务的工作。

(2) 金融办监管模式

2011年10月12日,成都市政府下发《成都市市属金融类企业国有资产监督管理试行办法》,市属金融国资监管权正式从市国资委移交市金融办,市国资委则负责监管非金融类国有企业。成都市金融办改变了服务和协调的定位,在真正意义上成为地方金融产业的指挥者和管理者。① 这彻底改变了上海式的地方金融机构由国资委、金融办多头管理的局面。

2. 现有地方金融国资监管模式利弊互现

由财政部门行使金融国资出资人职责的弊端是显而易见的。按照《企业国有资产法》的规定,出资人职能和公共管理职能不能由同一机构享有,财政部门作为出资人缺乏立法的支持。同时,财政部门的职责范围本已广泛,很难再有足够的精力履行出资人职责。

多年来,"多头管理"带来了统筹规划难、出资人权利肢解、责任主体虚置、内部人控制、管理低效等弊端,已经被证明是需要改革的。对于现有地方金融国资监管模式的探索,无论是国资委监管还是地方金融办监管,都在一定程度上实现了出资人的明确化。作为制度创新,地方政府现有的探索能为金融国资的有效监管提供有价值的经验,为进一步形成更为合理的监管模式奠定实践基础。

不容置疑的是,现有的地方金融国资监管模式探索毕竟还是一种实验,其中包含的制度上的不成熟也是不容忽视的。

上海市由政府授权国资委监管、国资委再委托金融办监管的模式,只是国资出资人职责在政府职能部门间的一次分工,并不符合《企业国有资产法》的规定。② 既然是政府职能的分化,金融办为政府部门,政企分开的要求就很难实

---

① 成都市金融办的职责主要有七项:履行出资人职责,承担监管责任;起草地方性法规和规章;制定金融类企业负责人收入分配政策并组织实施;牵头组织改革和重组;对市属金融类企业负责人进行任免、考核、奖惩;协调中央、省和外地金融类企业相关事宜。有媒体称此模式为金融国资委的地方先行。参见刘振盛:《金融办扩权 成都金融国资体制嬗变》,载《21世纪经济报道》2011年10月13日。

② 参见袁安照:《金融办监管金融国资利弊互现》,载《上海国资》2010年第5期。

现。这也就很难解释国资委对金融办授权的"权"之属性:如果是行政授权,国资委作为立法上承担出资人职责的特设机构,有没有行政授权的主体资格?如果是民事授权,如何保证金融办对国资委负责?即使承认国资委的授权成立,也会带来国资管理委托代理链条的拉长、监管主体的增多,而过长的委托代理链条造成的管理低效一直备受指责,也是此前国家对国资管理进行改革的原因之一。上海市金融办名义上虽取得了出资人代表的身份,但由于不是法律意义上的股东,无法行使投票权。① 如果不能参与公司重大决策,那么履行出资人职责也就仅仅是一种表面形式。

如同对国务院国资委的质疑一样,地方国资委同样存在"婆婆加老板"定位上的缺憾,很难避免国资委存在的政企不分、较强的营利性冲动。同时,地方国资委本身就统管着地方几十家国有企业,其工作范围、职能已经过于庞杂,由其承担地方金融国资的出资人职责,可能并不利于地方金融的整合,也会造成债权人和债务人角色的重置。再者,地方国资委对地方金融国有企业的监管重点是风险的监控,与地方银行业监管部门的监管形成了不可避免的交叉,部门的协调也会耗散不少精力。

由地方金融办直接行使出资人职责的监管模式是最近几年的探索,也可以说是"金融国资委"的地方先行先试。但是,地方金融办是无力充当"金融国资委"的。首先,金融办的初始目的是协调和沟通,在赋予其出资人职能后同样面临出资人职能和公共管理职能的冲突问题,同样会带来政企不分、"婆婆加老板"的弊端。金融办拥有本地的建章立制权,也可能因规避中央要求而造成金融监管政策的不统一。在地方面临财政不足的情况下,往往会过分强调金融业的资金供给功能,作为政府部门的金融办极易受政府支配,不能形成独立运营的意志,危及金融安全。即使将其打造成为"金融国资委",也是一个糟糕的主意。② 金融办要成为"金融国资委",首先面临职能转化的问题,其原有职责交给哪个部门也是一个需要考虑的问题。在中央是成立金融国资委还是采取汇金模式仍不明了的境况下,地方政府是否有权成立"金融国资委"还存有疑问。

三、地方国有资本分类运营的完善

(一)域外借鉴和地方探索

世界上很多国家都在探索分类运营的方式和途径,并对一些社会效益好而本身亏损的国有企业单独考核和予以扶植。

---

① 参见秦颖:《地方金融国资监管体制待解》,载《上海国资》2010年第3期。
② 参见叶檀:《建立金融国资委是个糟糕的主意》,载《新京报》2010年9月2日。

备受关注的新加坡政府对国有企业的管理,主要是通过政府控股公司这一中间层次进行的。目前,新加坡政府控股公司主要有淡马锡控股(私人)有限公司、政府投资有限公司(GIC)、新加坡科技控股公司(STC)、国家发展部控股公司四家。这四家控股公司在职能上有所分工:淡马锡主要进行直接投资;政府投资有限公司主要管理政府的外汇储备,其功能比较接近于一个投资基金的管理公司;新加坡科技控股公司主要管理国防和科技领域的政府公司;国家发展部控股公司主要管理一些法定机构。其中,淡马锡的规模与影响最大。

在我国,地方政府也在不断探索分类运营的方式。例如,经过多年改革,上海国资布局分散的局面还比较明显,市国资委出资监管的企业集团涉及79个行业,其中有近11%的资产散布在餐饮、造纸、木材加工、建筑装饰、塑料制品、纺织服装鞋帽等一般竞争性行业。① 为此,上海国资委将监管资产分为非经营性国有资产、政策经营性国有资产、战略经营性国有资产和一般竞争领域国有资产四种类型,分别施以不同的方法,提高国有资产流动性。② 引人注目的是,2011年,上海家化被挂牌出售100%股权。

(二)分类运营的完善:国有资本运营公司的分类设计

国有资产存在领域和本身的属性要求,在对国有资产的管理和运营中,需要对不同类别的国有资产设定不同的功能和运营方式。从我国国有资产管理体制对不同类别国有资产的监管现状看,结合未来改革趋势,进一步深化改革的方向就是要继续维持"国有资产分类改革、分类指导和分类管理的格局"③。《企业国有资产法》在立法过程中对规范范围的讨论引发很多争议,最终只是把经营性国有资产纳入调整范围,对金融性国有资产只作原则规定,行政事业性国有资产和资源性国有资产还处于统一立法空白阶段。从长远看,实现国有资产的统一监管立法非常有必要,但是目前急需做的工作是区分资产类型,根据其功能设计不同的监管和运营方式。

---

① 参见丁波:《上海国资在流动中寻求突破》,载《解放日报》2008年1月6日。
② 一是对"不以营利为导向的非经营性国资",如文科教研、卫生体育等领域的国资。根据实际需要,一方面,保留或加大投入,保障其正常功能发挥;另一方面,通过市场化方式剥离其附带的经营性资本,鼓励社会资本参与投资。二是对"以社会公益为导向的政策经营性国资",如水、电、煤、气、路桥、管网、公交等基础设施和公用事业领域的政府投资企业,不轻易实施市场化退出,将采取产权多元化予以保留。三是对"以竞争优势为导向的战略经营性国资",特别是支柱产业国资,在确保绝对控股和相对控股地位的基础上,尽快明确主业。四是对"以经济利益为导向的一般竞争经营性国资",特别是国有资本不具备优势、社会资本有意愿而且有实力支撑的领域,国资将加快退出,一些中小国有企业可以采取出售、转让、嫁接等方式,鼓励社会资本介入,加速这些产业的社会多元化。参见杨国雄:《深入贯彻落实科学发展观,坚定不移推进上海国资国企改革发展》,载《上海国资》2007年第12期。
③ 文宗瑜、谭静:《国资改革的依法推进及其分类管理》,载《产权导刊》2008年第12期。

在应然的国有资产管理体制下,国有资本运营公司起着核心作用。对国有资本进行分类运营的落脚点在于组建不同类别的国有资本运营公司。

对关系国家安全、经济安全、文化安全,以及提供公共产品,如供水、输电、供煤(气)、架设路桥、公交等基础设施和公用事业领域的国有资产,地方国有资本应选择国有独资企业的形式。在制度设计上,这类独资公司担负的是特殊职责,是政府职能延伸,因此其经营目的不是追求利润的增长,更不应当是追求利润的最大化,保值才是其准确的目标定位。地方政府引进外资进入自来水供应领域造成的水价上涨足以提醒人们对此予以高度关注。

在关系国民经济命脉的战略产业中,为弥补国家资金投入不足,可以鼓励民营资本甚至外国资本进入。但是,由于这类产业特殊的战略地位,必须保持国有资本控股。同样,在垄断性产业中也需要通过引入非公有资本,建立竞争机制,以打破垄断,特别是出于部门利益的行政性垄断,从而提高国有资本运营效率。但是,由于这些产业涉及公共利益甚至国家安全,需要政府予以一定程度上的管制。因此,在实现投资主体多元化的同时,也要求国有资本保持控股地位。这也就决定了在这一领域国有企业的数量还会很多。运营这些国有企业中的国有资本,既要考虑减少行政干预,发挥市场机制的作用,又要确保一定社会目标的完成。因此,应通过设立国有控股公司,作为国有资本运营机构,负责具体运作。国有控股公司由政府设立和授权,作为国有资产出资人代表,承担国有资本保值增值责任,主要以控股方式从事国有资本运营活动,具有独立法人资格。考虑到国有资本在这一领域需要发挥的关键作用,国有控股公司的定位应当是管理型和集团型的母公司,即不仅是所属子公司的控股股东,同时还要通过子公司的运作实现本身的发展事业。[①] 新加坡淡马锡控股有限公司的成功经验值得我们学习和借鉴。

在一般竞争性领域,根据我国国有资产改革的要求和趋势,国有企业应逐渐退出。在目前我国地方政府职能转变未能完成、中央与地方财政关系没有改善之前,要求所有竞争性领域的国有企业都实施退出战略委实困难,而且会造成新的市场波动和社会稳定压力。因此,在一段时间内,经营性领域的国有企业还会存在。处于这类领域的国有资产应以普通资本看待,完全按照市场机制与其他资本合作或竞争,其表现形式就是国有股权。对于这些国有资本,应通过建立国有投资公司进行运营。国有投资公司是国有资本市场化运作的组织形式,是由政府授权对一部分国有资本具体行使出资者权利,并对授权国有资本进行资本运营的特殊企业法人。国有投资公司作为国有资本所有权的代理者,行使出资

---

① 参见唐成:《国有资本运营模式比较研究》,中共中央党校2008年博士论文,第90—96页。

者权利,具有授权范围内的所有权。

最后,根据目前各地国有资产分布和国资规模,作为一种尝试,也有学者提出了建立跨行业的资产经营公司的建议,以此解决科学评价国有资产经营效果、实现政企分开、打破行业垄断、促进国有经济布局的战略调整等问题。① 这种建议值得参考。

---

① 参见张春晓、徐文军:《地方国资监管和营运的政策建议》,载《首都建设报》2007 年 8 月 17 日。

第六章　地方国有资本运营主体设计

党的十六大以来,国有资产管理体制改革进入建立和完善国有资产出资人制度的新阶段。现行国有资产管理体制暴露出出资人机构管理面过宽、委托代理链条过长、政府公共管理者职能与国有资产出资人职能尚未真正分开等弊端。在国有资本运营制度设计中,构建独立的运营主体是保障运营目标实现的关键举措。由独立的国有资本运营公司运营国有资本是世界范围内较为成功的制度设计。从我国较长时间内对国有资产管理体制改革的经验教训看,以公司化的方式运营国有资本更符合国有资产管理体制改革的方向,也是国有资本运营取得成功的重要举措。国有资本运营采取公司化的操作方式,表现为运营国有资本的主体主要是公司的形式,包括独资公司、参股或控股公司等,本书为论述的方便,将其统称为"国有资本运营公司"。国有资本运营主体的构建不仅要从宏观上设立运营的主体,还要在微观治理中保证国有资本运营公司的独立性,这就要求对其董事会制度作出合理的设计。

第一节　地方国有资本运营公司宏观构建

一、国有资本运营公司的功能和定位

(一)国有资本运营公司的功能:连接政府和市场的核心

如前文所述,全体人民是国有资产的最终所有者,但是要求抽象的所谓"全体人民"具体参与对国有资产的管理和运营在制度上无法实现,由此需要一个明确的主体代表全体人民管理和运营国有资产。根据《宪法》等公法,能够代表全体人民利益的主体是人大,但是人大因具有非常设性,再将其职能授权于政府行使。在国有资本运营过程中,从投资预算、投资执行再到投资的监督,都是具有浓重公法色彩的行政行为。在投资预算生效、国有资产投资到国有企业之后,国

有企业需要按照市场规律,作为独立主体参与市场竞争。这些行为由民商法调整,是纯私法活动。公法行为向私法行为的转换要求在这两种行为之间有一个连接,国有资本运营公司就是起到连接作用的主体。也就是说,政府以物权、债权或股权形式将国有资产投资于国有资本运营公司,由国有资本运营公司采用市场化的方式运作资本,以控股或参股形式将国有资本交由具体的国有控股公司、国有参股公司进行生产经营。① 国有资本运营公司与被投资企业之间形成了典型的民商事法律关系。按照这种制度设计,就形成了"政府—国有资本运营公司—国家参股企业"的"三层次"构架,国有资本运营公司成为国有资本与市场经济衔接的平台。② 通过国有资本运营公司这个平台,解决了国有资产市场化运行、与市场经济相融合的制度设计目标。

现阶段,在地方构建新型国有资本运营公司具有以下重要意义③:(1)解决代理关系中存在的行政性、多层次性问题。(2)进一步实现政企分开,即将政府公共管理职能与国有资产出资人职能分开。国有资本运营公司脱离政府序列,成为独立市场主体,参与市场竞争。政府作为出资人,则以任免公司董事会成员的方式参与公司决策(公司重要领导人由人大确认,以防止政府过度干预公司治理结构),行使出资人监督职能,获取股东收益。同时,政府序列内的机构只作为行政主体履行公共管理职能。(3)国有资本运营公司通过资本的运营,决定资金投入和退出方向,加快企业重组,实现国有资本的合理流动;退出不良资产较多的领域,以市场化方式操作企业的退出和不良资产的处置。(4)政府通过国有资本运营公司持有国有股权,有利于更好地行使所有权,有助于提高国有产权委托代理的有效性。出资人应依法履行职责,维护企业作为市场主体依法享有的各项权利,坚持所有权与法人财产权、法人财产权与经营权分离,充分尊重企业的经营自主权和法人财产权。

(二)国有资本运营公司的性质:参与市场平等竞争的特殊法人

地方国有资本运营公司一般由地方政府出资,根据政府批准或授权,以持股方式从事国有资本运营活动。国有资本运营公司是国有资本运营体系中的核心部分:对上,它是国有资本的代表,代表政府对受托经营的资本行使占用、使用、受益和处置的权利;对下,它是国有企业的出资人代表,以国有股东的身份依法享有获得资产收益、选择管理者等权利,同时也承担着国有资本保值增值的责任和风险。总之,国有资本运营公司是专门从事国有资本运营的法人实体和市场

---

① 参见顾功耘等:《国有经济法论》,北京大学出版社2010年版,第124页。
② 参见张晖明:《新国资经营公司的新定位》,载《上海国资》2008年第4期。
③ 参见周绍朋、郭全中:《如何成立新国资经营公司》,载《上海国资》2008年第6期。

竞争实体,是国有资本的投资主体、经营主体,也是资本保值增值的责任主体。

首先,国有资本运营公司应是独立的市场主体。考察以国有控股公司为出资人代表的国家,无论是新加坡的淡马锡控股有限公司还是意大利的工业复兴公司,均被定位为独立法人,依据市场方式独立经营、商业化运作。第一,从适用的法律看,作为平等的市场参与者,国有资本运营公司与其他商主体适用的私法完全相同。第二,从治理机制看,国有资本运营公司,特别是处于竞争性领域的国有资本运营公司的运作模式与普通公司无异。除重大事项决策等受一定限制外,国有资本运营公司治理模式应与普通公司一致。第三,从投资方式看,国有资本运营公司按照市场化的方式运作国有资本,以股权投资为主。第四,国有资本运营公司具有独立的法人人格,以自己的名义和财产从事民事活动并承担民事责任。

其次,国有资本运营公司是特殊法人。保持国有资本运营公司的独立性和市场主体地位固然重要,但是由于国有资本运营公司的主要功能在于切断政府与企业间的直接联系,定位于进行国有资产运作,实现国有资产保值增值,这就使国有资本运营公司必然具有不同于一般公司的独特之处。第一,国有资本运营公司必须经批准才能设立。第二,在治理机制上,为保证政府作为出资人的权利,政府会派出相关人员进入企业董事会,以完成政府的职责。同时,在监事或监事会的选任及派出上,外派监事与企业监事会并存,以维护国有资产安全,实现国有资本保值增值。为此,国有资本运营公司不仅适用《公司法》,同时还要受特别法的调整。

二、地方国有资本运营公司探索

经过长期的实践探索,中央和地方均有新组建的国有企业集团和以资产重组、投融资活动为主要业务的投资公司,这些企业集团和资产经营公司在国有资本运营方面取得了不错的成绩,同时也具有过渡性的特征。

(一)地方国有资产经营公司的探索

深圳在很长一段时间内都是国有资产管理体制改革的"领头羊"。在国有资本运营公司构建方面,全国第一家地方国有资产经营公司就是在深圳产生的。全国范围内组建国有资产经营公司出现于1999年国家确立授权经营模式之后。党的十六大之后,在现行体制下,各地以"三层次"运营模式为主,积极探索国有资产经营公司的设置和职能发挥,深圳、上海、北京、重庆在这方面更为突出。

随着改革的深入,深圳市于2004年撤销了深圳市投资管理公司、建设集团公司和物资集团公司,重新组建了以产权管理、资本运作以及投融资业务为主业的深圳市投资控股有限公司。作为市国资委履行出资人职责的辅助平台,公司对部分市属国有企业行使出资人职责,按照市国资委要求进行政策性和策略性投资。公司对实现深圳市国有资本战略性重组和国有企业结构性调整发挥了重要作用,为公司可持续发展奠定了坚实基础。截至 2011 年末,深圳市投资控股有限公司并表企业总资产达 1474.45 亿元。

2009 年 1 月 7 日,北京市国有资本经营管理中心成立。它是北京市国资委在金融危机之后加强国资监管的成果,主要从事国有资本经营与股权管理。北京市国资委相关人士称:"区别于传统的国有资产管理公司性质,该中心通过直接持有市属国资企业的股权,管理股权,从而体现出资人意志。"①不过,北京市国有资本经营管理中心注册成了全民所有制企业。

上海在组建国有资产经营公司方面成果显著,早在 1993 年就成立了上海仪电控股公司。1999 年,上海市第一家主要从事资本运作的综合性公司——上海国有资产经营有限公司成立。2007 年,按照上海市的国资改制方案,上海国有资产经营有限公司将金融类资产划拨给上海国际集团,进而将上海国际集团打造成金融国资的运作平台。此外,上海市国资委将上海盛融投资有限公司、上海大盛资产有限公司合并,组建成以综合投资为主的国盛集团。成立之初,有关方面曾设想将其定位为上海整合产业类资产的平台,但是后来未能如愿。据此,上海市决心打造新的资本运作平台,并使其控股上海国资的规模达到能够发挥投融资和国资流动平台功能的程度。2010 年 3 月 31 日,上海国有资本管理有限公司宣告成立,但是,并未提及新平台的具体布局与人员架构。新平台在上海国资改革中究竟将有何作为,是否能够成为外界期待的"上海淡马锡",仍然是个问号。②

重庆 2002 年开始设立的"八大投"加"渝富"模式吸引了众多人的目光。③

---

① 管理中心成立之初,北京市国资委为其确定了两个身份:一是成为北京市众多国有企业的股东,二是作为北京市国资委的另一个化身。按照此定位,北京的国有资本将接受国资委和该中心的双重监管。管理中心的职能包括:市委市政府的战略产业投资平台;资本融资平台;推动国企重组的产业平台;促进产业发展、科技创新的创业投资平台;整体上市或主业上市企业的股权管理平台;企业进行债务重组、解决历史遗留问题的服务平台。参见祝波善:《北京模式无法解决的困境》,载《上海国资》2009 年第 2 期。

② 参见周燕、张丽华:《上海"淡马锡"猜想》,载《财经国家周刊》2010 年第 8 期。

③ 外界将重庆设立的八个国有资产经营公司合称为"八大投":重庆市高速公路发展有限公司,负责重庆地区高速公路的融资投资和建设、管理;重庆市开发投资有限公司,负责城市轨道交通、地方铁路和城市基础设施的融资投资和建设、管理;重庆市地产集团,负责土地储备和整治、相关基础设施的融资投资和建设、管理;重庆市城市建设投资公司,负责市区道路和桥梁的融资投资和建设、运营;重庆市能源投资集团,负责电力、燃气和煤炭项目的融资投资及管理;重庆市交通旅游投资集团有限公司,负责旅游景点和相关基础设施的融资投资、开发、管理;重庆市水利投资(集团)有限公司,负责水利项目和小水电厂的投资建设以及供排水项目的投资管理;重庆市水务控股集团有限公司,负责供排水、污水处理项目的投资融资和建设、管理。重庆市政府主要通过存量资产、国债、规费、土地、税收"五大注入",解决"八大投"的资本金问题。"八大投"起步之后的融资能力和还款能力主要依赖国有土地。重庆市政府赋予"八大投"土地储备和一级开发职能。

"八大投"以公用事业和基础设施为主要投资和经营领域。2004年,重庆渝富资产经营管理集团有限公司(以下简称"重庆渝富")成立,最初目的是处理国有不良资产。经过多年发展,目前重庆渝富旗下控股、参股公司超过20家,市值超过200亿元。在整个资本运作过程中,重庆渝富的身份较为复杂:既从事地产行业,也处置不良资产,在金融领域又成为金融控股公司。

(二)地方国有资本运营公司的模式

综合各地建立国有资本运营公司的实践,尚没有一个统一的组建模式,其功能和定位都存在很大差别,主要形成了集团公司、托管公司、股权运作公司、行业型国有资本运营公司。① 上海组建的国有资本运营公司是集团型的代表,主要通过原有集团公司改造形成,以利于资本整合、分拆上市。这些公司既有专门从事股权管理的,也有兼营生产经营活动的,经营活动的范围不一。虽经过多年改制,很多地方国企仍存在大量的不良资产,在现阶段进行主辅分离的过程就需要对这些资本进行整合。一些地方政府专门组建了以此为目标的经营公司,如重庆渝富刚开始就是为盘活资产而设立的。市场经济的发展使地方政府认识到资本运作的重要性,开始设立专门从事股权运作的国有资本运营公司,以控股或参股形式专司股权投资。上海国有资产经营有限公司就是以此为目标的。此外,还有些企业处于特殊行业,地方政府便组建专业性或行业性资产经营公司进行资本营运。

(三)地方国有资本运营公司探索中存在的问题

1. 国有资本运营体系构建不完善

国资委作为出资人代表,在"三层次"运营方式中,对国有资产经营公司与国资委的关系以及国有资产经营公司与其出资企业之间的关系并没有理顺,存在体制上的缺陷。

国资委作为企业国有资产的出资人机构,实行管资产、管人和管事的三结合。虽然国资委在履职方面不断改善,但是地方出现的行政化倾向表明,国资委习惯于行政化地对国有资产经营公司进行管理,本应以股权形式行使权利的设计目标落空,国资委与国有资产经营公司演变为行政控制关系。由于偏重于保值增值的目标和缺乏对国资委监管的立法,国资委放松了对国有资产经营公司的评价与约束。国资委与国有资产经营公司之间的行政化,势必导致国有资产经营公司与所属企业也存在政企不分的现象,国有资产经营公司成了政府的"二传手",资本运营职能淡化。在用人方面,国资委要么无权选择董事长等高级管理人员,要么违反公司法,代替董事会选择公司经理层,甚至将监管范围深入到

---

① 参见李保民、王志钢:《企业资产重组与资产经营公司的实践》,载《产权导刊》2009年第9期。

第二、第三层次的出资企业的人事任免,致使国有资产经营公司成了一个新的行政机构。① 企业"内部人控制"现象也没有得以消除。同时,由国资委主导组建国有资本运营公司又增加了一个代理层级,拉长了从最初委托人到最终代理人之间的距离,在增加监督成本的同时也降低了经营决策的效率。

2. 国有资本运营公司自身构建问题

相当多的地方国有资本运营公司是通过将原政府主管部门或行政性公司予以改造成立的,因此它们的行为习惯带有很强的政府色彩。相当多的市级国有投资公司被政府列入市级部门序列,加上公司本身确实代行部分原政府职能,就更导致了在现实运营过程中的"越位"与"缺位"。同时,定位问题导致地方国有资本运营公司普遍缺乏企业战略发展意识,加上地方国有投资公司偏重于投资建设项目的现状,更导致了重当前轻长远的思想,短期行为非常突出。国有资产经营公司既要代行政府交办的社会职能,又要对参股企业进行资本运营,职能的交叉使其既要承担国有资产保值增值职能,又要承担无收益的公共建设、公共支出职能;既要承担管理国有资产职能,防止国有资产流失,又要承担国有资产运营职能;既要承担政府性融资职能,成为地方政府的"钱袋子",又要承担投资性项目建设重任,需要与各金融机构保持良好信用关系;等等。目前,国有资本经营预算制度在中央还只是处于起步阶段,在地方除少数省市较为健全外,很多地方还没有实行。这就导致国有资产经营公司大多听命于政府指令,资本投向、收益分配以及对经营者的考核缺乏依据。

三、地方国有资本运营中的地方政府投融资平台

(一) 地方政府投融资平台与国有资本运营公司

地方政府投融资平台是由地方政府出资设立,并授权其向市场投融资,从事公共基础设施的投融资、建设开发和经营管理等活动,借助政府信用并以经营收入、公共收费和财政收入等为还款来源和保障的企(事)业法人机构。②

在地方国有资产管理和运营中,由于立法没有区别不同类别资产的功能和作用,加上地方政府偏重于实现国有资本的增值,不少国有资本运营公司在运营

---

① 参见李晓峰:《地方国有资产经营公司在体系构建中存在的主要问题及解决策略》,载《内蒙古科技与经济》2010年第9期。
② 有政府官员据此认为,地方融资平台的特点在于:一是发起设立的主体是地方政府或国有资产管理部门,由地方政府直接主导或间接控制;二是依托地方政府信用运作,靠地方政府注入财政资金或土地等形成自有资本金,需要地方财政直接或间接承担偿债责任;三是运营资金来源以信贷融资为主,以发行债券、票据等融资为辅,负债率通常较高;四是将所筹资金投向城市基础设施建设等项目,或转由具有公益性质的公司统筹运作,服务地方经济社会发展。参见李勇:《我国地方政府融资平台的规范与思考》,载《行政管理改革》2010年第11期。

国有资本时将竞争性领域国有资产和提供公共产品的非竞争性国有资产混合在一起,从事资本的投融资,从而形成了地方政府投融资平台。从国有资产的角度看,投融资平台与国有资本运营公司并没有本质的区别,它们都是以国有资产来包括国有土地,确立经营基础,获得举债机会,建立偿债能力。当然,投融资平台和国有资本运营公司还是有一些重要区别的:首先,投融资平台具有明确的功能性或工具性,如主要是为某类基础设施建设进行融资,而普通国有资本运营公司的功能性或工具性要弱得多;其次,投融资平台的政企边界更加模糊。①

从经营功能看,地方政府投融资平台可分为四类:一是"壳"公司投融资平台,只负责投融资,不参与项目建设和经营;二是"公益性"投融资平台,负责无收益来源的公益性项目投融资运营;三是"经营性"投融资平台,负责具有收益来源的经营性项目投融资运营;四是"综合类"投融资平台,同时从事公益性、经营性项目投融资运营。②

(二)地方政府投融资平台的产生和发展

从历史角度看,新中国成立以来,并非一直都是限制地方政府发行公债的。1950年前,东北人民政府曾经发行过"东北生产建设折实公债"。1958年,《地方经济建设公债条例》通过,部分地方曾据此发行过"地方经济建设公债"。面对当时的国际形势,1959年至1980年,国家不再发行国债。改革开放以后,尽管从1981年起恢复公债的发行,但是地方政府发行公债一直处于限制状态。特别是1994年《预算法》第28条③,在立法上对地方发行公债作出了禁止性规定。

关于禁止地方政府发行公债的原因,有学者作了一定的研究,并将原因归结为:受财政预算平衡理论的影响,加强中央的集中统一领导,以及对地方发债会扰乱金融秩序,甚至影响社会稳定的担忧。④ 具体而言,所谓预算平衡理论,是指要求政府开支应和收入相当,支出不能超出收入的范围。随着经济学理论的演进,预算平衡理论也从年度预算平衡的简单平衡理论过渡到动态的平衡理论,也就是要求从长期看预算盈亏的平衡。预算平衡理论反映到我国经济建设中,就形成了对赤字的厌恶态度。⑤ 在《预算法》通过之前的1992—1993年,许多地

---

① 参见张文魁:《从国有资产的角度分析融资平台》,载《中国发展评论(中文版)》2011年第3期。
② 参见李勇:《我国地方政府融资平台的规范与思考》,载《行政管理改革》2010年第11期。
③ 1994年《预算法》第28条规定:"地方各级预算按照量入为出、收支平衡的原则编制,不列赤字。除法律和国务院另有规定外,地方政府不得发行地方政府债券。"
④ 参见邢会强:《地方政府发债的基础法律条件》,载《财政经济评论》2009年第2期。
⑤ 例如,李先念指出:"我们做经济工作,应当'看菜吃饭,量体裁衣'。我们只有这么多的钱财和物质,就只能办这么多的事情。""不能吃'过头粮'。今年吃明年的饭,就是吃'过头粮'。吃'过头粮'的结果,必然会影响到下一年度预算的安排。"转引自邢会强:《地方政府发债的基础法律条件》,载《财政经济评论》2009年第2期。

方集资现象突出,不仅发行量大,而且所用利率普遍偏高。国务院对此专门发布了《国务院关于坚决制止乱集资和加强债券发行管理的通知》,以维护正常的金融秩序,保持社会稳定。应当说,《预算法》禁止地方政府发行债券是中央政府依据预算的基础理论和当时的社会实践作出的应对,在当时有其历史意义。

在《预算法》严格限制地方政府举债的情况下,面对 GDP 业绩考核指标要求,为能够在政府间竞争中保持优势地位,地方政府需要大量资金进行投资,而投资所需资金的来源成为地方政府的头等大事。从实践看,地方政府采取的措施有三种:一是在制度框架内寻求中央的支持,即依靠转移支付制度,"跑部钱进"。这种方式造成的后果是在上级部门所在地形成了大量的"驻京办""驻省办",成为产生腐败的一个重要原因。二是在预算外寻找财源,通过预算外收费等方式增加资金。土地财政收入和行政事业收费成为地方政府预算外资金来源的重要途径。近年来,面对中央的宏观调控政策,地方政府的土地财政日渐紧缩,行政收费、罚没收入开始抬头,非税收入的比重在某些地方已经超过了税收收入。土地财政和罚没收费造成的客观后果非常明显,一些被强征土地、房屋以及被强行收费的人不满地方政府的处理方式,上访现象层出不穷,官民矛盾和社会不稳定成为近年来一个突出的社会现象。三是变相绕过《预算法》的限制,发行"公司债"和利用国有企业筹措资金,其中最为明显的就是通过地方政府投融资平台大量融资。

地方政府提供公共产品之前主要有两种投融资模式:第一种是地方政府把具有稳定收益、特许经营权的收费型公用事业项目向外招商,承诺一定的投资收益率。第二种方式是将公用事业公司上市投融资。但是,公用事业上市公司在主营业务走上正轨后,对非主营业务投资活跃,增加了经营风险。由中央代发的方式仍然没有解决地方政府缺钱的现实,对公用事业的投资资金需求令地方政府更多地偏向于组建地方政府投融资平台,向商业银行借款。地方政府投融资平台正式出现以 1986 年在上海成立的久事公司为标志,目的在于在地方财力不足的情况下满足市政建设资金缺口较大的需要。1994 年"分税制"的确立造成财权的上移和事权的下降,地方政府财政收入日趋减少,市政基础建设更缺少资金。为应对 1998 年东南亚金融危机,投资建设基础设施成为刺激经济恢复的主要手段。囿于《预算法》限制,地方政府不能以发行公债的形式直接筹资,转而以交通公司、城投公司、开发投资公司形式,借助政府信用向银行贷款,与商业银行签订"银行和政府合作框架协议"。2008 年肇始于美国的次贷危机引发了世界性的金融危机,我国的经济发展也受到重大影响。为防止经济大幅下滑,我国采取了积极的财政政策和宽松的货币政策,中央政府提出"四万亿投资计划",主要集中于铁路、公路、电力等大型基础设施建设。在该计划下,地方政府申报了近

20亿元的投资项目,①项目投资方向也是"铁公基"等公共产品领域。《关于发行2009年地方政府债券有关问题的通知》制定了中央代发2000亿元地方政府债券的计划。至2009年底,地方政府投融资平台从2008年上半年的3000多家增加到了8000多家,2010年约为10000家;贷款余额也从2008年的1.7万亿元增加到2010年的10.7万亿元。②省、市、县投融资平台占比大约为2%、40%、58%。③截至2012年3月31日,国内共有399家地方政府投融资平台公开发行过企业债,共计发行512只债券,累计融资6712.5亿元。其中,2011年发行137只,发行规模1735亿元,创历史新高。④地方政府通过投融资平台等方式造成了"隐性债务"⑤,其中蕴含的公共风险不容忽视。

(三)地方政府投融资平台的规制

1. 地方政府投融资平台急需规范

从理论上讲,在投融资平台设立之初,政府即将其设计为独立的法人,试图通过市场化的方式运作,切断政府与银行直接贷款的联系,政府仅提供信用担保,从而减少政府风险。投融资平台职责明确,以投融资和还款为主要内容;投资方向集中,主要以基础设施建设为主;以市场化运作的项目收益为还款来源。这些优势有利于提高投资效率,在政府履行经济职能时,能够实现经济效益和社会效益兼顾,对政府职能转变也能起到促进作用。

但是,理想的设计和现实的操作并不一致。不得不承认的是,地方政府投融资平台目前不规范的操作确实带来了较多的风险。⑥地方政府投融资平台本欲

---

① 参见北京银联信信息咨询中心:《中央四万亿投资计划及各地方政府投资内容全解读》,http://www.zikoo.com/upload/files/0000/1292/a4f545ea-3b97-11de-a668-0030488c9cde.pdf,2016年5月8日访问。

② 参见何京玉:《地方融资平台需还款4.6万亿 政府偿债面临多重压力》,http://finance.cnr.cn/dujia/201108/t20110816_508373039.shtml,2016年5月8日访问。

③ 参见卢元强:《地方融资平台治理再出拳》,载《国际金融报》2010年11月17日。

④ 参见郭一信:《地方政府企业债累计融资超6700亿 风险总体可控》,载《上海证券报》2012年5月4日。

⑤ 地方政府债务一般分为直接债务和隐性债务。其中,直接债务包括:(1)各种拖欠款,包括拖欠工资和离退休费、拖欠工程款、拖欠上级财政周转金;(2)地方公共项目未来的支出,包括教育支出欠账、改善基础设施的欠账;(3)政府的社会保障计划;(4)粮食企业亏损挂账。隐性债务包括:(1)为国有企业改革所支付的一些相关成本;(2)未根据国家有关规定提供担保或允诺承担偿还责任的债务;(3)政策性投融资公司的呆坏账损失;(4)政府直接干预下形成的国有企业、国有政策性投融资机构债务;(5)地方金融机构的不良资产及支付缺口;(6)对下级政府财政危机的救助。参见马进、殷强:《地方发债与地方政府隐性债务问题研究》,载《广西社会科学》2010年第5期。

⑥ 参见林敢、陈白燕:《地方政府融资平台的法律风险及控制》,载《广西财经学院学报》2012年第4期;朱相平:《地方投融资平台建设与政府的责任边界——基于风险控制的视角》,载《宏观经济研究》2012年第7期;朱海波:《城市基础设施建设投融资体制改革的法律原则、问题及路径》,载《行政法学研究》2011年第4期;王眸:《地方政府融资平台的法律审视》,载《湖湘论坛》2012年第1期;等等。

为基础设施建设融资,在民资实力受限或不愿进入的"准公共产品"领域发挥作用。实践中,投融资平台却大范围进入"私人产品"提供领域,如很多平台公司将贷款资金投入房地产行业,职能界定失准。从社会方面看,由于地方政府投融资平台大多是以土地作为担保,而且不纳入地方预算,导致地方政府为维持房地产既得利益而与中央的宏观调控政策相违背,同时也使社会公众承担了高房价的负担。从金融系统看,地方政府投融资平台通常以政府划拨的土地、股权作为资产。在宏观调控政策变化的情况下,地方政府财政收入大幅减少,如果地方政府投融资平台缺乏还款能力,将致使从商业银行获得的贷款成为坏账,从而引发金融风险。同时,通过地方政府投融资平台形成的银行债务多为隐形债务,银行等金融机构缺乏及时知悉贷款使用情况的渠道。地方政府为能通过投融资平台借贷到更多资金,往往向多家银行借贷,银行对债务的监管非常困难。由于没有预算约束,有些融资平台只以能够融资、多融资为目标,对负债能力不予考虑,导致还债能力不足,债务风险增加。从中央与地方关系看,由于地方不能自行发行公债,地方政府通过投融资平台形成超量债务时,最后的责任承担将落到中央身上,形成财政风险。地方政府投融资平台还面临着法律风险:首先,地方政府投融资平台的公司治理结构形成虚设,管理混乱;一些地方政府为满足盲目投资需求,片面强调融资功能,为尽快设立融资平台而实施虚假出资的行为。其次,地方政府投融资平台的一些做法有违担保法。目前,根据我国《担保法》及相关司法解释,地方政府作为保证人违反了国家机关不经国务院批准不得作为保证人的规定,在某些地方存在的将未取得合法土地使用权的土地抵押贷款也与法律相违背。从宏观方面讲,失范的投融资平台不利于经济结构调整和地方政府职能的转变。[①] 地方政府投融资平台资金不纳入地方预算,财务信息不透明,缺乏公共监督。资金的使用者是政府的项目建设单位,政府在资金的配置上拥有决策权,带有浓重的政府行政色彩。在地方政府本已是经济主导者的情况下,失去约束的投融资平台随着规模的扩大,挤占了民企发展的空间,使我国经济发展中的结构性矛盾进一步加剧。随着融资还款期的到来,地方政府还款压力剧增,还款来源匮乏,以财政收入支付欠款导致地方政府提供公共产品的能力减弱,直接影响政府职能的转变。

地方政府投融资平台在运作过程中逐渐暴露出很多问题,引起中央政府和学界的高度关注。国务院和国务院部委 2010 年连续发布了规制地方融资平台的《国务院关于加强地方政府融资平台公司管理有关问题的通知》《国家发展改革委办公厅关于进一步规范地方政府投融资平台公司发行债券行为有关问题的

[①] 参见李云:《当前地方国有投资公司的局限与对策研究》,载《中外企业家》2009 年第 14 期。

通知》等文件,针对地方政府投融资平台存在的定位不清、出资不实、过度融资等问题予以规范。

2. 短期内对地方政府发行公债的制约

1995年,《预算法》开始施行。随着实践的推进,对《预算法》进行修订成为一项重要的立法任务。经国务院批准,在历经两年多的中央"代发代还"的过渡之后,2011年,上海、浙江、广东、深圳开展地方政府自行发债试点。当年11月,国务院常务会议讨论并原则通过《预算法修正案(草案)》。2012年6月,《预算法修正案(草案)》二审稿提交审议。地方政府该不该有发债权一直是《预算法》修订中的焦点问题,二审稿重申"除法律和国务院另有规定外,地方政府不得发行地方政府债券"。

学界对此问题的争论更为激烈,并形成了两种对立的意见。有些学者认为,地方政府有必要发债,从地方政府职能看,可以加强宏观调控,解决地方财政赤字,提高资源配置效率;[1]可以规范融资行为,降低融资风险;[2]可以使隐性债务显现,拓宽融资渠道。[3] 应当说,对地方政府发债的必要性,学界的意见相对比较一致,而对现阶段能否发行则分为两种意见。一部分学者认为,在证券市场不断完善的情况下,地方政府已经具备了发债和偿债的能力。[4] 另一部分学者认为,现阶段,地方政府发债尚缺乏条件,地方政府还不能成为独立的发债主体,在时机上还不成熟。[5]

改革开放以来,我国在经济建设方面取得了举世瞩目的成绩,地方政府"公司化"经营使地方获得了经济上的迅速发展。从长期看,为分散财政风险,在财

---

[1] 参见姚新民:《对中央政府代理地方政府发债筹资的思考》,载《上海财税》1998年第8期;王鹏程、赵晓东:《关于地方政府发债的制度构想》,载《经济论坛》2006年第10期;陈翊:《关于我国发行地方政府债券的几点思考》,载《温州大学学报(社会科学版)》2004年第1期;张海星:《建立我国地方公债制度的探讨》,载《宁夏社会科学》2004年第4期;等等。

[2] 参见马跃敏、张义栋:《城镇化建设的财政政策选择——呼唤市政建设债券发行》,载《经济工作导刊》2003年第24期;任瞳、童燕、汤可攀:《地方财政困境的解决之道:启动地方债券市场》,载《经济工作导刊》2003年第17期;黄媛:《我国地方政府发行地方债券的紧迫性分析》,载《改革与开放》2011年第16期;王伟华:《对发行地方政府债券的思考》,载《华北航天工业学院学报》2004年第2期;潘君瑜:《金融危机背景下开放我国地方债券市场可行性探究》,载《中国国情国力》2010年第1期;等等。

[3] 参见王建东:《关于地方政府发债的思考》,载《经济师》2009年第3期;柴永红:《关于建立我国地方公债制度的设想》,载《生产力研究》2003年第2期;李永久、王玲:《当前我国地方政府发行公债的必要性分析》,载《中共南京市委党校学报》2009年第1期;王朝才:《地方政府发债研究——地方政府具备发债条件》,载《中国改革》2006年第11期;等等。

[4] 参见王朝才:《地方政府发债研究——地方政府具备发债条件》,载《中国改革》2006年第11期。

[5] 参见李万峰:《建立地方公债融资制度的可行性分析》,载《河南税务》2003年第24期;李九领:《我国地方政府发行债券的能力和素质分析》,载《地方财政研究》2007年第3期;丁静:《我国构建地方公债制度的另一种思考》,载《科技经济市场》2007年第6期;马海涛:《地方政府发债利弊谈》,载《地方财政研究》2009年第4期;等等。

政联邦主义下允许地方政府发行债券具有一定合理性,主要是基于财政联邦主义和分散财政风险的考虑。但是,相比缓慢进步的财政法律体系,现阶段完全开放地方政府发债还缺少相应的基础法律条件。① 具体来说,基础法律条件包括:(1)在公共财政框架内,政府与市场定位准确,地方政府职能明确,实现有限政府。(2)中央与地方财权与事权划分明确,地方政府具有独立的财政主体地位。(3)预算法要求地方预算信息完整并透明,具有合理的信息披露机制。(4)完善的问责制度。我国是单一制国家,地方政府对上负责,而且地方领导任期较短,致使问责可能无法实现。(5)实行财政破产制度。尽管可以通过加强人大对政府债务监督、挑选地方公债发行的种类和地域、加强地方债券债权人保护等措施,②缩减发行地方公债的弊端,但是对照现实,我国现阶段还不具备这些基础法律条件。

在我国现行体制下,地方政府发行公债无疑要面对许多复杂的情况,理应采取特别谨慎的态度。同时,地方政府发行公债要纳入财政体制改革之中,同时也要与政治体制改革相适应。在以上问题没有得到解决前,在《预算法》中盲目修订以允许地方政府发行公债并不明智,"至于仍存在较大争议的地方政府公债问题,则不妨'放一放''看一看'再说"③。

3. 从地方国有资本运营角度对地方政府投融资平台的制约

政府与市场的关系既是理论界争论不休的问题,在实务中也很难做到真正的平衡。我国不成熟的市场经济需要科学厘定政府与市场之间的界限,对地方融资平台的规制也需要理顺市场与政府的关系。我国不断推进的地方政府职能转换要求实现从经济主导型政府向服务性、有限性政府转化,政府应以公共预算中的财政收入提供公共产品为主,减少政府干预。地方政府投融资平台和各地国有资产经营公司同样存在政府与市场冲突的缺陷。尽管地方政府投融资平台导致了巨额地方债务,但是不能简单否定其作用,更不能采取"一刀切"式的治理措施,而应具体问题具体分析,实行类型化、差异化的治理。基于此,地方政府投融资平台应根据所提供的不同产品作合理的处置:对于公共产品,如卫生、教育等,应由政府公共预算资金安排;对于市场可以提供的私人产品,应由市场主体依据商业化原则,利用市场资源提供;对于准公共产品以及基础设施,政府可以吸纳社会资金有序投入。投融资平台作为地方政府间接参与市场活动的一种渠道,可以在这一领域发挥扶持性、引导性的积极作用,广泛吸引民间资本参与。

---

① 参见邢会强:《地方政府发债的基础法律条件》,载《财政经济评论》2009 年第 2 期;岳彩申、王旭坤:《规制地方政府发债权的几点立法建议》,载《法学》2011 年第 11 期。

② 参见刘剑文、侯卓:《公共财政视野下的〈预算法〉修改》,载《中国法律》2012 年第 1 期。

③ 同上。

地方政府投融资平台应以此为目标,并予以规范。

从地方政府投融资平台的融资行为看,其实质是地方政府依据其信用,以国有资本为担保进行的借贷行为,与利用国有资本举债行为并无二致。从国有资本运营的角度看,对地方政府投融资平台的制约可以从以下几方面进行制度设计:

首先,将地方政府投融资平台纳入地方国有资本经营预算,实现预算硬约束。地方政府投融资平台所投入的国有土地使用权、股权,甚至行政事业单位非经营性国有资产转经营性国有资产,作为国有资本的一部分,本身就在国有资本经营预算的范围内。地方政府将其投入投融资平台应接受国有资本经营预算的制约,在投入方向、规模、考核等方面建立硬约束。

其次,合理确定地方政府投融资平台的设立主体。为避免地方政府不顾自身经济条件,大量设立投融资平台,应对其设立主体进行限制,依据主要是地方预算及财力情况,即要求地方政府经济发展较快,宏观调控能力较强,国有资本管理水平高、运营效益好,国有资本经营预算编制规范,具有稳定的还款保证。

再次,地方政府投融资平台的融资使用方向必须明确:准公共产品以及回报周期较长的城市基础设施项目。

复次,加强地方政府投融资平台的风险控制,强化信息披露机制。在内容上,应保证信息完整、准确;信息披露的主体宜规定为上级监督机构;扩大信息披露的渠道,实现网站、报纸等多样化的披露;信息要接受公众和上级部门监督,并接受询问和质询。

最后,加强地方政府投融资平台的监管机制,特别是人大的监督,维护国有资产最终所有者的知情权、决策权和收益权。具体而言,地方政府应将预算全面提交地方人大,人大在充分获取预算信息的情况下,也需要细微考察融资项目结构、资金募投方向、项目建设情况、资金使用管理制度和还款来源等。

从根本上说,地方政府投融资平台的大量出现,同中央与地方之间不匹配的财政收支相关,改革现行的财政体制成为一项必需的任务。从长远看,规范地方政府投融资平台要与转变经济发展方式、加快转变政府职能等长期目标相结合,[①]改变地方政府主导经济发展的局面,转变地方政府政绩考核标准,控制地方政府的盲目投资冲动,转变地方政府职能,确立以提供公共产品和服务为其主要职能的有限政府和服务性政府定位。应从完善财政收支划分法律制度、财政

---

① 参见李勇:《我国地方政府融资平台的规范与思考》,载《行政管理改革》2010年第11期。

转移支付法律制度、财政投资法律制度以及财政预算法律制度入手,[1]以地方公债的发行解决地方政府财政收入问题,合理处理中央与地方关系。

四、地方国有资本运营公司宏观构建

组建国有资本运营公司的最根本目标,就是要缩短国有资本运营的委托代理链条,降低营运成本,并通过国有资本的市场化营运,不断提高国有资本的营运效率。

(一)重构原则

1. 坚持政企分开

政企分开一直都是我国国有经济改革的出发点和目标。在国家和政府都不宜直接运营国有资本时,必须设计出独立的运营体系。国有资本运营公司应该与政府职能分离,本着简化与明晰各个部门角色与功能的原则进行改革。[2]国有资本运营公司应与政府机构脱离,实行规范的市场化、企业化经营。由于国有资本运营公司不具备行政管理职能,其经济目标在于实现国有资本的保值增值并最终使全民受益。改组或新建的国有资本运营公司必须是一个真正的企业,不能再保留行政职能,只有这样才能避免陷入"婆婆加老板"的困境。

2. 分类设立国有资本运营公司

分类的目的在于,对不同类型的公司,控制、监管、考核的内容与方式有所不同。按照经营性国有资产所处领域,国有资本运营公司分为两大类:对于竞争性领域的国有资本运营公司,应当以经济功能为其主要任务,保值增值是其首要目的;而对于非竞争性领域的国有资本运营公司,则应以社会功能为根本追求。相应地,国有资本运营公司可根据所经营资产和所投资企业的特点分为两种类型:对于竞争性领域的国有资本运营公司,宜组建资产管理型公司,主要资产是其持股公司的股份,主要业务是对其持股公司进行资本产权或股权管理,是股权管理型或财务控制型控股公司;对于非竞争性领域的国有资本运营公司,宜组建战略管理型公司,公司对其持股公司不仅进行财务控制,而且进行战略控制,是战略控制型控股公司。

3. 设立综合性国有资本运营公司

产融结合是经济发展的趋势,国有资本运营公司的设立应对这种趋势作出反应。应对国有资本营运机构实施大范围的重组整合,不再按照部门或行业分

---

[1] 参见杨松、张永亮:《地方政府融资平台的发展方向》,载《法学》2012年第10期;冯果、李安安:《地方政府融资平台的财政法救赎》,载《法学》2012年第10期。

[2] 参见张铭:《新时期我国国有资本经营公司运营模式探讨》,载《国有资产管理》2011年第4期。

类、组建跨行业、跨部门的综合性国有资本运营公司。

（二）国有资本运营公司的组建

1. 国有资本运营公司的形式

对于国有资本运营公司，可以从不同的角度进行划分：

（1）以地方政府与国有资本运营公司的投资关系为标准，国有资本运营公司可以分为国有独资公司、国有控股公司（包括直接控股和间接控股）、国有参股公司。

（2）以国有资本运营公司是否从事商品或劳务的经营为标准，国有资本运营公司可以分为纯粹性国有资本运营公司和混合性国有资本运营公司。纯粹性国有资本运营公司不直接从事任何生产经营活动，不提供具体的产品和劳务，只是对其参股或控股企业行使股权，是专门进行股权经营的国有资本运营公司。混合性国有资本运营公司则既从事生产经营，又从事股权经营。为避免同业竞争的限制，混合性国有资本运营公司一般侧重于其下属控股公司难以承担的义务，如大规模投资或跨国经营等。

（3）以国有资本运营公司的经营范围为标准，国有资本运营公司可以分为行业性国有资本运营公司和综合性国有资本运营公司。行业性国有资本运营公司的经营范围及于某一专门行业或领域，综合性国有资本运营公司的经营范围则涵盖多个行业和地区。

（4）以国有资本运营公司的职能范围为标准，国有资本运营公司可以分为国有投资公司、国有资本经营公司、集团公司、金融控股公司。国有投资公司一般进行增量资本投资，没有行业的限制。国有资本经营公司一般经营存量资本，多从某些行业国有企业的控股运营起步，通过资产重组和结构调整逐步发展，属于纯粹性控股公司。集团公司主要承担重要产品和基础行业的大型企业股权管理和资本运作。金融控股公司一般管理和运营银行和非银行金融机构的国有股权。

2. 国有资本运营公司的组建方式及优劣

在政企分开和政政分开之后，政府不再是国有资本的营运主体，也不再直接持有国有公司股份、参与国有企业管理。对于国有资本的存量调整和增量投资，地方政府应授权国有资本运营公司实施。理论上，国有资本运营公司的组建有新建和改建两种方法。从实践操作看，改建的方式又包含改组企业集团、改组行业性总公司和政府经济主管部门、改组国有资本经营公司和国有投资公司等。

（1）改组行业性总公司和政府经济主管部门

采用这种方式，改革成本和风险相对较小。在组建国有资本运营公司过程中，政府部门既是改革者也是被改革者，将组建国有资本运营公司与原有的政府经济主管部门和行业性总公司的机构改革、职能分解、人员分流相结合,可以减少改革阻力,实现新旧体制的平稳过渡。另外,这种方法也有利于发挥专业经营的特色。这主要是因为国有资本运营公司在追求保值增值的同时,必须承担一定的经济调控职责,而行业性总公司能够较好地承担这方面的责任。

但是,这种方式经实践检验,暴露出政企分开、政资分开难以实现的缺陷。由于行政机构在行政和组织形式上与企业相差较大,在被改组后,仍习惯以行政管理方式干预企业经营活动,往往是原班人马,挂两块牌子,成为"翻牌公司"。因此,在资本运营公司的组建和运作方式上带有浓厚的行政色彩。同时,由于行业性总公司和政府经济主管部门的管理领域往往集中于特定行业,资本的流动性也比较差,因此对资本重组和整合形成了一定的阻碍。

(2) 改组企业集团

大型企业集团在各省都有,其中一些效益还比较好。以集团公司为基础组建国有资本运营公司,就是地方政府将现有企业集团的紧密层企业的国有资本统一授权给核心企业,由其行使所有者职能,变核心企业为控股公司。我国从1992年开始进行企业集团国有资产授权经营试点,许多大型国有企业集团的母公司被以不同方式授权经营子公司的国有资产。

首先,采用这种方式有利于减少国有资本运营的委托层级,减少行政干预。企业集团被改组后,政府直接对集团授权,减少了委托层级和代理成本,有利于提高决策效率和国有资本的运营效率。同时,由于集团公司一般不具有行政职能,运营较好的集团也形成了较好的公司治理结构,从而对政企分开起到了促进作用。其次,采用这种方式可以打破地区、部门界限,通过兼并、资产重组等方式优化资源配置,实现企业间优势互补。最后,采用这种方式有利于利用企业集团雄厚的资本实力和技术、人才优势,实现规模效应;同时,由于在各地往往存在多个企业集团,集团间的竞争也有利于提高整个产业的竞争力水平。

当然,这种组建方式也存在一定的局限性。首先,改组后的集团公司一般为混合性控股公司,很难协调生产经营和资本经营的矛盾,很可能导致投资多元化和分散化,从而影响主业发展。其次,通过历次国企改革,地方拥有的国有资产总量已经不大,地方政府在改造集团公司时多以行业等为标准,组建了多个国有资本运营公司,从而导致各个国有资本运营公司规模较小和分散。

(3) 新建国有资本运营公司

这类国有资本运营公司由政府直接授权组建,其经营范围多为综合性的。在不断发展和探索中,众多省市新建了这类公司。

新建方式可以较好地实现政企分开和政企分离。这类公司从一开始就是按照公司法组建的,从机构设置、人员配置以及运行机制看,都相对比较规范。由于这类控股公司属于综合性运营公司,其持股领域不仅限于特定行业,往往跨多个行业、多个领域,如此不仅有利于实现国有资本在不同领域的重组和整合,而且也可以分散和规避经营风险。

同样,新建方式也存在劣势。第一,从产生方式看,是先有普通公司,再有控股公司,这与市场逻辑相悖,由此造成控股公司凝聚力不强,与下属企业难以协调关系。第二,由于这类控股公司的子公司原来分属于不同行业主管部门,这些企业被归入控股公司后并未彻底脱离原主管部门,由此造成运营公司在行使出资人代表职能时容易与原主管部门产生矛盾,特别表现在人事任免上。

(三)国有资本运营公司的组建层级

地方国有资本运营公司是按照现行地方区划组建,即在省、市(地)、县、乡组建,还是收缩"战线",仅在省级组建?这个问题和产权分级的层级相关,与此相适应,地方国有资本运营公司原则上在省、市(地)组建;在行政体制改革完善,"省管县"的情况下,则为省、市县两级;例外情形下,只在省级设立。

1. 地方国有资本的功能使然

前文述及,地方国有资本除实现营利外,兼有宏观调控功能。但是,不是每级地方政府都能运用国有资产进行宏观调控,行使调控功能必须具有强有力的实力、完善的行政系统以及对经济规律的把握能力。基于经济发展水平和我国目前实行的经济体制,宏观调控一般局限在中央和省级两级政府;特殊情形下,国有资产总量较大的市(地)也可以进行。《中共中央关于建立社会主义市场经济体制若干问题的决定》在肯定宏观调控决策权集中于中央的同时,指出:"我国国家大,人口多,必须赋予省、自治区和直辖市必要的权力,使其能够按照国家法律、法规和宏观政策,制订地区性的法规、政策和规划;通过地方税收和预算,调节本地区的经济活动;充分运用地方资源,促进本地区的经济和社会发展。"

省、市(地)级政府既是中央决策的执行者,又是下级政府的指导者。省、市(地)级政府贯彻中央宏观调控政策,与本地区经济发展之间的协调,足以反映整个国家宏观调控的成效。① 另外,通过国有资本进行宏观调控的目标,是以投资为纽带,实现资源配置的最优化。由此可见,中央政府制定的宏观调控战略能否行之有效,省、市(地)级地方政府宏观调控的力度是关键因素之一。

2. 地方国有资本的规模使然

目前,地方企业中也不乏规模、影响可以和中央大企业相比的大规模企业,但是省、市(地)国企的整体规模、行业地位和社会影响明显小于中央企业。县以

---

① 参见甘肃:《构筑地方政府投资调控机制——关于建立地方国有资产经营公司的思考》,载《财经论丛》1995年第2期。

下政府所控制的国有资产,同时也包括省市属的一些小型企业,规模更小,效益更差。从成本考虑,没有必要设置那么多的国有资本运营公司。

3. 政府体制改革使然

根据《宪法》第30条,我国实行省、县、乡三级行政体制。现实中,省辖市、地级市是在经济转型时期形成的,并没有法律依据,而且降低了行政效率,加大了行政成本和城市泛化。党的十八大报告提出,要优化行政层级和行政区划设置,有条件的地方可探索省直接管理县(市)改革,深化乡镇行政体制改革。但是,在现阶段,这些较大的市(地)的地位还非常突出,在没有完成改革之前,在市(地)设立国有资本运营公司具有现实意义。当然,随着改革的深入,在行政区划回归到《宪法》规定的省、县、乡的格局时,再根据区县级政府掌握的国有资产总量和规模决定是否设立国有资本运营公司。

(四)地方国有资本运营公司的上下级关系

在新的国有资本运营体制下,必然涉及省、市之间以及各级国有资本运营公司与其下属控股公司之间权利的规范和协调问题。

1. 中央与地方国有资本运营公司之间的关系

在新的国有资产管理体制下,充分发挥中央与地方的双重积极性成为改革的目标。按照"分级所有"的要求,中央与地方分别是所辖国有资产的所有者,按照"谁投资,谁受益"的原则对企业行使出资人职责。中央与地方国有资本运营公司之间不存在行政隶属关系,每一级分别对本级政府所管辖的国有资产和国有股权履行出资人代表职责。相应地,国有资本的运营,中央与地方是相互独立的。中央与地方国有企业有各自的出资人,是独立的法人实体,在市场中处于平等竞争地位。它们之间如果存在产权关系,只能通过共同投资、相互参股和控股形成,不应当再出现行政划拨等情况。

2. 地方各级国有资本运营公司之间的关系

地方国有资本运营公司一般由地方政府单独出资设立,代表本级政府对本地国有资产行使出资人职责,以国有股东的身份依法享有资产收益权、选择管理者权、重大决策权等权利。它是专门从事国有资本运营的法人实体和市场竞争主体,也是国有资本的投资主体、经营主体,还是国有资本保值增值的责任主体。本级国有资本运营公司之间也是平等的市场主体,没有上下级行政关系。

3. 地方国有资本运营公司与下属企业之间的关系

地方国有资本运营公司与下属企业之间实质上是一种投资关系,对下属企业行使股东权。地方国有资本运营公司作为控股、参股公司,与其他股东一样,追求的是投资收益的最大化。

第二节　地方国有资本运营公司微观治理

在完成从宏观上构建国有资本运营公司的基础上,实现政企分开的目标只是从形式上完成了第一步,即国有资本运营公司独立于政府序列,不再作为政府机构的一部分。要实现政企分开,还要确保政府之手不能过度干预企业的正常运营,实现国有资本运营公司的真正独立,其形式即从公司治理结构入手,由公司独立决策,独立参与市场。国有资本运营公司的特性决定了公司董事会的核心地位。

一、地方国有资本运营公司特色考量

(一)国有资本运营公司与一般公司的区别

1. 公司性质的区别

区别于一般的国有企业,国有资本运营公司是国家授权的投资机构:对政府,它是国有资产经营机构;对子公司,它是国有资本出资人。国有资本运营公司在性质上主要有以下特征:

(1)国有资本运营公司是特殊法人。国有资本运营公司由国家投资设立或改组设立,其初始资本来自政府投资或授权。作为独立的法人实体,除遵循市场竞争主体的一般运作规律外,兼有代表政府对国有资产进行经营管理的特殊职责。国有资本运营公司担负着具体实施国有资本和国有企业的战略重组、提升国有资本和国有企业竞争力的功能。

(2)国有资本运营公司在国有资产管理体系中处于承上启下的地位,一方面接受政府委托,保证国有资产保值增值;另一方面作为参股企业中国有股权的代表,行使国有股东的权利。

(3)国有资本运营公司经营目标的双重性。国有资本运营公司是依据国家授权和产业政策,进行控股和参股经营,其经营目标具有双重性:一方面,通过股权运作取得最佳的经济效益;另一方面,作为政府宏观调控的手段,实现产业结构的优化和良好的社会目标。

2. 公司出资人身份的区别

国有资本运营公司的出资人为政府。政府既是社会经济管理者,履行社会管理者职能;又是国有公司的出资人,履行出资人职能。政府的这种双重身份,以及所追求的社会政治稳定和企业经济效益的双重目标,使其具有了"政治人"和"经济人"的双重属性。政企分开也正是在这样的背景下提出的。一般公司出资人的目的则比较单纯,即以追求利润最大化为主要目标。

3. 委托代理关系的区别

国有资产的所有者在法律意义上属于全民。全民虽然是国有公司的投资者，但是它不具备私人股东的基本性质，不能被人格化。这使得国有资产的所有者虚位成为必然。源于国有资产所有者的固有虚位，国有公司中的委托代理关系有以下几个特点：其一，委托代理链条较长。从真正的所有者到最后的执行者，中间的委托代理关系经过了公法与私法的转换，处于中间环节的许多主体既是委托人又是代理人，难以真正以初始委托人的利益最大化作为自己的目标。其二，委托代理中既有代理人问题又有委托人问题。在普通的私人公司中，通常产生的仅仅是代理人问题。如此，国企代理成本居高不下。其三，由于经过了多层次代理，作为最终行使经营权的国有企业经理人受到的监督更弱，机会主义和逆向选择形成"内部人控制"，由此也要求在构建国有资本运营公司董事会制度时应更为严格。[①]

4. 经营方式和经营范围的区别

在经营方式上，国有资本运营公司以控股为主，主营资本控制，混合兼营或不从事其他事业。目前，大多数国有资本运营公司采取混合经营方式，也有少量纯粹控股。按照国有资本运营公司设立的目标，应以控股经营为主。

在经营范围上，国有资本运营公司因国有资产存在领域不同而有所差异。在非竞争性行业中，应进入国家重点行业或自然垄断领域；在竞争性行业中，应尽量退出。

国有资本运营公司与一般公司的区别[②]

	国有资本运营公司	一般公司
公司运作	以资本运作为主，不介入下属企业生产经营	以生产经营为主
工作对象	资产或股权	商品和服务
公司使命	保值增值，兼具社会职能	取得生产利润
公司寿命	资产处置类运营公司在任务完成后可能结束经营活动	持续经营
考核评价	资产处置、资金回收、安全生产、职工稳定、消除风险等	资本增值、净资产回报率等生产经营指标

（二）不同领域国有资本运营公司的功能差异

1. 非竞争性领域国有资本运营公司功能

政府通过国有经济保证其经济政策的实施，是其履行调控职能的重要手段。

[①] 参见胡改蓉：《国有公司董事会法律制度研究》，北京大学出版社2010年版，第10页。

[②] 参见国务院国有资产监督管理委员会研究室编：《探索与研究：国有资产监管和国有企业改革研究报告（2006）》，中国经济出版社2007年版，第99页。

私人资本的逐利性使其不愿进入没有盈利的领域,导致市场配置失灵。有理论认为,国家为弥补这部分市场缺陷,运用非竞争性领域国有资产对市场进行干预。因此,非竞争性领域国有资产的功能决定了此领域的国有企业并不以营利为目标,而在于保证经济安全、国家安全和社会安定。① 这就意味着,非竞争性领域的国有资本运营公司大多分布在自然垄断行业、提供公共产品和服务的行业。

由于国家投资该类公司主要是延伸政府承担的职能,以社会效益为目标,因此其经营活动应以社会整体效益为指导,将社会公益目标置于优先地位。这一目标定位意味着政府和非竞争性领域的国有资本运营公司不单单是股权投资关系,政企不可能完全分开。即使实行公司化的治理结构模式,政府为实现其职能,也会介入这些公司的经营活动,因此在公司治理结构上和普通的商事公司有明显差异,特别是董事等人员选任受政府干预较多。

2. 竞争性领域国有资本运营公司功能

由于经济现实和历史原因,在计划经济向市场经济转轨的过程中,巨量的国有资产在我国处于主导地位,极端地采取全部退出的方式不仅会造成市场和社会的动荡,也会产生这些总量巨大的国有资产由谁接手而又不会使最终所有者的全民利益受损的疑问。国有资产在竞争性领域发挥作用可以在一定的过渡期内缓解这些利益冲突。"有竞争力的央企可以留在竞争性领域,但有竞争力的地方性国有企业却必须退出竞争性领域是匪夷所思的。"② 随着经济全球化的不断发展,国际经济竞争日趋激烈,经济风险不断加大。与国外资本相比,我国民营经济发展起步晚、规模小、管理水平低、生产设备陈旧、技术研发投入经费少、创新能力和竞争力弱、产品技术含量低,难以应对西方大型跨国企业的竞争和经济危机的冲击。从"与狼共舞"的角度看,还需要一部分竞争性国有资产存在。由于这类公司以市场化方式运作,作为独立市场主体参与市场竞争,与普通商事公司无异,因此其公司治理结构应与一般公司相同。

(三)国有资本运营公司治理差别化设计

我国现行《公司法》和《企业国有资产法》对国有公司治理规定了不同于一般公司的要求。例如,根据《公司法》第67条,国有独资公司不设股东会,由国资委代行股东会职权。国资委可以授权董事会代行股东会部分职权,决定公司重大事项。但是,有关公司合并、分立等重大事项需报国资委、政府批准。在董事会制度方面,国有独资公司依法设立董事会,非职工董事以及董事长、副董事长由

---

① 有学者将此概括为基础服务职能、经济调解职能和社会政治职能三个层面。参见柳华平:《中国政府与国有企业关系的重构》,西南财经大学出版社2005年版,"摘要"第6页。

② 谢地:《国有经济的身份与地位:法经济学的视角》,载《政治经济学评论》2010年第3期。

国资委委派和更换。为体现职工作为国有企业主人翁对企业民主管理的权利，发挥职工作为内部人的监督作用，董事会成员中应有职工代表。在监事会组成上，一方面，国资委作为股东，对公司外派监事；另一方面，在职工中产生职工监事。在监事会职责上，监事会的主要职责是对国有资产实施监管，并对董事和经理违法及损害公司利益的行为进行监督。

在"政府—国有资本运营公司—企业"模式中，国有资本运营公司起着桥梁作用，它与政府的连接方式，除授权经营外，主要体现在公司治理机制上，如政府如何履行其出资人代表的职能、董事会与政府这一出资人代表的关系界定等。①因此，对于国有资本运营公司来说，应设计不同于普通公司的公司治理结构。

1. 董事会中心主义

按照传统公司治理机制，股东会是公司最高权力机关，对公司事务享有最终决定权；而董事会是执行机构，应对股东会负责。理论上，股东会被设想为股东控制经营者的一种工具。②但是，事实上，不是股东会而是董事会控制了公司。股东大会的"形骸化"已成为一种普遍现象。由于股东会实际上不可能行使对公司大量事务的管理权，董事会及其指导下的经理层已逐步成为公司权力最为集中的机构。③"董事会中心主义"随之成为一种潮流。国有公司治理中的"董事会中心主义"模式在国外有着诸多成功的经验，④新加坡淡马锡控股有限公司是其中的典型代表。

《OECD国有企业公司治理指引》建议，国家应当通过一个集中化的所有权实体或有效的协调主体行使其所有权职能，使国家所有权与政府监管职能严格分开，以更好地确保国家所有权能够以一种专业化和问责的方式进行。⑤在我国，实行董事会中心主义的公司内部关系模式是实现政府与国有资本运营公司政企分开的主要途径。董事会受出资人委托运营国有资本，是出资人职责的延伸，既实现出资人职责到位，又不干涉企业自主经营权，成为理顺政府和国有资

---

① 参见胡改蓉：《国有公司董事会法律制度研究》，北京大学出版社2010年版，第120页。
② See Paul L. Davies, Gower's Principles of Modern Company Law, Sweet & Maxwell, 1997, p.596.
③ See Thomas Lee Hazen, Jerry W. Markham, Corporations and other Bussiness Enterprises, West Groups Publishing, 2003, p.9.
④ 典型的案例有新加坡的淡马锡公司、意大利的国家电网公司以及加拿大的皇冠公司（即中央国有企业）等。在新加坡，淡马锡公司虽由财政部全资持股，但投资或商业决策的作出却是淡马锡董事会的责任，无论是总统还是新加坡政府，均不介入商业决策。在意大利，国家电网公司同样是一家国家拥有100%股份的公司，该公司董事会由7人组成。除了公司法等法律规定的由股东执行的权利外，其他权利全部归董事会享有。参见经济合作与发展组织：《国有企业公司治理：对OECD成员国的调查》，李兆熙、谢晖译，中国财政经济出版社2008年版，第129页。
⑤ 参见经济合作与发展组织：《OECD国有企业公司治理指引》，李兆熙译，中国财政经济出版社2005年版，第2页。

本运营公司关系的桥梁。

2. 内外平衡

在国有资本运营公司治理中,客观存在着企业内部的决策者、管理者、劳动者组成的内部人群体和由国家、政府以及外派监事组成的外部群体。尽管两类主体内部有其矛盾性,但是其利益倾向均为追求自身利益最大化,其中内部人所追求的是内部人利益最大化,外部群体则以股东利益最大化为目标。

现有公司理论没能更好地解决这两类主体之间既统一又对立的关系,因为委托代理理论往往站在股东委托人立场,坚持股东至上;利益相关者理论则强调众多利益相关者之间在公司治理中的平衡。国有公司的治理既不是股东至上论,也不是综合的众多利益主体的平衡,而是从国有公司的特殊性出发,处理好企业内外部利益主体的关系。[①] 国有公司要实现有效治理,就必须找到一种防止内部人控制的机制,以实现内外利益的平衡。

3. 公司所处领域的不同

就领域而言,非竞争性领域国有公司通常具有公益性、服务性以及垄断性。这三大特点决定了竞争性领域国有公司与非竞争性领域国有公司虽都强调市场化运作,但具体的经营机制设计还是有所区别的。首先,政府对两类公司的干预力度不同。由于非竞争性领域国有公司的职能呈多元化,是"政治功能"的一种延伸,因此政企分开的难度明显高于竞争性领域国有公司。其次,对于非竞争性领域国有公司而言,社会效益是其首要目标,营利性处于次要地位;而对于竞争性领域国有公司,经济效益是其首要追求,其核心思想是突出利润指标在企业经营活动中的地位和作用。最后,非竞争性领域国有公司一般是国有独资公司,由于不以保值增值为目标,所以以实现利润对其进行评价有失偏颇,更难确定对其管理者的考核标准。因此,对不同领域的两类公司应作出不同的公司治理结构设计。

4. 对董事会更高的独立性要求

鉴于国有公司与政治的内生性,为使政企能够真正分开,保证国有企业进行市场化运作,董事会成员的独立性不可或缺。这种独立性要求所有的董事会成员在履行其职责时以一种对公司负责的态度,将自己的行为与公司章程、公司目标保持一致,不被任何政治上的影响左右。这种独立性要求董事会既独立于政府,又独立于经营管理层;既不受政府干预,也要防止"内部人控制"。这也对董事会成员的独立经营能力提出了更高的要求。当然,对于非经营性领域国有资本运营公司来说,其董事会的独立性相对减弱以完成政府的目标。

[①] 参见郑海航等:《国有资产管理体制与国有控股公司研究》,经济管理出版社 2010 年版,第 159 页。

5. 信息披露的高要求

信息不对称是公司实现良好治理的困境之一。股东无法获得董事、经理等代理人行为的充分信息,从而无法对其行为进行及时、准确的绩效评价和监督。因此,加强信息披露,保持公司运营必要的透明度,是普遍公司组织机构有效运行的基本前提。在国有公司中,由于出资人的虚位,这种信息不对称更加明显,强化信息披露制度成为必需。

二、地方国有资本运营公司董事会建设:成效与问题

(一)地方国有资本运营公司董事会建设

《中共中央关于国有企业改革和发展若干重大问题的决定》明确提出:"公司法人治理结构是公司制的核心。"近年来,国资委力推国企董事会建设工作,2004年在央企试点之后,地方随即跟进试点建设,推动了独立董事、外部董事、职工董事制度的建立和完善。

1. 董事会规范制度进一步完善

在总结试点工作的基础上,国务院国资委相继出台了一系列有关董事会规范运作的办法和条例。地方国资委相继对董事会建设作出了应对。近年来,各地相继出台了董事会规范运作以及外部董事、职工董事的选任、履职规范、经营业绩考核等规范性制度。例如,2010年,深圳推出了"1+5"系列文件,以进一步建设规范的董事会。① 北京、上海、天津及其他省、自治区也都制定了各地董事会专门委员会建设、职工董事管理以及外部董事的地方性规章制度。

2. 董事会建设的覆盖面日益增加

以股权结构为标准,可以将地方国有企业分为国有独资公司、国有控股公司和上市公司三类。国有控股公司和上市公司的股东来源不一,包括战略投资者、外资股东和社会公众股东,公司治理结构相对比较规范,形成了比较有效的制衡机制。因此,地方以国有独资公司为主要试点单位。例如,深圳已经在市属几家独资公司全部实行董事会制度。

3. 外部董事制度进一步加强

外部董事制度是国资委力推的一项举措,旨在消除内部董事过多引起的内

---

① 文件包括:《关于深化市属国有企业领导人员选拔任用改革的若干意见(试行)》《关于进一步推动市场化选聘市属国有企业领导人员工作的意见》《深圳市国有资产监督管理局直管企业董事选聘办法(试行)》《深圳市国有资产监督管理局直管企业董事会及董事评价办法(试行)》《深圳市国有资产监督管理局直管企业董事会选聘高级经营管理人员工作指导意见(试行)》《深圳市国有资产监督管理局直管企业董事会考核评价高级经营管理人员工作指导意见(试行)》。参见秦永法、陈栋梁:《赋权不越位:深圳国资监管新政启示》,载《董事会》2011年第10期。

部控制问题。现阶段,外部董事制度在我国的发展主要表现如下:一是引入外部董事制度的地方不断增多;二是扩大外部董事选聘范围,建立外部董事人才库;三是严格规范外部董事履职资格,以保证履职能力;四是规范聘任程序,以协议方式明确外部董事的权利、义务、考核评价以及责任追究等内容;五是优化董事会结构,外部董事在董事会中占一半以上;六是不断提高董事履职能力,注重董事培训。

4. 增强董事会的独立性

近年来,地方不断探索将企业投资权、人事权和薪酬权以及高级经营管理人员的选聘和考核评价工作下放至企业董事会,在董事会内部设立战略、提名、预算、薪酬与考核、审计等专门委员会,其中薪酬与考核、审计委员会原则上由外部董事担任召集人。为确保董事会独立性,必须合理处理董事会与党委会、经理的关系。其中,在与党委会的关系上,"双向进入,双向交叉",党委会主要提供建议和意见;在与经理的关系上,落实由董事会选任经理的公司治理要求。

5. 建立健全考核评价机制

对董事会的评价重点是其运作的规范性和有效性,包括董事会工作机构设置、制度建设、日常运行、决策效果以及对经理层的考核与管理等,实行换届评价和届中评价,由自我评价、监事会评价、综合测评、听取意见、查阅资料、综合分析评价、反馈评价意见程序组成。对董事的评价重点从德、能、勤、绩、廉等方面进行,主要内容包括职业操守、履职能力、勤勉程度、工作实绩、廉洁从业等,实行任期评价和届中评价,包括提交述职报告、综合测评、听取意见、查阅资料、综合分析评价、反馈评价意见程序。

6. 加强董事会文化建设

董事会结构的完善并不必然意味着董事会治理的科学。被称为软实力的"董事会文化"对于董事会规范运作起着保障作用。良好的董事会文化对于"一把手负责制"、任人唯亲能够起到防范作用。①

(二) 地方国有资本运营公司董事会建设问题分析

应该说,地方国有资本运营公司带着实现政企分开的目标而设立或改建,对公司在治理结构方面已有所考虑。目前,董事会建设取得了不小的成效,但是,缺陷依然存在。董事会建设过程也是国有资产管理体制改革的过程,其间存在的弊端也会反映在董事会构建之中,尤其是存在以"排异"②为主要特征的严重障碍。

---

① 参见陆红军:《董事会文化缺失之鉴》,载《国企》2009年第11期;郑志刚、孙娟娟、Rui Oliver:《任人唯亲的董事会文化和经理人超额薪酬问题》,载《经济研究》2012年第12期。

② "排异"是医学上的专用名词,特指生物体在机体中植入某种非自身的物体时自然产生的隔离、拒绝、抵制和破坏外来物的机理,这里借以说明董事会建设中遇到的类似问题。参见金桂苑:《国企董事会建设的障碍——上海国资系统的调查研究》,载《上海市经济管理干部学院学报》2008年第3期。

1. 以董事会为中心的机制尚未确立

以董事会为中心是现代公司治理结构的世界性趋势。我国公司法虽然采用了股东会中心主义,但是在国有企业中有特别的规定,特别是国有独资公司不设股东会的规定使董事会成为公司法人治理结构的关键和核心。董事会的核心地位体现于对外与股东、对内与经理层的关系。目前,地方国资委采取"三结合"的管人方式,掌握着公司董事等高级管理人员的任免权。对有的公司高管、董事长,国资委也无权任免,而是由党委指派。对经理层,国资委插手直接任命,剥夺了董事会的职权,由此也导致董事会的独立性遭受破坏。

与此相联系的是,董事会的经营决策权也没能完全发挥。董事会专门委员会是公司治理的重要架构,对提升董事会工作质量、防范内部人控制具有重要作用。但是,很多公司董事会还没有设立专门委员会,即使设立了也没有充分发挥其功能,有名无实。在董事会议事规则上,由于党委会的介入,变成了党政联席会议;有的决议事项走过场,有的提案过于琐碎。

2. 外部董事制度的效能发挥存疑

引入外部董事以改变董事会结构,是董事会试点工作的核心。其目的在于,代表出资人利益参与公司治理,在形式上满足良好公司治理结构的需要,提高公司经营效率并期望能够实现政企分开。但是,目前的外部董事制度能否实现设想的目的还存在疑问。王中杰对此提出质疑,首先,从国有企业看,在国资委能够直接对公司高管和董事会决策进行干预的情况下,增加外部董事的意义有待考量。其次,外部董事接受国资委聘任是代表国资委还是公众利益?又应该对谁负责?[①] 在国资委控制外部董事行为的情况下,外部董事极易成为政府的代言人,很难真正根据自己的商业判断进行经营决策。这些所谓的"外部董事"设立再多,还是难以隔断与政府之间的联系,政企分开仍旧无法实现。[②] 康伟认为,外部董事只是从表面上满足了现代化公司治理结构的需要。企业管理最大的机制是出资人和管理层的制衡,国家既做出资人又作为管理者的状况不改变,外部董事不会从最根本上解决问题。[③]

由此可见,国资委推行的外部董事制度虽然在一定程度上满足了公司治理结构的形式要求,也能够起到制衡内部人控制的成效,但是依然没有实现政企分

---

① 参见程元辉:《国企外部董事改革遭异议 "去行政化"倒逼国资委行政改革》,载《华夏时报》2009年6月6日。
② 参见胡改蓉:《国有资产经营公司董事会之构建——基于分类设计的思考》,载《法学》2010年第4期。
③ 参见程元辉:《国企外部董事改革遭异议 "去行政化"倒逼国资委行政改革》,载《华夏时报》2009年6月6日。

开的目标。当然,由于在非竞争领域,国有资本运营公司与政府的关联不能完全截断,外部董事作用的发挥会更大一些。但是,对于参与市场竞争、作为独立主体的竞争性领域的国有资本运营公司来说,与独立董事制度相比,这种看似独立的外部董事能够发挥的作用还比较有限,倒不如直接实行独立董事制度。

三、地方国有资本运营公司董事会模式构建与选择

(一)国外董事会建设的经验

目前,在区分政府公共行政职能与资本运营职能的基础上,依据本国公司立法或国企立法,以 OECD 法人治理结构为标准,发达国家国有资本运营公司的董事会制度较为规范和先进。

1. 董事会模式与职能定位

国外董事会主要有以英美法系为主的单层董事会模式和以大陆法系为主的双层董事会模式。因应两种模式,公司董事会的职能定位也有所差异。在单层模式下,董事会受股东会委托,代表股东履行出资人职责,是企业组织内的核心决策机构。例如,新加坡淡马锡公司代表政府履行出资人职责,定期向财政部提交报告。淡马锡公司董事会的职责定位于引导和制定公司发展方向和速度,监管公司管理层运作的妥当性和合理性,提供丰富的商业经验,管理和考核管理层并决定奖惩、更换。在双层模式下,监事会是决策机构,董事会负责执行监事会的决策,并对企业进行经营管理。两种模式都构筑了从国有资产所有人到经营管理者之间完整的委托代理链条,实现了所有权、决策权、监督权、经营管理权的有效配置。

不同国家国有独资公司治理链[①]

国　家	治理链
瑞　典	议会—政府—工交部、财政部—工交部、国企局—企业董事会—高管
新加坡	政府—财政部—淡马锡—国有企业董事会—高管
法　国	政府—国家参股局—国有企业董事会—高管
意大利	政府—经济财政部—国库局七处—监事会—企业董事会—高管
德　国	政府—主管部门—监事会—董事会—高管
日　本	政府—主管部门—董事会+监事会—高管

---

① 参见国务院国有资产监督管理委员会研究室编:《探索与研究:国有资产监管和国有企业改革研究报告(2006)》,中国经济出版社 2007 年版,第 480 页。

2. 董事会的构成

结构合理、运作公开透明、运行高效协同是董事会建设的重要目标。公司董事会一般由执行董事、职工董事和外部董事构成,同时限定内部董事比例,外部董事数量远大于内部,形成外部制衡内部的格局。[①] 大多数国家的国有公司董事会均设有专门委员会,基本由外部董事组成。例如,淡马锡董事会下设的审计委员会、提名委员会、薪酬委员会是董事会的主要组成部分,履职严谨而专业,具有权威性。

3. 董事的选聘和评价

国外公司治理结构中,特别重视董事的独立性。内部董事和政府派出董事都要对本行业做到精通且具有对企业经营的洞察力。占比较大的外部董事的来源更多,包括法律、管理、会计等领域的专家。董事的任期在国外越来越得到重视,如法国国有公司每年更新1/3的成员。

在新加坡,淡马锡的唯一股东是政府,由政府和总统按程序产生淡马锡董事会。淡马锡董事会成员,尤其是外部董事,基本来自独立私营企业的商业领袖,而且是国际化的,其个人履历、职业背景和声誉、影响力不容置疑。外部董事一般已经具有较高社会地位和丰厚的经济来源,担任外部董事之职多是尽义务,不追求物质待遇,对董事长、总裁没有依赖关系。这种角色定位有利于外部董事独立判断,他们不会放弃客观性、公正性而去迁就股东、执行董事的意见。这就确保了董事会的强大影响力和职业水准。所有董事都经过特别遴选。拟任董事经过严格遴选程序后,由董事会报告股东大会,在获得总统批准后方可确定。新加坡宪法规定,执行董事、总裁必须经总统批准确定。这种特别的遴选制度保证了董事、执行董事、总裁的高水准和权威性。

对董事进行评价主要是对其业绩进行分析、评估,包括董事的表现、能力等,一般采取自我评价、中介机构评估、董事相互评价、自我评价和董事长评价相结合的方法。

4. 董事会与经营管理层分离

在良好的公司治理结构模式下,董事会不负责公司的具体经营,而是将权力下放给经理等经营管理层。例如,淡马锡董事会致力于在全球视野下培育、选拔精英专才管理公司,形成保证公司高效率、高效益的管理层。淡马锡董事会与管理层职责明确,极少出现董事长与总经理争权的问题。董事会对管理层的授权

---

① 例如,法国国有公司的董事会实行"三方代表制",即国家代表、职工代表和专家代表各占1/3,其中专家代表是董事会的外部董事。新加坡淡马锡目前有9名董事,外部董事数量远大于内部,形成外部制衡内部的格局。

清楚,管理层在授权范围内充分行使日常经营管理职责。淡马锡董事会用大量精力和智慧,观察、评价管理层的能力和绩效,特别是积极为公司选择更优秀的管理者,或及时更换不合适的管理者。

5. 董事的激励和约束机制

董事激励机制的设计是董事会制度建设的关键环节之一。淡马锡的约束机制分内部约束和外部约束两部分,其中外部约束首先基于新加坡严刑峻法的社会环境。新加坡法律严格,社会守法意识强。同时,新加坡具有完善、严密的会计体系。淡马锡受政府审计署的审计监督,这种监督严格有效。贪污调查局、商业调查局独立严格执法,淡马锡的行为受其制约。内部监督除严明的权责体系外,董事会下设审计委员会,领导内部审计,监控公司及部门人员行为。审计调查是独立的,调查报告向董事长报告。

(二) 董事会建设的影响因素

1. 国有公司的地位

一般而言,国有公司地位较高、作用较大的国家,如新加坡和法国,政府对国有公司的控制就较强,在董事会的组成、董事的任免、董事职责与考核评价等方面具有较大发言权。在国有公司作用发挥不大的国家,主要倾向于通过特殊立法进行规制。在我国,国有经济占绝对控制地位,政府对国有经济的控制较强。特别是地方在财源紧张的情况下,更容易倚重国有经济,通过垄断地位获取利益,相应地对国有企业董事会进行较多干预。

2. 市场环境与董事会建设

在市场经济发达国家,市场的作用发挥更为充分,国有公司董事会建设也更多地依据市场机制,如出资人代表缩小监管权、外部董事占绝对多数且在专门委员会中拥有较大决策权。但是,在政府干预经济的传统国家,董事会建设不可避免地具有政府干预色彩浓重的特色,如出资人对重大事项的审核与决策、政府有关部门掌控外部董事选派等。

3. 法律体系与董事会建设

在多采用双层董事会模式的大陆法系国家,监事会发挥作用的空间更大;而在英美法系国家,采用单层董事会模式较为普遍。在不同模式下,董事会的组成及作用的发挥程度有明显的区别。

4. 政治环境与董事会建设

政治因素与经济发展紧密相关。政治因素会反映到政府对国有企业的管理体制中,并会对董事会建设产生影响。我国坚持党的领导,根据《公司法》第19条、《中共中央关于进一步加强和改进国有企业党的建设工作的通知》和《中央组织部、国务院国资委党委关于加强和改进中央企业党建工作的意见》,国有公司的政治领导与业务领导常常相互关联,党委会与董事会存在潜在冲突的情形不可避免。

5. 社会文化与董事会建设

"当下中国的公司治理模式和对董事会制度意识的淡薄,毫无疑问受制于儒家文化中缺乏合议、共管、投票决策的法律传统,受制于现行体制下国有企业和家族企业构成主体的现实,受制于资本市场受到规制并被分割的规制模式,受制于在法学知识上倾向于股东会中心主义的思维习惯。"① 如何看待公司治理理论和实践发展趋势,形成对董事会制度的深刻认识,还需要从我国独特的社会文化上寻找原因。

(三)地方国有资本运营公司董事会制度的完善

1. 政府和国资委地位的重新界定

从理论上讲,全民拥有国有资产所有权,在将国有资本投入国有企业之后也就成为公司股东。但是,全民的抽象性和群体性导致不可能由每一个具体的人行使股东权,因此通过"全民—国家—政府—国资委"的一连串委托代理关系,交由国资委行使权利。国资委作为政府下属机构,虽有特殊机构的定位,却无特殊履职的行为,集私法主体和行政机构特征于一身。这种体制造成了国资委履行股东职责时有违改革的初衷,在董事会建设过程中主要表现为:首先,国资委作为国有独资公司、国有控股公司的控股股东,其强势地位决定了它在与董事会的博弈中具有经济和手段上的优势。其次,作为从行政体制中转化而来的机构,行政机构对是否符合法律、政策规定的合规性重视也延伸到国资委履职过程中。同时,作为出资人代表,国资委也不能"用脚投票",出于对风险防范的考虑,在董事会构建、董事选择甚至经理层的人选确定中都会格外谨慎。再次,国资委仍然实行"首长负责制",这种行政管理关系也决定了在企业董事会构建中,首长审批拍板决定的行为依然存在。同时,多地国资委主任都是由政府副职(副省长、副市长等)兼任和党管干部的原则都对董事特别是董事长的任免在一定程度上具有决定作用。最后,无论是在中央还是地方董事会建设中,都是由国资委在推动,推动者的身份使其作用非同寻常。国资委的特殊身份和地位造成了董事会制度构建的困境。②

为构建国有资本运营公司良好的公司治理结构,确立董事会的核心地位,确保董事会独立行使职权,就需要改变当前国资委与国有企业董事会的关系。国

---

① 邓峰:《董事会制度的起源、演进与中国的学习》,载《中国社会科学》2011年第1期。
② 参见金桂苑:《国企董事会建设的障碍——上海国资系统的调查研究》,载《上海市经济管理干部学院学报》2008年第3期。

资委作为出资人的国有资产管理体制无法从根本上改善这种局面,为此就需要重新定位国资委的职能。在前文所设计的国有资产管理体制下,政府宜作为出资人代表,恢复国资委的监督者角色。根据公司法理,国有资本运营公司董事会行使经营决策权。除公司法规定的修改章程等特别重大事项需要政府决策外,董事会决策不再受政府干预。国资委作为监督者,对国有资本运营公司董事会行使监督职权:(1)对董事会执行法律的行为进行检查;(2)监督董事会运作,评估董事和董事会绩效;(3)对董事会通过的投资计划和投资方向实施监督;(4)监督董事的自我交易,保障资产安全。①

2. 董事会组成:内部构造

(1)董事会董事的构成

为确保董事会决策的科学性,应该确保董事构成的合理性。国有资本运营公司董事可以分为内部董事和外部董事。内部董事又称"执行董事",外部董事又称"非执行董事"。外部董事按是否有股东背景及其利益关系,又可划分为外部非独立董事和外部独立董事。外部非独立董事具有股东背景及利益关系并受股东委派;外部独立董事没有任何股东背景,与公司业务也没有关联关系,又称"独立董事"。目前,地方国有资本运营公司中形成了内部董事、外部董事和独立董事"三分天下"的局面。

为防止内部人控制,实现董事会内部制衡,有学者提出,三种董事各自应占1/3的比例。之所以提出这个比例,是因为董事会决议是按席位投票,实行2/3以上的有效多数通过原则。这样,任何一个董事利益集团都不可能把控董事会。②但是,这种固定比例的分配并没有考虑国有资本运营公司所处领域的差异,与国资委所要求的"外部董事过半"的统一模式同样利弊各存。对于以社会功能为根本追求的非竞争性领域国有资本运营公司来说,这种各占1/3的模式较为可取:由政府选任的董事反映出资人意志,体现企业的社会功能目标;发挥独立董事的作用,提高董事会决策职能和对经理层的监督职能;通过内部董事,满足信息沟通的需要。这样,在充分体现各方利益诉求的基础上,才能最终实现各方博弈后的公司目标最大化。③对于以经济功能为主要任务、以保值增值为首要目的的竞争性领域国有资本运营公司,由于其地位和功能与普通商业性公司相同,因此根据公司法、证券法等法律法规,应当建立以独立董事为主导的董事会。

---

① 参见胡改蓉:《国有公司董事会独立性之保障》,载《华东政法大学学报》2010年第6期。
② 参见郑海航等:《国有资产管理体制与国有控股公司研究》,经济管理出版社2010年版,第172页。
③ 参见胡改蓉:《国有公司董事会独立性之保障》,载《华东政法大学学报》2010年第6期。

(2) 董事会内部机构的设置

随着经济发展、董事会职权扩大、董事来源多元而产生的董事会职能分化及其专业性持续加强,现代公司中通常设立各类委员会,具体行使董事会的职权。在强董事会、董事来源多元的情况下,国有资本运营公司的董事会也必须设立必要的专门委员会,以便提高董事会决策的效率。目前,国有独资公司、国有控股公司的专门委员会主要有审计委员会、薪酬和考核委员会、提名委员会、战略委员会。审计委员会是公司最早设立的董事会专门委员会之一,也是政府实现有效公司治理的主要手段。审计委员会对公司董事会和管理者的监督主要是董事会内部监督,是从公司财务会计制度方面所进行的监督。它是一种参与董事会决策的事前和事中监督,既对董事会行为的合法性进行监督,也对其合理性进行监督。审计委员会独立行事,不受经营者操纵。[①]其功能为全面审视公司各项系统和流程,确保公司业务获得妥善管理,包括内部控制、财务呈报、内外部审计。同时,审计委员会有权聘用外部法律顾问和其他专业顾问,检讨经审计的财务报告并呈交董事会审议批准。审计委员会应当全部由外部董事组成,且外部董事要具备财务会计等方面的专业技能。必要时,审计委员会可以聘请中介机构提供专业意见。

3. 董事会与经理:决策与执行职能的明晰

由于国有独资公司由国有独资企业直接改制而来,广泛存在行政权过度干预以及经理职权过大、缺乏监督等问题,并由此形成经理对董事会的控制,即"内部人控制"问题。目前,阻碍试点企业董事会真正到位的原因有很多,反映到董事会与经理的关系上,主要有两个:制度设计上,董事长高于其他董事一等;董事会不能真正掌握经理的任命和解聘权。[②] 形成这种现象的原因,一是政府对国有公司的人事控制,二是企业领导体制改革对厂长、经理负责制的路径依赖。构建良好的董事会制度,必须对此予以改变。根据公司法理论和立法规定,董事会应对经理享有任免权、激励约束权以及授权经理从事经营活动。

(1) 坚持董事会对经理层的任命权

长期以来,政府经济主管部门实际握有对经理的人事任免权。为此,构建健全、规范的董事会,需要建立以董事会对经理聘任、解聘和经理角色分离负责为主要内容的人事制约机制,实现对经理的有效监督。"将总经理的任免权还给董事会,是加强董事会权威性的关键。"[③]

---

① See M. Jensen and K. Murphy, Remuneration: Where We've Been, How We Got Here, What Are the Problems, and How to Fix Them, ECGI Working Paper, No. 44/2004, p. 21.
② 参见仲继银:《国企董事会:矛盾、困境与出路》,载《董事会》2007 年第 9 期。
③ 安林、陈庆:《难题的解决之道》,载《上海国资》2007 年第 3 期。

同时，有必要区分国有资本存在的行业和领域，对此进行细化。对于提供公共产品和服务的行业，如涉及军工、航天、造币等产业的公司，由政府选择经理人员，董事会可以发表意见，而且政府应在正式决定前咨询董事会。对于自然垄断行业和政策性垄断行业公司，经理应由董事会提名，政府可以向董事会推荐或对董事会提名人选发表意见，最终决定权在董事会手上。对于一般竞争性行业公司，经理任免权应完全交给董事会。

（2）董事长和总经理分任

董事长和总经理由一人兼任曾在国有企业中长期存在。为预防利益冲突，实现经营决策权与经营执行权的平衡，保持董事会的独立性，维护董事会对经理层问责的职权，董事长和总经理一般不能兼任。《企业国有资产法》第25条对此作出了原则性的禁止规定，只待实践中具体操作。

（3）董事会对经理实施监督和考核

应明确董事会为考核经理的主体。《中央企业负责人经营业绩考核暂行办法》及地方据此作出的地方规章规定，年度经营业绩考核和任期经营业绩考核采取由国资委主任或其授权代表与企业负责人签订经营业绩责任书的方式进行。目前，在赋予董事会对经理任免权的前提下，董事会对经理的考核必然成为董事会行使权利的重要制度安排。

在考核评价标准上，在现有的以业绩考核为重点的评价体系中，董事会还需要综合经理个人素质和职业能力等进行动态、跟踪式的全面考核，并将考核结果作为经理续聘、奖惩的依据。

4. 董事会与党委会关系处理

积极协调国有资本运营公司党委会与董事会的关系，在我国是一个必须面对的问题，还原党委会的政治属性、剥离其经济功能成为构建董事会制度的一项重要任务。首先，党委会有权对公司治理中发现的重大问题提出建议。在党委会需要董事会提供有关公司经营的信息时，董事会应予以配合。其次，党委会不能具体处理公司经营事务，无权否决董事会作出的决策。最后，对"双向进入，交叉任职"制度予以完善。在竞争性领域，不应强调企业的政治属性，党委会只负责对党务的管理；对于非竞争性领域公司，因为它担负着政府职能延伸功能，政府会考虑政治因素的影响，"双向进入，交叉任职"制度有其适用空间。目前，深圳市的做法值得推广：党管干部主要体现在参与高级管理人员选聘的方案制订上。在制订方案过程中，党委会介入，董事会在初定考察人选后与党委会充分沟通，听取党委会意见和建议。

第七章 地方国有资本运营监督机制

全民所有的国有资产通过人格化交由国有资本运营公司运营,作为最初委托人的全民对国有资本运营实施监督是维护自身利益的重要形式。在经过多次委托代理之后,政府作为出资人对投资进行监督是其职能定位中的一项法定职能。我国《企业国有资产法》规定了多主体的全面监督体系。但是,人大监督薄弱、行政监督立法空白、全民监督渠道不畅,严重影响着国有资本运营监督的效果,在地方国有资本运营中表现更甚。

第一节 国有资本运营监督理论探讨

一、逻辑起点:国有资本运营监督的正当性

(一)委托代理理论

随着生产力的发展,规模化的大生产出现,社会分工更加细化,专业化使人们不可能对所有事务都亲力亲为,从而委托另外一方代表其利益参与经济生活,委托代理由此产生。委托代理理论主要研究委托人如何激励和约束代理人的行为。专业化的存在使代理人具有较多的信息优势,如何设置必要的契约以减少这种不对称的信息博弈,尽量减小代理人自我利益最大化的风险,成为委托人对代理人实施监督的原因。

在"国家—政府—国有资本运营公司—公司经营者"委托代理链条中,地方政府、地方国有资本运营公司都兼具委托人和代理人的双重身份。这种双重性的委托代理关系在国有资本运营过程中不可避免地存在很多缺陷:[1]第一,随着委托代理链条的不断延长,最初委托人与最终代理人之间的博弈能力会逐渐减

---

[1] 参见罗建钢:《委托代理:国有资产管理体制创新》,中国财政经济出版社2004年版,第54—57页。

弱,委托人对代理人的约束能力会逐渐弱化,所付出的成本也会逐渐增加,对代理人监督的有效性会越来越弱;同一主体兼具委托人和代理人的双重身份,会造成委托风险和代理风险并存,导致该主体既要维护自身利益,又要兼顾上层委托人利益,还要防止下层代理人利益最大化,博弈过程更长,自身利益分化。第二,随着代理链条的增加,最终委托人对最终代理人的约束越来越小,"内部人控制"更加容易发生。第三,国有资本运营收益多在体制内循环的现实表明,最终所有人的剩余索取权没能得以实现,委托人对代理人的监督不仅在理论上需要,在实践中也得以证实。

(二)国有资本运营的特殊性

在现代企业制度中,民商事主体以其所有的财产或权利对外投资,作为股东拥有完整的资产收益权、重大决策权、选择管理者权以及监督权。基于私人所有权与经营权分离,在代理人违背委托人意志而产生逆向选择或"内部人控制"问题时,委托人可以选择积极行使权利,监督代理人依契约行事,也可以通过解除委托代理关系更换代理人,或通过出让股份退出企业以维护利益。

国有资本的全民所有或国家所有属性决定了其与私人资本行权的差异。国有资本的全民性要求必须将其人格化,实现途径就是构建合理的出资人代表制度,从全民所有到具体经营者之间形成多层的委托代理关系。如上文所述,在最终所有者和具体经营者之间的主体,包括政府和政府委托的主体,都具有双重代理的身份,存在多重利益博弈,由此必须对其予以监督和约束。同时,从行权的方式看,私人股东可以自由选择退出或更换代理人,国有资本的转让则受到较大的约束,在大规模交易或重大事项发生时需要经过批准才可以实现;即使是更换代理人,也需要经过严格的程序,以保证资产的安全。在监督权行使过程中,首先需要构建合理的监督主体,按照分权制衡原则,将资本运营主体和监督主体分开,确保其按照法律法规的要求,依据一定的程序进行,以实现全民利益和社会整体利益。

(三)政府职能的内在要求

政府职能是一个完整的体系,包含政治职能、经济职能和社会职能。政治职能的核心功能是巩固国家政权。我国实行以公有制为基础、多种所有制共同发展的所有制形式。国有资产是公有制的基础,政府必然从实现政治职能的角度对国有资产进行监督。经济职能的重点是宏观管理,在国民经济中发挥主导作用的国有经济和国有资产的监督也必然是其职能的重要内容之一,同时政府也要通过国有资产监督调控经济运行。国有资产在国民经济发展中发挥着重要作用,无论在利润和税金贡献方面,还是在社会保障、就业、公共服务提供方面。有些社会职能的实现也离不开国有经济的参与和支撑。因此,政府需要将公共管理职能和国有资产监督职能进行协调统一,从而更充分地发挥政府职能。

现代市场经济中,存在着市场配置资源和政府配置资源两个系统。其中,市场配置资源系统发挥着基础性作用,政府配置资源系统发挥着弥补市场配置资源缺陷的作用。作为弥补市场失灵而存在的国有经济具有不可替代性。在西方市场经济发达国家,政府通过国有化或者直接投资建立国有企业,以调整优化产业结构,提高就业率,维护经济秩序,实现经济增长。因此,我国在建立、完善社会主义市场经济过程中,也应该充分发挥政府监督和管理国有资产的作用,以弥补市场缺陷。

二、国有资本运营监督的目标

在政治层面上,国有资产事实上承担着一定的政治任务,如维持公有制的主体地位、保证国有经济控制力等。如果国有企业大面积长期亏损,也会使政府的公信力和执政能力遭受怀疑。

在经济层面上,对国有资产实施监督所期望达到的目标是多元的。一是弥补市场缺陷。在市场经济条件下,市场机制自发分配资源会促使收入差距加大。为促进社会分配的公平性,政府应该通过对国有资产的监督促进社会资源合理配置,提高资源配置效率。例如,政府要引导国有资产率先进入私人资本没有能力进入或不愿进入的公益部门与基础性部门。二是政府通过调整国有经济布局和结构,引导资源和资金投入方向,对国民经济发展实施宏观调控和微观调节,促进国有经济稳定发展,在发生金融危机时化解风险。三是在以公有制为主体的前提下,提高经济发展效率与公平协调发展,最大限度地降低效率与公平失衡的风险代价。[①] 四是为确保公平,防止和避免国有经济的行业垄断行为,政府要为经济发展创造公平竞争环境,服从人民群众的根本利益。五是政府应该通过政策引导、制度有效供给对国有资产加强监督,有目的、有步骤地推动国有企业提高国际竞争力。

在政治目标和经济目标之外,对国有资产进行监督还可以实现一定的社会目标。企业作为经济实体,其首要目标是创造经济效益,追求利润最大化。国有企业是建立在社会主义公有制基础之上的,这决定了国有企业在追求利润的同时,还应该承担满足人民物质文化生活需要的责任。对国有企业来讲,利润最大化只是一种手段,满足人民需要才是最终目的。由于国有企业在生产发展过程中,受所在行业限制,企业本身也具有追逐利润的特性,很多时候会忽视对社会应该承担的责任。因此,政府在国有资产监督过程中,应该将国有企业实现利润

---

① 参见石亚军:《构建和谐社会中政府风险管理的公权角色》,载《中国行政管理》2005年第9期。

最大化的目标和满足社会需要的目标有机地结合起来,以满足国家、社会和全民需要为前提。

三、国有资本运营监督主体及监督权分配

从监督主体看,可将国有资本运营监督划分为国家监督、社会监督和企业内部监督。① 这也为《企业国有资产法》所确认。所不同的是,《企业国有资产法》还根据主体的不同,将国有资本运营监督分为人大、政府、政府审计机关、出资人机构、社会公众的监督。

(一)国有资本运营监督主体及其监督权

1. 国家监督

从主体及其拥有的权力划分,国家监督包括人大的立法监督、行政机关的政府监督和司法机关的司法监督。

人大作为最高权力机关,是最能代表全民利益对国有资产实施监督的机构,也拥有最高监督权。从人大拥有的职权看,人大的监督主要以立法、释法,国有资本经营预算的审议和批准,国有企业的设立,以及询问、质询和特定问题调查为手段。随着国有资产管理体制改革的不断深入,为真正防止政府干预过度,由人大对国有企业的重要人事任免行使决定权也是人大监督的重要内容。从中央与地方关系看,全国人大决定全国性的重大事项,地方各级人大在本行政区域内行使最高决策权。全国人大通过法律上的监督关系和对地方人大的指导,联系中央与地方对国有资产的监督工作。地方人大在地方国有资本运营过程中的监督主要表现为:(1)在不与全国立法冲突的情况下,通过立法和释法对国有资本运营进行监督;(2)对本区域国有资本经营预算进行审议和批准;(3)决定是否设立国有资本运营公司以及公司重要负责人任免;(4)询问、质询和对特定问题进行调查。

行政监督也称为"政府监督",是政府和政府机构,如财政部门、地方国资委、工商部门、审计部门等,对国有资本运营实施的监督行为。在市场经济条件下,行政监督权并非传统计划经济体制下的行政职权,而是政府职能市场化转型后的行政职权。依行政职权的种类和属性,对国有资本运营的行政监督主要包括:行政立法、行政决策、行政命令、执法检查、行政制裁、强制执行、行政裁判等。

司法监督是由司法机关对国有资本运营实施的监督行为。如果说立法监督和行政监督更多地侧重于事前监督和事中监督,那么司法监督更多地侧重于事

---

① 参见王保平编著:《国有资产监管的理论与实践》,中国财政经济出版社 2003 年版,第 36—44 页;杨文:《国有资产的法经济分析》,知识产权出版社 2006 年版,第 202—205 页。

后监督。司法监督就是由法院和检察院通过行使司法权对国有资本运营进行监督。从法院和检察院的职能和工作方式看,司法监督主要是通过法院的审判行为进行的,即对国有资本运营过程中的违法行为通过审理予以纠正,对国有企业中的职务犯罪行为在检察院起诉的情况下予以审判。除审理行为外,法院和检察院还具有一定的司法解释权,对国有资产立法中的疑难问题作出解释,以利于法律的执行;法院和检察院还可以通过司法建议的形式向立法机关和行政机关提出建议,纠正和防止国有资本运营中的错误行为。

由此可见,国家监督是立法、行政和司法的综合。国家监督的法律特征包括:(1)监督主体为国家机关,监督权法定,这种法定性不仅包括种类法定,而且包括程序和效力的法定性;(2)国家监督权是国家公权力,由此决定了监督主体的监督权既是其职权,同时也体现了其法定责任;(3)国家监督相比较社会监督和企业监督而言,规范性强,无论是监督对象、监督内容、监督手段还是监督程序,都应遵循法律的明确规定;(4)在效力上,国家监督具有的公法性使其约束力更强。

2. 企业内部监督

企业内部监督一般是指通过公司治理结构、内部审计制度的构建和完善,形成内外平衡的机制,制约代理人行为,从而形成的一系列自律行为。

从企业监督的内容与方式看,主要包括股东会、董事会、监事会、经理层监督,内部审计监督,以及职工代表大会、工会的监督。在公司治理结构中,除国有独资公司不设股东会外,控股公司、参股公司都需要通过股东会职权的行使维护所有者利益。董事会在国有企业治理中占有核心地位,具有经营决策权,对经理层承担监督职责,构建合理的董事会人员比例、来源等都能够起到监督作用。监事会通过检查公司财务状况,检查企业经营效益、利润分配、保值增值、资本运营情况,对董事、经理执行公司业务时违反法律法规或公司章程与侵害国家所有者利益的行为进行监督。内部审计通过对资本重组等事务的监督,为国有资本保值增值提供基础资料,促进企业完善资本运营责任制。另外,公司章程是公司运营的准则,对公司资本的运用也起到约束作用。职工代表大会和工会则直接代表企业中普通员工的意见,防止企业完全被经营层操纵。

3. 社会监督

社会监督主要是社会团体、公民及其他利益相关者进行的监督,监督主体包括社会中介机构、新闻媒体、社会团体、市场竞争者和公民个人等。社会监督是国有资产全民所有的体现,是作为最终所有者享有知情权、监督权的表现。社会监督主要包括:通过社会中介机构提供第三方服务,如会计师事务所提供审计和评估、律师事务所提供法律顾问等方式实施监督;通过舆论监督,包括利用传统报纸、杂志以及新兴的网络媒体等进行广范围监督;以诉讼方式监督,即以公益诉讼的方式加强监督。社会监督主体的范围广泛,但是其权利来源是共同的,即宪法和法律赋予公民和社会组织的私权利。这种权利具有典型的社会法属性,体现了社会本位思想。

(二)国有资本运营监督权分配

国有资本运营监督既涉及立法权、行政权和司法权等国家公权力,也涉及企业股东权以及企业内部治理的私权利。如何将这些集中在一起的公权力与私权利合理配置,直接影响到监督的成效。例如,《企业国有资产法》在将国资委规定为出资人之后,其原来承担的监督职责没有落实到其他主体身上,导致行政监督在立法上处于空白。基于行政惯性,国资委事实上还在承担着行政监督职责,又导致国资委不能摆脱"婆婆加老板"的身份。

从合理分配监督权的角度看,首先,国有资产本身与国家公权力存在着千丝万缕的关系。为防止公权力主体之间产生的权力交易,在公权力和社会公众行使的私权利之间,应该更加强调私权利发挥的空间。其次,在公权力内部也需要合理配置权力。其中,最为重要的是强化人大的监督作用,真正落实人大的定位,发挥其最高权力机关的效应。司法监督作为事后监督的主要形式,旨在维护公平正义的实现,赋予社会公众公益诉讼的权利是最后一道防线。行政监督应发挥其日常监督的作用,在行政机构之间实现财政、审计、专项监督之间的协调。

四、国有资本运营监督范围

严格来说,对国有资本的监督只是整个国有资产监督的一个组成部分。对国有资本运营的监督主体在政府层面实现运营与监督分离之后,监督主体和运营主体之间不再存在出资关系。因此,人大、政府、剥离出资人代表职责的国资委、其他政府机构以及社会公众等监督主体所监督的对象也就不再仅限于国有资本,而应扩大至所有经营性国有资产、非经营性国有资产和资源性国有资产。

特别需要说明的是,政府监督机构实施的是日常的持续监督,由国有资产监督机构统一制定国有资产管理的规章制度,建立产权交易监督制度,负责产权登记、评估、清产核资、综合评价等基础工作,协调产权纠纷,作出行政执法及处罚。这些行为应扩展到所有国有企业,打破目前财政部门、各行业主管部门分别管理不同国有资产的局面,形成监督的全覆盖,以降低国有资产流失的风险。

第二节　国资委主导的地方国有资本运营监督实践

《企业国有资产法》规定了对国有资产实施全面监督的主体,在第63—67条分别规定了各级人大及其常委会、国务院和地方人民政府、审计机关以及社会公众对国有资产实施监督。但是,立法并没有明确各不同监督主体的职能及划分,"大家都管,大家都不管"的现象难以根除。① 目前,国资委不断增强国有资产运营中的监督制度建设,形成了国资委主导的运营监督体系。②

一、国资委主导下的地方国有资本运营监督

（一）国资委主导下的地方国有资本出资人监督

1. 经营性国有资产的集中统一监督

《关于进一步加强地方国有资产监管工作的若干意见》要求地方国资委扩大监管的范围。同时,针对不少地方国企通过其下属公司或以参股的形式从事房地产等行业实现盈利的情况,文件强调了对国企子企业的监督,要求地方国资委尽快明确国家出资企业重要子企业的范围,加强对其合并分立、增减资本、改制、解散、清算或者申请破产等重大事项的监督。

2011年6月,湖北省公布《湖北省企业国有资产监督管理条例》。该条例建立了文化企业国有资产"统一纳入、委托管理"的体制,扩大了国有资产的范围,并明确了国资监督机构作为直属特设机构承担"全覆盖监督"的职责。该条例被国务院国资委转发至各省、自治区、直辖市及计划单列市和新疆生产建设兵团国资委,积极推动地方国有资产监督立法进程,进一步加强地方国有资产监督机构建设,积极探索地方经营性国有资产的集中统一监督。湖北省和绝大部分市（州）基本实现了企业经营性国有资产的集中统一监督,大部分县（市、区）探索建立了集行政事业单位资产和企业国有资产于一体的全覆盖的国资监督体制。③ 截至2011年8月,全国有14个省级国资委监督覆盖面达到80%以上,北京、天

---

① 参见王克稳:《〈企业国有资产法〉的进步与不足》,载《苏州大学学报（哲学社会科学版）》2009年第7期。

② 2012年10月,时任国务院国资委主任的王勇介绍了当时的监督体系:建立和完善业绩考核、重大责任追究等机制;建立根据经营管理绩效、风险和责任确定企业负责人薪酬的制度;加强产权流转监督,形成覆盖全国的国有产权交易监控平台,从制度上遏制国有资产流失;强化财务监督、外派监事会监督、审计监督、纪检监察监督和巡视监督,加强境外国有资产监督,基本形成国有资产经营管理重点环节的监督体系。参见何宗渝、王飞:《王勇:政府与国有企业的关系发生了重大变化》,http://news.xinhuanet.com/fortune/2012-10/24/c_113484469.htm,2016年8月20日访问。

③ 参见李志豹、孔迪:《"大国资"棋至中局》,载《中国企业报》2012年1月3日。

津、上海、重庆4个直辖市实现了经营性国有资产的全覆盖监督。全国28个省级国资委和70个地市级国资委的监督范围还涵盖了金融类国有资产。①

2. 手段的加强

国资委的监督职能体现在对国有独资公司和国有控股公司的监督行为中，所采取的方式有多种。② 近年来，各地进一步强化财务监督、产权管理、监事会监督，国有资产监督进一步加强。例如，江苏建立了中介机构审计与外部监事会财务检查沟通协调机制。江西实行外部财务总监、法务总监制度，进行有益的探索。北京、天津、上海、重庆实现了企业国有产权转让的交易制度统一、操作细则统一、交易系统统一。河北、山东、福建、黑龙江等地初步实现了省内跨地区联网交易企业国有产权。各地普遍加强监事会工作，扩大监督检查覆盖面，积极探索股权多元化情况下国有资产监督方式，强化当期监督。

财务监督和外派监事会是两种实施时间较长的制度，各地也在不断增强其效力。对于财务监督机制，一般实施动态监督，强化财务总监外派监督，通过对重点指标的审查，强化对财务风险的控制。监事会监督的形式在各地略有差异，有全内部监事会形式，也有内外结合形式，还有单独外派监事会的做法。外派监事的来源进一步扩大，并强化监事会责任追究机制。深圳还创新了"大监督"机制，即纪检、监察、财务总监、监事会联合监督的机制：一方面，四部门不定期开展联合检查，共同查处有关问题；另一方面，及时互通信息和征求意见，实现信息共享，提高了监督效能，降低了监督成本。

3. 加强国资委上下级的指导

依法加强对地方国资监督工作的指导是《企业国有资产法》赋予国资委的职责。2011年4月，国务院国资委修订颁布了《地方国有资产监管工作指导监督办法》，2006年《地方国有资产监管工作指导监督暂行办法》同时废止。新办法提出了上级国资机构指导监督地方国资工作的具体要求，并重新明确了指导监

---

① 参见刘丽靓：《国资委：推动地方经营性国资集中统一监管》，载《证券日报》2011年8月20日。

② 一般来说，一是通过审批资产经营公司的长远发展规划、年度运营计划、收益运用计划以及重大事项报告，对授权经营的国有资产实行宏观监督。二是通过强化国有资产收益预算管理，合理使用国有资产收益，控制第二层次各项非经营性支出，提高国有资产运营效率。三是通过与资产经营公司、授权经营集团公司签订年度国有资产保值增值目标责任书，实施资产经营公司、授权经营集团公司经营业绩考核和奖惩办法，对运营效益好、完成或超额完成考核指标的，给予奖励；对没有完成任务、国有资产流失严重的，要追究责任。四是通过参与资产经营公司、授权经营集团公司领导人员的考核，根据"党管干部"与《公司法》相衔接的原则，会同组织人事部门考查省级资产经营公司、授权经营集团公司的董事会主席、监事会主席、独立董事、外派监事等，按规定程序提出任免或推荐意见。五是通过派出监事会，依法对所出资企业进行财务、审计等监督，建立完善国有资产保值增值指标体系，维护国有资产出资人的权益。参见何宗渝、王飞：《王勇：政府与国有企业的关系发生了重大变化》，http://news.xinhuanet.com/fortune/2012-10/24/c_113484469.htm，2016年8月20日访问。

督工作机制和主要工作事项。

《地方国有资产监管工作指导监督办法》坚持国家所有、分级代表体制，上级国资委与下级国资委分别为本级政府出资人，实行政企分开，突出监督重点，从指导监督工作机制、指导监督工作事项、指导监督工作方法等方面对 2006 年《地方国有资产监管工作指导监督暂行办法》作出了完善。①

4. 推动设立县（市）级独立监督机构

新的国有资产管理体制只明确建立中央、省、地市三级监管机构，县级国资因此长期游离于"三级出资人"监管体制之外。目前，对县级国有资产的监管比较混乱：主管部门不统一，有属于县政府的机构，叫"国资管理办"或者"国资管理局"；也有和财政合署办公，属于县财政局二级机构；有些是财政局同时挂两块牌子；再有就是作为一个资产经营控股公司直接对政府负责。县级国资规模小、管理部门多，政资不分、政企不分、职能交叉、行政干预普遍。发改委管定项，经贸委从事日常管理，财政部门管资产登记和处置，劳动和社会保障部门管劳动和工资，组织和人事部门管经营者任免等。这样导致的结果必然是散、乱、差。从出资人角度考察，各地在监管体制上大都沿袭计划经济时期"五龙治水"的模式，造成地方各自为政，监管方式落后，国有资产保值增值的责任难以落实。

几年前，国务院国资委就在酝酿探索县（市）级国资委的问题。国资委一直在着力推动国资监督"全国一盘棋"和国资监督全覆盖的思路，一方面是根据地方情况将金融类国有资产、文化类国有资产纳入经营性国有资产的范畴进行统一监督，另一方面则是在更深层次的基层领域进行国资监督机构的设置。《地方国有资产监管工作指导监督办法》要求，市（地）级、县级政府尚未单独设立国有资产监督管理机构的，上一级国有资产监督管理机构应当建立与下级政府承担国有资产监督职责的部门、机构的指导监督工作联系制度。继北京、浙江、湖北等地把县级国资纳入统一监管后，山东也对县级国资如何监管作出明确规定。②

国资委针对县级国有资产的分布和结构，设计了多样化的监管模式。③ 对

---

① 一是建立健全指导监督工作机制，各级国有资产监督管理机构应当根据指导监督职责，明确指导监督的分工领导和工作机制，健全完善上下联动、规范有序、全面覆盖的指导监督工作体系。二是细化指导和监督的具体事项，明确对地方国有资产管理体制和制度改革完善、地方国有资产监督管理机构履行出资人职责、地方国有企业改革发展、地方国有经济布局和结构调整以及国有资产基础管理等事项进行指导，寓指导于服务之中，突出监督重点。三是进一步完善指导监督的方式和途径，明确立法指导和具体指导相结合的工作方式，健全完善国资监督立法备案制度、国资监督法规政策实施督察制度、国资监督重大事项报告制度三项工作制度，增加对专项监督方式的规定。

② 参见孙秀红：《山东县级国资纳入国资委监管》，载《经济导报》2012 年 2 月 29 日。

③ 参见国务院国有资产监督管理委员会研究局编：《探索与研究：国有资产监管和国有企业改革研究报告（2008）》，中国经济出版社 2009 年版，第 57 页。

于国有企业数量较多、资产总量较大、国有经济仍占据主导地位的县(市),较宜采取"国资委(局)—国有资产经营公司—国有投资企业"模式;对于普通的拥有一定数量国资的县,可以采取"国资委(局)—国有投资企业"模式;对于国有企业数量较少的地方,可以采取"国有资产经营公司—国有投资企业"模式,直接由国有资产经营公司代表政府履行出资人职责;对于那些不再存在国有投资企业的县(市),适用事业型的国有资产管理中心模式,监管的重心将主要是非经营性资产。

(二)国资委主导下的地方国有资本运营监督评述

根据《企业国有资产监督管理暂行条例》《企业国有资产法》,国资委作为国有资产的出资人,行使的是出资人监督权。地方国资委根据已制定的法律法规和国务院国资委的指导,基本复制了中央国资委行使出资人监督的方式和形式,各地仅仅是根据本地情况作了不多的变化。从目前地方国资委履职情况看,国资委的监督还存在着缺位、越位和错位现象。

1. 地方国资委推动公司治理中的缺位和越位

国资委作为出资人,对出资企业的公司治理构建有着法定的责任。其中,国资委在推动企业董事会建设中就存在缺位和越位现象。在中央层面,截至2012年10月,只有50家中央企业开展规范董事会工作。① 这与党的十五届四中全会要求的在2010年前基本建立完善的法人治理结构相比有很大差距。在地方上,2011年5月前,上海市国资委有35家出资企业建立了董事会;湖北省33家独资和控股企业中,有26家建立了董事会,超过20%的企业没有设立董事会。②

根据《公司法》《企业国有资产法》,在管人、管事、管资产"三结合"中,国资委对国有企业负责人的选择任命、业绩考核甚至已经深入到总经理层次。在管资产方面,国资委对国有企业的管理包括产权交易、改制重组等。在实际操作中,国资委将监督之手伸得过长,越位行使了监督职权。例如,地方国资委对二级甚至三级中小国有企业负责或指导改制、重组。特别是一些集团下属的上市公司和重点子公司,地方国资委对其业务与管理均介入较深。

2. 地方国资委监督错位

地方国资委的监督错位主要是指出资人监督和社会监督的交叉。以上海市国资委为例,除了履行出资人职责外,它还承接了一些市政府交办的事项,其中

---

① 参见秦永法:《央企董事会试点的进展和需解决的问题》,载《董事会》2012年第10期。
② 参见湖北省国资委调研组:《规范董事会建设,提高公司治理水平》,http://www.hbzyw.gov.cn/News.aspx?id=8479,2016年8月21日访问。

大部分属于政府公共职能范畴。①

3. 上下级国资委指导监督关系性质不明

这个问题同样缘于国资委定位不清。国资委是独立的特设机构,但是所谓"特设"的含义并不清楚,是作为单纯的类似淡马锡的控股公司,还是国家的一个部门? 如果将其设定为特设的企业性的组织,则各地国资委应分别代表本地政府管理本地国资,中央国资委与地方国资委的地位应是平等的。那么,对于中央国资委制定的规章,"各地方政府作为出资人的企业要否执行? 如果要执行,理由讲不通,因为不是地方国企的出资人,为什么执行? 如果不执行,则另生出一些问题,地方国企又执行谁制定的规章?"②

"指导",意为指示教导、指点引导。国资委一再强调中央国资委与地方国资委不是领导关系,意在撇开行政上的上下级关系,而采用了"指导"的概念。但是,《地方国有资产监管工作指导监督办法》中"上级国资委"的行文却显示出行政性的含义。例如,下级国资委对上级国资委的重大事项报告制度就是一种行政性的指导办法;"对存在违法违规行为的责任单位、个人,上级国有资产监督管理机构可以视情节轻重,在系统内予以通报批评或者向下级政府提出处理建议;对超出国有资产监督管理机构职责范围的违法违规事项,应当依法移送有关机构处理",无不显示出行政指导的意味。据统计,全国 356 个地市中,国资委真正作为直属特设机构的只有 107 个,占设立国资委的 32.3%。部分地市国资委行政化趋势明显,体制上出现"回潮"。③ 在这种情况下,上级国资委对下级国资委的指导监督更易异化为行政上的上下级领导关系。

国资委虽然极力想淡化行政机构上下级之间的关系,但是其定位却一再显现出资人职能和社会公共管理职能的交叉。国资委依然没有摆脱"婆婆加老板"的定位。

二、行政监督的立法真空和实践中的交叉

政企分开贯穿了我国国有资产管理体制改革的整个过程,就是为了避免

---

① 例如,目前上海市国资委承担的主要公共管理职能共有 24 项,大致可分为四类:一是新增职责,如安全生产职责。《上海市安全生产委员会工作规则》规定,市国资委负责所辖企业集团的安全机构设置、安全投入以及安全生产监督等工作。二是阶段性交办事项,主要指市政府直接交给国资委独立承担的阶段性事项,如整顿闲置厂房租赁工作。三是跟踪督办事项,主要指该事项已落实到其他职能部门承办,市国资委负责跟踪督办,如防汛防台、促进就业等工作。四是协同配合事项,主要指该事项已有相应的职能部门主管,市国资委按照有关要求,做好协同配合工作,如环境整治、清理拖欠工程款、品牌战略推进、知识产权工作等。
② 顾功耘:《国有资产立法的宗旨及基本制度选择》,载《法学》2008 年第 6 期。
③ 参见康森《国资委:地方国资委直属特设机构性质不容改变》,http://finance.eastday.com/economic/m1/20110629/u1a5969398.html,2016 年 8 月 25 日访问。

过去计划经济中行政权过度干预国有企业发展的弊端。在党的十六大精神指导下，《企业国有资产监督管理暂行条例》明确了出资人代表的归属，同时将监督者的身份交给了国资委。国资委由此身兼二职，既是"老板"又是"婆婆"。面对学界的不断质疑，摒除行政权进入经营领域也就成为《企业国有资产法》立法过程中的一个要点。《企业国有资产法》由此刻意淡化了国资委的监督职权，剥离了其身上担负的监督职能，却没有同时明确规定行使行政监督权的主体，致使该法对行政监督的规定过于原则而模糊不清。行政监督现在呈现立法空白状态。

与立法空白相对照的是，现实条件下又出现了行政监督的交叉行使现象：一是国资委本身没有脱离行政监督职责，二是国资委与其他政府机构之间的行政监管存在交叉现象。从国资委本身来看，虽然《企业国有资产法》将其定位为"干净"的出资人代表角色，但是作为政府特殊机构，特别是地方政府，仍把它视为政府职能的承接者。特殊定位的特殊性非但没有体现，反而成了政府分派政府行政职能的工具和"二传手"，如国企改革中的维稳任务、产权界定等国有资产基础管理工作，导致出资人监督和行政监督又集中于国资委一身。也正是因为国资委职能的错位，其他政府机构，特别是财政部门、地方发展与改革委员会、证券监管机构需要面对与地方国资委职能的衔接问题。例如，在地方推进企业整体上市时，地方证券监管机构与国资委联合发文对上市公司进行规范等。对于金融类国有资产来说，《企业国有资产法》将其纳入适用范围。特别是在《关于进一步加强地方国有资产监管工作的若干意见》推出后，地方国资委将金融类国有资产纳入监管范围的数量不断增多，对金融类国有资产的监督主体呈现出多头管理状况。本就对金融类国有资产行使监管职能的银行业监管机构、金融办面临着如何与国资委处理关系的问题。所有这些都需要法律予以明确规定。

三、薄弱的人大、司法和社会监督

行政职能扩充、行政权扩张近年来在我国表现得尤为突出，在立法、行政、司法三权制衡过程中，必然形成对其他权力的"压缩"。在与人大的关系上，政府机构代行了众多人大立法的功能，行政立法过分膨胀，由此导致人大的立法监督职能受到挤压。作为最高权力机构的人大本应是作为最终所有者行使权利的最近的委托代理层，人大的监督能够直接反映全民的意志。人大立法监督功能的弱化、政府权力的扩张，给政府和政府机构增大了获利空间，有可能导致人民在利益受损时无能为力。《企业国有资产法》第 63 条[①]原则性的规定导致操作性欠缺,有法而无法实施,即使不考虑行政权扩张的一面,其实施效果也不会太好。

最能体现最终所有者意志的人大不能正常发挥监督作用,作为最后一道防线的司法监督在我国也处于薄弱的地位。司法监督不畅除因受行政权扩张的挤压外,还与我国的法治环境有关,虽然能够为全民所用的公益诉讼在《民事诉讼法》修改中首次得以确立,[②]但是其范围仅限于"污染环境、侵害众多消费者合法权益的行为",在诉讼主体上也仅限于"有法律授权"的"机关和有关组织",国有资产公益诉讼制度的建设还任重道远。

与人大监督、司法监督的公法监督不同,社会监督的约束力较差,而且行权渠道更小。从国有资产为全民谋福利的本质属性看,社会公众对国有资产实施监督是最能直接维护自我权益的方式。由于我国政治体制改革的滞后,以及市场竞争机制不成熟,存在党政不分、社会中介组织的独立性不强、舆论的自由度和透明度不够、公民的权利意识不强、公民的权利诉求及其表达途径不畅、市场竞争不充分和竞争公平性不够等弊端,导致社会监督显得非常薄弱,包括各民主党派、社会团体、新闻舆论、公民和市场竞争利益相关者等对国有资产的监督严重缺乏。[③] 除此之外,社会监督主体之间缺乏必要的协调与配合,造成监督效果进一步弱化。

第三节　地方国有资本运营监督体系构建

一、地方国有资本运营监督体系构建原则

(一) 产权的分级所有

从国家结构形式看,我国是单一制国家,中央政府集中行使权力;地方政府需接受中央的统一领导,在宪法和法律授权范围内行使职权。新中国成立后的很长一段时间内,实行高度集权的中央集权制度,地方政府没有自主权。随着改革开放的进行和深入,经济体制改革和政治体制改革不断深化,中央与地方关系也不断发生变化,高度集权的局面有所缓解,地方政府拥有了较多的自主权,甚至出现了地方政府"公司化",进行区域竞争的现象。在财政制度上,随着 1994

[①] 《企业国有资产法》第 63 条规定:"各级人民代表大会常务委员会通过听取和审议本级人民政府履行出资人职责的情况和国有资产监督管理情况的专项工作报告,组织对本法实施情况的执法检查等,依法行使监督职权。"
[②] 《民事诉讼法》第 55 条规定:"对污染环境、侵害众多消费者合法权益等损害社会公共利益的行为,法律规定的机关和有关组织可以向人民法院提起诉讼。"
[③] 参见银晓丹:《企业国有资产监管法律制度研究》,辽宁大学 2010 年博士论文。

年"分税制"改革,呈现"财政联邦制"格局。

基于国有资产在我国的特殊地位,国有资产的统一所有一直都是必须坚持的原则。"统一所有"维护了中央的权威,但也使地方积极性受到影响。为此,国有资产的中央与地方关系也从"分级管理"转向了"分级代表",虽调动了中央与地方积极性,但中央与地方国有资产的划分并不明确,中央与地方国有资产监督权限不清。因此,从最终走向看,实行"产权的分级所有"是我国国有资产中央与地方关系的选择,不仅可以使产权得以明晰,也可以与我国"财政联邦制"相匹配。

(二)分类监督原则

对国有资产实行分类监督是国有资产具有不同类型在制度规范上的反映。国有资产运营中,根据营利性国有资产的分布领域,即竞争性领域和非竞争性领域,有不同的目标设定和运营方式。相应地,对国有资产运营的监督也应分类实施。具体地说,对于竞争性领域的国有资产,由于主要以民商事法律等私法规范,对其实施监督也主要以私法监督为主,行政监督在其中发挥作用的程度应相应收缩,在考核过程中也主要以公司治理结构是否完善以及保值增值情况为标准。对于非竞争性领域的国有资产,由于和政府联系更为密切,因此行政监督在其中应发挥更大的作用。此外,对于金融类国有资产等特殊类别的国有资产,还应遵循其本身具有的监督模式,这就牵涉到协调监督的问题。

(三)统一与协调监督原则

统一监督是指对国有资产的监督应有一个集中行使监督权的政府机构统一对所有类型的国有资产进行监督,改变各行业监督的局面。目前,经营性国有资产、非经营性国有资产、资源性国有资产分别由国资委、财政部门、国土资源部门实施监督,缺乏统一的监督机构。即使在经营性国有资产范围内,也存在金融类国有资产未被纳入统一监督范围的问题。

在实现统一监督的同时,还必须考虑协调监督问题。因为对国有资产的监督不仅仅是政府监督的问题,还包括社会监督、人大监督、政府审计监督和企业内部监督,各监督主体只有协调配合才能实现监督的全面、有效,既能防止"叠床架屋",也能防止监督真空,真正使监督的效果提高。协调监督既要处理好政府监督与人大监督、社会监督、企业内部监督之间的协调,也要处理好监督主体上下级之间的协调。为保证协调的有效性,在不同监督部门之间设立一个协调机构实有必要。

(四)适度监督原则

适度监督主要是针对行政监督而言的,是公权行使谦抑性的反映,也是行政法的基本原则之一。适度监督要求行政机构在实施监督时不能超过必要的限度,能够由企业内部监督解决的事项就不要参与,这也是政企分开、防范政府失灵的重要要求。

二、人大监督:终极所有权的实现

根据我国《宪法》的规定①,人大是权力机关,对行政机关和司法机关都享有监督权。人大是第一层次的国有资产最终所有人的委托人,是最能代表全民对国有资产行使投资决策和监督权的机构,监督权的行使贯穿于国有资本运营的全过程。在方式和手段上,人大以其立法权和审议、询问、质询等方式对国有资本运营进行监督,包括国有资本经营预算的审议批准和执行、政府机构的执法情况、国有资本运营公司重要负责人的最后决定权以及国有企业重大事项的审批等。

(一)立法监督

人大的立法监督,即人大通过制定法律并监督法律的执行,对国有资本运营进行监督。人大的立法监督在制定法律方面,不仅要制定公法,还要通过私法的制定实施监督;不仅要对国有资产某一种类或运营的某一阶段进行立法,更要对所有国有资产和国有资产从基础界定到运营、收益及分配、退出的全过程进行立法;不仅要制定法律,弥补法律空白,协调法律冲突,还要保障法律能够得到有效的执行和实施。

目前,在人大立法层面,有关国有资产的统一立法只有《企业国有资产法》。《企业国有资产法》仅规范企业经营性国有资产,金融类国有资产虽适用该法,但缺乏具体的规定。在对国有资产实施监督方面,该法第63条到第67条用了5个条文规定了人大、政府审计、社会公众的监督,原则而笼统,从一定程度上说仅具有宣示意义,而无操作价值。因此,扩大国有资产范围进行立法,对国有资产监督条文进行细化,成为立法监督的重要工作。

从立法的协调看,《企业国有资产法》后于《企业国有资产监督管理暂行条例》颁布,对出资人的规定成为两者冲突的焦点;同时,行政监督在《企业国有资产法》中并没有规定,两者如何协调还需要立法机关的解释和细化。此外,国有企业的行为规范也受《公司法》的约束,其中对国有公司,包括国有独资公司、国有控股公司的规定,特别是对公司治理结构的要求,也是立法监督的表现。因此,也要合理处理公法与私法融合的问题。

与立法监督直接联系起来的是对执法的监督。2006年,《各级人民代表大

---

① 《宪法》第3条第3款规定:"国家行政机关、审判机关、检察机关都由人民代表大会产生,对它负责,受它监督。"

会常务委员会监督法》颁布,从而使人大监督(包括对企业国有资产的监督)有法可依。人大对执法的监督主要表现在:首先,要处理立法过程中不同层级立法的协调,如《企业国有资产法》和《企业国有资产监督管理暂行条例》的协调问题;其次,要监督法律的执行,避免有法不依情况的出现;最后,要对执法过程中显现的立法缺陷进行审查并适时修改。

(二)进一步建立健全人大问责制度

"如果人都是天使,就不需要任何政府了。如果天使统治人,就不需要对政府有任何外来的或内在的控制了。"①我国宪法和法律赋予各级人大及其常委会多项监督权力,包括调查、视察、执法检查,还有特定问题调查、质询、罢免等。但是,长期以来,法律赋予人大的刚性监督手段,如质询、组织特定问题调查、罢免等并没有得以充分发挥。其原因在于,一是地方人大和人大代表的监督意识不强,二是地方人大独立性不够,三是选民对人大和人大代表的监督不到位。因此,必须强化地方人大代表的监督观念,增强人大对行政问责的力度,完善人大会议议案表决制度,构建人大问责、政府内部问责和社会监督的多元机制。

(三)完善国有资本经营预算监督

党的十八大报告提出人大要对政府全口径预决算进行审查和监督,而国有资本经营预算是其组成部分,接受人大的审查和监督是理所当然的事情。从现代民主政治的三权分立出发,立法部门对预算进行审查是宪政分权的要求,也是减少公共决策中"经济人"②行为的需要。

国有资产全民所有的属性决定了全体人民对国有资产的管理、运营及退出等享有知情权。全体人民行使知情权以获取信息的途径除企业的信息披露外,国有资本经营预算无疑更是一个直接的方式。在代议制国家中,人民通过其推选的代表对国有资本经营预算进行审议和表决,既行使了知情权,也行使了投资的决策权。

编制国有资本经营预算的目的并不是单纯地使国有资产保值增值,而在于确保国有资产是不是符合其满足全民需要的本质要求。即使从保值增值角度看,对于运营中的国有资本,也要通过预算的编制和执行确保其能够得到合理配置,实现增值;在运营过程中,也要监督国有资本的交易是否合法,以防止国有资产的流失。

在预算的编制格式和程序上,国有资本经营预算应在每年年初作出,针对不

---

① 〔美〕汉密尔顿等:《联邦党人文集》,程逢如等译,商务印书馆1980年版,第264页。
② 根据公共选择理论,预算过程是一个公共决策过程,由于决策机制的缺陷以及决策参与者的经济人行为,很可能产生滥用公共权力、非法谋取私利和低效率等"经济人"行为。

同类型的国有资产分别编制预算。国有资本经营预算必须经人大的审议批准才能得到执行,以维护全民作为所有者的投资权。在内容上,国有资本经营预算应详细列明投资方向和数额,内容应能反映国有资本运营中的整体运行状况。

随着政府权力的膨胀,人大的权力在一定程度上受到了损害,"坐实人大"成为很多人的期盼。对于人大对预算的监督,人们并不十分满意。在国有资本经营预算还处于完善阶段,连编制主体都没有完全能取得共识的情况下,要使人大发挥对国有资本经营预算的监督作用还有很多工作要做。① 第一,要尽快实现对《预算法》的修改。修订后的《预算法》应规定,政府财政资金支配的最终决定权必须由人大享有,人大代表应有权对预算议案提出修改;为保证预算年度完整,调整人大召开时间,改变目前3月会议召开之前已实际执行两个月的预算制度;对预算的调整进行严格审查,严格落实预算责任追究制度。第二,增强人大履行监督职责的能力。人大作为非常设权力机关,虽然设立了财政经济委员会和预算工作委员会,但是与预算审查的要求相比,无论是人力还是财力都不能满足需要。因此,增加专业化的专职人大代表,增强其职业化,应该成为人大制度建设的一个方向。同时,对于预算工作委员会的职能,还有增强的空间要求。第三,加强对预算报告的审议。首先,预算报告应完整反映政府收支项目,改变目前预算编制笼统、不清的状况。其次,由于人大会议会期不长,地方人大会议的会期一般也就几天时间,代表们真正审查预算的时间很少。预算编制不清,加上能够给代表审议的时间较短,致使预算的审议和通过仅仅是"走过场"。因此,应增加预算报告的审议时间,恢复预算报告在人民代表大会上宣读的程序。

三、政府监督:主体的明确与定位

(一)国资委的专职监督

面对立法上的政府监督空白和实践中政府监督的国资委职能交叉,必须设计出独立、统一的监督人。有学者认为,在国资委行使出资人代表职能时,可以将对国有资产实施行政监督权的机构设置在监察部,对产权交易中的违法行为进行监督。② 但是,专业性较强的对国有资本运营的监督毕竟和监察部的职能不匹配,因为监察部主要是监察行政机构及其公务员的机构。可见,将对国有资产监督的职能交由监察部行使并不符合政府机构职能分配的要求。在前文对国有资产管理体制的讨论中提及,由国有资本运营公司履行国有资产出资人代表,国资委相应地恢复为行政机关的属性,由其对国有资本运营实施监督。从成本

---

① 参见魏陆:《人大应把政府关进公共预算"笼子"里》,载《人大研究》2011年第3期。
② 参见李曙光:《论〈企业国有资产法〉中的"五人"定位》,载《政治与法律》2009年第4期。

考虑,这是一种最为理想的选择。

国资委定位回归,对国有资产行使统一、集中监督权,其职能主要包括:(1)负责建章立制,包括研究起草国有资产管理和监督的法规草案,研究国企改革和发展中的有关法律问题,拟订国有资产清产核资的政策及制度、办法等,建立国有资产产权交易监督管理制度。(2)负责国有资产的基础管理工作,包括国有资产的产权界定、产权登记、资产评估、清产核资、资产统计、综合评价等。(3)协调国家出资企业之间的国有资产产权纠纷。(4)在国家出资企业及其管理人员有违法行为时,实施行政处罚。(5)实施国有资产管理中的行政主导和审批行为,如推动国有经济布局和结构战略性调整等。

(二)审计监督

除国资委专职行政监督外,审计监督也是行政监督中不可或缺的重要方面。在绝大多数国家,国有企业都需要接受国家审计机关的监督。根据我国《企业国有资产法》第65条、第67条的规定,①审计机关,包括审计署和地方审计机关,承担对国家出资企业进行审计监督的职责。从审计对象看,审计监督包括对国家出资企业的审计监督和对国有资产监督管理机构的审计监督。对国家出资企业的监督主要是对国家出资企业负责人任期内和离任审计、重大事项变更时的审计以及经营业绩的审计。对国有资产监督管理机构的审计主要是对国有资本经营预算的执行进行审计,以及对国资委行政监督是否有效进行审计。审计机关形成独立审计报告后应提交人大,并向社会公众公开。

(三)其他政府职能部门的协调监督

国有资产在管理、运营过程中会牵涉到众多政府职能部门,这既造成了监督协调问题,也在一定程度上形成了全面的行政监督体系。从我国目前的行政机构设置看,与国有资本运营能够产生联系的主要有发展与改革部门对项目审批的监督、财政部门对国有资本经营预算的管理和监督机制、在企业上市过程中证券监管机构对上市公司的监督、国家监察部门对在国有企业任职的公务人员实施的监督、在国有企业造成垄断情况下商务部和工商行政管理总局的监督检查、税务部门的收税征管等,这些都在一定程度上对国有资本运营形成了合力监督。

---

① 《企业国有资产法》第65条规定:"国务院和地方人民政府审计机关依照《中华人民共和国审计法》的规定,对国有资本经营预算的执行情况和属于审计监督对象的国家出资企业进行审计监督。"第67条规定:"履行出资人职责的机构根据需要,可以委托会计师事务所对国有独资企业、国有独资公司的年度财务会计报告进行审计,或者通过国有资本控股公司的股东会、股东大会决议,由国有资本控股公司聘请会计师事务所对公司的年度财务会计报告进行审计,维护出资人权益。"

四、企业内部监督：内外平衡的加强

（一）出资人制度

出资人制度是企业内部监督的基础，也是确定由谁构建合理公司治理结构的基础。前文多次分析了国资委的定位和职能承担，无论是从理论还是实践需求看，国资委并不适宜成为出资人代表，而应在政府作为出资人的情况下，授权国有资本运营公司作为出资人代表，如此才能实现政企分开等国有资产管理体制改革的目标。由国有资本运营公司履行出资人代表职能，对于提高国有资本运营效率、实现国有资产保值增值目标，无疑是一种更优的选择。

（二）董事会制度

对董事会制度，前文分析较多，这里需要再次强调的，一是要强化非竞争性领域国有资本运营公司中董事的任免或推荐程序，加强人大对公司董事长等重要领导人的任免监督；对于竞争性领域国有资本运营公司，加强董事来源的市场化，构建以独立董事为主的董事会；取消董事、董事长的行政级别制度。二是要推行独立董事制度，拓宽独立董事的选择渠道，提高董事素质，明确其职责，加强考核评价。三是要完善职工董事制度，一方面健全职工代表大会制度，另一方面加强职工董事履职能力培训，为职工董事履行职责提供良好的制度保障。在董事会的建设中，应借鉴国外董事会各专门委员会的做法和经验，加强董事会专门委员会建设。

（三）监事会制度

根据《公司法》《企业国有资产法》，监事会制度是维护出资人权益的重要保障。目前，国资委推行的监事会制度暴露出较多的问题：第一，外派监事起源于稽查特派员制度，是一种通过行政权委派产生的监督形式，不可避免地具有行政化色彩。同时，外派监事还享有行政级别待遇，与私法化的公司运营产生了矛盾，也与政府适度监督相违背。由于监事人员较少，一个监事监督多家企业的现象非常普遍，直接影响到监督的效果。第二，在董事会成为公司治理结构核心的情况下，对董事会的监督成为对监事、监事会的挑战，特别是在内部董事会中形成了"董事会产生监事会"的现象。第三，大部分外派监事会具有公务员身份，以目标管理责任书作为考核依据，监事对公司没有促使其尽力履职的动力，监督效果有限。第四，许多公司常常由临近退休的人士担任监事会主席，或者是由公司的工会主席等人员担任，与被监督对象形成了"下级监督上级"的现象，监事会监督的效果可想而知。

为此，应逐步扩大地方国家出资企业监事会制度建设和外派监事范围。要消除行政化的弊端，就要除去监事的公务员身份和行政级别，在监事的产生上重

视股东会的作用,避免董事会对监事会的操纵。要进一步强化监事会职权,监事会可以要求董事会和经理定期或必要时报告工作、提交相关财务会计报告等,对重大事项进行调查和质询。①

随着地方推行整体上市,国企监事会又面临着新的挑战。整体上市后,集团公司空壳化,导致对集团下属上市公司的监督出现缺位。从法律规定看,公司上市之后受公司法规范,需要执行公司法对监事会制度的规定。外派监事与国企上市后形成的投资主体多元化产生了冲突。地方对此探索形成了外派监事会和内部监事并行、改外派为内部监事会以及由国资委提名专职监事进入公司内部监事会三种形式。从实践操作看,"外派内设"和"外派内联"更为适合目前的情势,也得到了国务院国资委的认可。② 但是,这仍未改变行政委派的性质。因此,引入独立监事成为以后地方探索的一条道路。

五、社会监督:信息披露的强化

从法律规定看,社会公众只能通过有限的途径实现监督国有资产的权利,而且立法规定的权利实现的程序和保障也比较缺乏。尤其是有关国有资产运营中的信息披露不足,制约了社会公众监督权的行使。

国有资产监督提供的信息是一种"社会公共产品"。作为国有资产的最终所有人,社会公众具有知情权,国有资产的信息应当全部向社会公开。信息的不公开和不完整公开,不仅影响全民利益,而且对国家经济和社会秩序也会产生不利影响。我国国有资产监督的信息披露长期存在信息披露不真实、不完整、不及时等弊端。对于信息披露的内容,依据OECD《国有企业公司治理准则》,国有企业应当完整披露有关国有企业的所有信息。③

从社会监督的完善看,需要充分发挥新闻舆论、社会中介组织和公民监督的作用。对于新闻舆论来说,作为"无冕之王",在国有资本运营中发挥着其他监督形式无法替代的作用。但是,当前我国新闻舆论的监督作用并不充分。因此,推动政治体制改革,加强新闻舆论的自主性与对新闻从业人员的保障成为必需。对于社会中介组织来说,特别是其中的会计师事务所、律师事务所等专业化的团

---

① 参见山东省国资委课题组:《国资监管机构行权履职的指针——对实施〈企业国有资产法〉的意见和建议》,载《国有资产管理》2010年第4期。
② 参见王世权:《国企监事会的出路》,载《董事会》2011年第11期。
③ 除公司财务、业绩状况、经营目标、主要股权等重要信息外,还应当反映以下几方面的重点信息:每个国有企业的公司目标及其实现情况的声明;公司的所有权结构和选举权结构;经营过程中的重大风险因素以及处理这些风险所采取的措施;从政府部门获得的资金支持,包括担保;与相关实体的任何重大交易。参见经济合作与发展组织:《国有企业公司治理——对OECD成员国的调查》,李兆熙、谢晖译,中国财政经济出版社2008年版,第57—67页。

队,应通过对国有资本运营的财务审查、外部审计、法律适用,促使国有资本合法运营。

六、司法监督:最后一道防线

司法在一个社会中是维护社会正义的最后一道防线。在现代法治社会,无论是立法不完善还是滥用行政权,在公正的司法环境下,在一定程度上都可以得以矫正。在国有资本运营过程中,《企业国有资产法》是目前唯一集中对企业国有资产予以规范的立法,其他众多行政法规、规章的立法层阶低,内容规范不全面,甚至还有冲突;政企不分的顽疾一直都是国有资产管理体制改革的目标,行政权扩张也反映在国有资本运营过程之中。发挥司法作为最后一道防线的功能是实施国有资本运营监督的必然要求,通过司法权的行使维护国家和全民利益。行使司法权的特征在于,司法机关作为中立者,只服从法律,依法维护社会主体的权益。

司法监督的主要形式是,通过法院和检察院的审判权和检察监督权的行使,实现对国有资本运营过程的监管。在司法监督的具体方式中,值得探索的是建立国有资产公益诉讼制度。这是因为,在目前我国国有资产监督体系的设计中,对人大监督、政府监督相对比较重视,对社会监督却重视不够。作为国有资产的真正所有权人,全民监督国有资产仅有举报、控告等间接监督渠道,缺乏直接监督的方式,而国有资产公益诉讼则满足了社会公众直接监督国有资产、维护全民利益的要求。

所谓国有资产公益诉讼,是指对于国有资产运营过程中发生的违法行为,侵犯到国家、社会公共利益时,任何组织和个人都有权向法院起诉,由法院追究违法者法律责任的诉讼形式。[①] 公益诉讼制度虽然在我国学界讨论得非常热烈,但是反映在立法中长期都是空白。2012年通过的《民事诉讼法》为迎合学界的强烈建议和食品安全、环境破坏的紧张局势,在第55条规定了公益诉讼制度,但是其可诉范围和提起诉讼的主体范围都还很狭隘,尚未确立国有资产公益诉讼制度。因此,首先,要在国有资产的统一立法中明确规定国有资产公益诉讼制度。其次,要将国有资产公益诉讼纳入三大诉讼法中,明确诉讼程序。最后,司法机关要以司法解释的方式加快推进国有资产公益诉讼制度的建设和发展。在具体制度设计中,应明确起诉主体、起诉对象、举证责任等内容。第一,扩大国有资产公益诉讼的起诉主体。在《民事诉讼法》中,对因食品安全、环境破坏提出诉

---

① 参见韩志红、阮大强:《新型诉讼——经济公益诉讼的理论与实践》,法律出版社1999年版,第47页。

讼的主体限于"法律规定的机关和有关组织",不仅包括检察机构,也纳入了更多的相关组织,但是没有将公民纳入诉讼主体范围,社会公众参与国有资产监督的渠道没有得到扩大。因此,公民直接诉讼还需要得到法律的确认。第二,在起诉对象上,只需满足国有资本运营过程中出现违法行为,侵害到国家和社会利益,公民即有权起诉。第三,在举证责任的承担上,应根据不同的诉讼主体设置。对于由检察院作为诉讼主体的国有资产公益诉讼,由于检察院拥有较强的获取信息的能力,应由检察院承担举证责任。对于由公民起诉的公益诉讼,则应考虑到公民个体能力与国有资产管理、运营者之间的差异,实行举证责任倒置原则。第四,为了防止恶意诉讼和滥诉,减少法院工作量和对国有资产监督、运营机构正常工作的影响,可以设置一定的前置程序,如需经过国有企业内部监督、行政审查等。

除公益诉讼外,在地方国有资本运营的司法监督中,还必须防止司法地方保护主义的出现。司法地方保护主义产生的原因是多重的:从宪政体制看,法院和检察院由同级人民代表大会选举产生,使地方司法机关具有了地方属性;行政区划客观上为地方保护主义提供了条件,地方司法机关要为地方的经济、社会发展服务;"分税制"改革加剧了地方化格局,地方领导体制使司法机关人员,特别是法院院长、检察长的任免由地方领导人掌握。这就造成案件受理、审理、执行中都存在地方保护主义。司法地方保护主义使得在诉讼过程中,中央与地方、地方与地方之间出现司法纠纷时不能得到很好的解决。为此,坚持"司法权国家化"[①],消除司法地方保护主义的司法体制改革也是完善国有资本运营监督机制的要求。

---

① "司法权应该属于国家所有,而不属于地方,也不属于个人。"《中国司法地方保护主义批判》,http://www.iolaw.org.cn/showNews.asp?id=26356,2016 年 8 月 28 日访问。

第八章　地方国有资本经营预算制度

作为政府预算体系组成部分的国有资本经营预算对于国有资本运营发挥着极其重要的作用。在将出资人职责分解为出资的预算、出资的执行和出资的监督几个部分之后,其中每一个环节都和国有资本经营预算相联系。国有资本经营预算是出资人履行职责的方式,能够评价和考核国有资本运营的效果,通过和公共财政的衔接,有助于全民利益的实现。虽然我国很早就确立了国有资本经营预算制度,但是直到2007年才开始进入实质性实施阶段。作为一项有关国有资产的基础制度,国有资本经营预算制度在近年来地方的试点中积累了宝贵的经验,但是对国有资本经营预算的性质、收支范围、编制主体、预算监督、和公共财政的衔接等还有很多需要探索的空间。

第一节　国有资本经营预算制度的价值和作用

一、国有资本经营预算制度的内涵

国有资本经营预算的首次提出是在1993年《中共中央关于建立社会主义市场经济体制若干问题的决定》中,当时在名称上使用了"国有资产经营预算"。其后,1995年《预算法实施条例》第20条明确规定了复式预算的组成。① 随着国有资产改革的深入,2003年《中共中央关于完善社会主义市场经济体制若干问题的决定》将"国有资产经营预算"更名为"国有资本经营预算"。2007年《国务院

---

① 1994年《预算法》第19条规定:"预算由预算收入和预算支出组成。预算收入包括:(一)税收收入;(二)依照规定应当上缴的国有资产收益;(三)专项收入;(四)其他收入。"1995年《预算法实施条例》第20条规定:"各级政府预算按照复式预算编制,分为政府公共预算、国有资产经营预算、社会保障预算和其他预算。复式预算的编制办法和实施步骤,由国务院另行规定。"

关于试行国有资本经营预算的意见》决定进行国有资本经营预算试点工作。①《企业国有资产法》对国有资本经营预算进行了特别规定,并列专章从第58条到第62条对国有资本经营预算的收支、编制原则、编制主体等作出了规定。

(一)国有资本经营预算的内涵

学者们基于不同的专业和领域,从不同方面对国有资本经营预算的内涵作了界定。官方对国有资本经营预算的概念界定一般较为简单,如"国有资本经营预算是以国家投资者身份对国有资本实行存量调整和增量分配而发生的各项收支预算"②。2007年《国务院关于试行国有资本经营预算的意见》对国有资本经营预算的内涵作了如下界定:"国有资本经营预算,是国家以所有者身份依法取得国有资本收益,并对所得收益进行分配而发生的各项收支预算,是政府预算的重要组成部分。"这是目前对国有资本经营预算的基本认识。

学界在对国有资本经营预算作出概念界定时,在一定程度上体现出不同的侧重点。例如,邓子基等学者强调市场经济的条件,在主体上特别指出国有资产监督管理机构的出资人身份,将范围界定于经营性国有资产,在内容上则归于收入、支出、结余等一系列预算计划。③李燕强调国有资本经营预算的价值,即国有资本经营预算是政府对国有资本管理和分配的工具,在范围上应是所有收入和资本性支出。④陈步林领衔的课题组特别强调国有资本经营预算是国有资产所有权管理的基本手段,对国有资产保值增值能够产生依托作用。⑤还有学者把国有资本营运看作一个组织系统。⑥陈怀海认为国有资本经营预算的范围在于国有资本经营收入、支出,是一种专门预算。⑦夏林生基于"国家所有,分级管理",将预算的范围界定为各级政府用于国有资产管理的支出及资本性投入。⑧吴祥云特别指出国有资本经营预算是国有资产经营收入、支出和平衡的计划,是一种专项预算。⑨隋军将国有资本经营预算的对象界定为国有企业投入产出和

---

① 《国务院关于试行国有资本经营预算的意见》第15条规定,中央本级国有资本经营预算从2008年开始实施,2008年收取实施范围内企业2007年实现的国有资本收益。2007年进行国有资本经营预算试点,收取部分企业2006年实现的国有资本收益。
② 《财政部2006年预算报告专题名词解释》,http://www.mof.gov.cn/news/20060306_2268_13018.htm,2016年8月28日访问。
③ 参见邓子基:《建立国有资本经营预算的思考》,载《中国财政》2005年第12期;邓子基:《略论国有资本经营预算》,载《地方财政研究》2006年第1期。
④ 参见李燕:《论建立我国国有资本经营预算制度》,载《中央财经大学学报》2004年第2期。
⑤ 参见陈步林等:《构建上海国有资产经营预算管理体系研究》,载《经济研究参考》1997年第A8期。
⑥ 参见杨华、梁彦军:《关于建立国有资本经营预算制度的探讨》,载《中州学刊》2005年第1期。
⑦ 参见陈怀海:《国有资本经营预算:国有企业产权改革的财政制度约束》,载《当代经济研究》2005年第5期。
⑧ 参见夏林生:《编制国有资本经营预算初探》,载《预算管理会计月刊》2005年第3期。
⑨ 参见吴祥云:《建立国有资本经营预算的若干思考》,载《当代财经》2005年第4期。

经营收益。①

基于国有资本经营预算的基本内涵,学界普遍认可国有资本经营预算是政府预算的组成部分,其主体应是政府;国有资本经营预算是对国有资本收益进行再分配的出资人预算,其依据在于政府根据其出资人身份所享有的资产收益权,从而使国有资本经营预算区别于政府公共预算;从对象上看,国有资本经营预算反映了国有资本运营中的收支情况,是一种收支预算。

(二)国有资本经营预算的性质

学界对国有资本经营预算的分歧焦点在于:国有资本经营预算应否独立于公共预算?一种观点认为,国有资本经营预算与公共预算相互独立。国有资本经营预算体现的是出资人预算,既与公共预算不同,也和企业财务预算有别,既各自独立,又有一定的内在联系,应当列于公共财政预算编制之外。② 另一种观点则认为,国有资本经营预算是公共预算的重要组成部分,应该把国有资本经营预算纳入公共预算体系,由财政部门和国资委共同完成预算编制工作。③

在我国,国有资产经过多次委托后,政府不仅是社会公共管理者,而且还是国有资产所有者代表。作为社会公共管理者,政府是公权者,依据公权力管理社会事务。作为国有资产所有者代表,政府应以私法主体身份平等参与市场竞争,遵守私法化的市场交易规则。为了防止政府滥用公权对市场公平竞争造成损害,必须对政府的这两种角色严格区分。欲实现彻底的政企分开,就需要把政府作为国有资产所有者代表的职能独立出来,政府只承担作为社会公共管理者的职能,由此也就要求国有资本经营预算独立于政府公共预算之外。国有资本经营预算与政府公共预算是两种不同属性的预算。

按照《预算法》,我国政府预算改革的目标模式是逐步建立公共预算、国有资本预算和社会保障预算等组成的功能互补的复式预算体系。作为复式预算的组成部分,国有资本经营预算与政府公共预算既有区别又有联系。④ 其区别主要在于:(1)在权能依据上,国有资本经营预算源于国有资产所有权及其派生的收

---

① 参见隋军、卓祖航:《加快建立国有资本经营预算》,载《发展研究》2005年第6期。
② 参见吴炳贵:《关于独立编制国有资本经营预算之我见》,载《国有资产管理》2005年第10期;吴树畅:《国有资本经营预算初探》,载《国有资产管理》2003年第8期;沈铖、曹丽莉:《建立国有资本经营预算的探讨》,载《改革》2005年第5期;李燕:《论建立我国国有资本经营预算制度》,载《中央财经大学学报》2004年第2期。
③ 参见文宗瑜、刘微:《国有资本预算编制和审批》,载《国有资产管理》2005年第8期;吴祥云:《建立国有资本经营预算的若干思考》,载《当代财经》2005年第4期。
④ 参见欧阳淞:《国有资本经营预算制度的几个基本问题》,载《法学家》2007年第4期;杨敏、许大华、卞荣华、王丹:《从法律视角分析国有资本经营预算与公共财政预算的关系》,载《中国财政》2009年第21期。

益权;公共预算则源于国家公共权力。(2) 在所要实现的目标上,国有资本经营预算侧重于保值增值,体现资本的自然属性;公共预算更关注社会效益。(3) 在内容上,国有资本经营预算的收入主要源于各种国有资本收益,支出主要以投资形式表现,资金具有周转性、有偿性的特征;公共预算以税收为主要收入来源,以满足公共需要为主要支出,资金具有一次性、无偿性的特征。(4) 在管理手段上,国有资本经营预算中连接所有者与经营者的是财产权,两者地位平等;公共预算主体之间是行政隶属关系,地位是不平等的。(5) 在编制原则上,除公开性、完整性、统一性、年度性的共同特点外,国有资本经营预算还需要相对独立、适度集中、保证重点。但是,公共预算和国有资本经营预算统一于作为唯一财政主体的国家,都是政府预算的一部分,必然存在一定的联系。首先,国有资本运营最终体现于具体的国家出资企业,市场中的企业需要根据国家税法的规定缴纳税费,国有资本经营预算也就与国家财政联系起来。其次,国有资本经营预算可以通过与公共预算的连接和转换,在两者中任一预算存有结余的情况下向对方进行资金的流动,如公共预算资金可以按照产业政策要求投入国有资本经营预算;同样,国有资本经营预算在盈利较多或国有资本退出的时候,其收入可依程序充实公共预算资金。重视国有资本经营预算与公共预算之间的联系,实现国有资本经营预算与公共预算的有机衔接,是政府预算统一性、完整性的体现和要求。

二、国有资本经营预算制度的价值

2003 年新型国有资产监管体制的建立,更多的是对国有股东行使出资权的各种制度环境的改善。但是,应通过何种制度和途径实现国有股东对投入资本的投票权和剩余索取权?如何防止和消除无人对国有资本的经营失败或无效负责、"内部人控制"以及腐败问题严重等弊端?国有资本经营预算制度在一定程度上是对这些问题的回应。

法的价值,是法这种客体对于主体所具有的积极意义,是法对主体需要的满足及其程度,主要包括秩序、效益、民主、自由、平等、公平、正义等。国有资本经营预算制度的价值主要表现为民主、公平、效益。[①]

(一) 国有资本经营预算制度的民主价值

国有资本的所有者是全民,其收益也必须归全民支配。"尊重和体现选民意志,确保政府的财政收支活动都来源于人民的授权并接受人民监督,这是财政民

---

① 本部分内容主要参考徐孟洲、贾剑非:《论国有资本经营预算制度的法理基础与法价值》,载《政治与法律》2009 年第 4 期。

主的首要内容。"① 代议制是现代国家实现民主的主要形式,全民对国有资产的投资、运营和监督也需要借助国家所有权,以代议制实现。国有资本经营预算体现了国有资产的投资方向和支出方向、国有资本收益的分配,体现了全民对此的决策权、知情权和监督权,最终实现保障全民利益的目标。

（二）国有资本经营预算制度的公平价值

国有资本经营预算所体现的公平价值反映在国有资产内部,即通过国有资本增值收益分配,国家作为股东收取红利,是同股同权的表现；将国有资本与公共财政衔接,将国有资本收益受惠于全民,体现了全民享有的公平价值观。在外部,通过国有资本经营预算调整国有资本的投入方向和退出领域,实现国有企业和民营企业的同步发展,体现所有资本公平竞争的理念。

（三）国有资本经营预算制度的效益价值

国有资产作为全民所有的资产,其根本目标是增进全民福祉,这和经济法社会的整体效益相一致。在国有资本运营过程中,实现资本的保值增值,以非竞争性领域国有资本直接服务于地方区域内的居民福利,以竞争性领域国有资本增值增进全民福利。通过国有资本经营预算,引导国有资本投向,实现宏观调控与国有经济布局和结构优化,实现国有资本的有进有退,促进社会利益的整体实现。

三、国有资本经营预算制度的目标定位

在研究国有资本经营预算制度的过程中,正确定位其目标体系具有十分重要的意义。对于国有资本经营预算制度的目标,理论界有很多论述,尽管角度各异,但是总体来看,这些观点所反映的一些因素及关系基本上涵盖了国有资本经营预算的制度目标,如实现国有资本的保值增值、提高国有资本运营效率、维护出资者权益等。② 国有资本经营预算制度作为国有资产监督管理的一个重要手段,其最终的制度目标当然也只能是促进全民利益最大化。也就是说,国有资本经营预算制度的目标并不仅仅是简单地促进国有资本保值增值,还应该有利于促进整体经济的发展,不断壮大公共财政的实力,以更好地提供各种公共产品。

---

① 刘剑文主编：《财政税收法》（第三版）,法律出版社2003年版,第21页。
② 参见邓子基：《略论国有资本经营预算》,载《地方财政研究》2006年第1期；王强、张波：《我国农村税费制度的有效性分析》,载《税务研究》2005年第12期；苏文静：《关于适时建立我国国有资本经营预算制度的思考》,载《首都国资》2006年第3期；谢茂拾：《国有资本运营的预算监管制度集成问题探讨》,载《广东商学院学报》2004年第1期；等等。

(一)初级目标定位

1. 实现国有资产保值增值

国有资产保值增值需依经营的状况而定。国有资本经营预算虽不能直接实现国有资产的保值增值,但它可以通过制度设计对国有资产保值增值起到促进作用。① 例如,通过国有资本经营预算,合理调整资金的投向,引导国有资本向高新技术领域发展,在优化国有经济布局和结构的同时,也实现了国有资产的保值增值。

2. 完善公司治理结构

国家股东的利润在国有企业留得越多,国企高管的道德风险越高,国家和人民的财产损失就越大。② 国有资本经营预算在一定程度上能够反映企业经营能力,对企业经营管理者进行监督和考核,有助于防范"内部人控制",完善公司治理,遏制公司内部的商业腐败。

(二)中级目标定位

1. 强化政企分开、政资分开

地方政府承担的社会经济管理职能和国有资产所有者职能是两种性质不同的职能,将两种职能分离是政企分开、政资分开的要求。单独编制国有资本经营预算,将其与公共预算分开,能够合理划分地方政府的两种职能,有利于对国有资产进行统筹规划和效益考核。要建立归属清晰、权责明确、保护严格和流转顺畅的现代产权制度,规范政府与国企的利益分配关系,必须建立健全国有资本经营预算制度。只有这样,才能推进政企分开、政资分开,促进国有企业真正成为适应市场经济的法人实体和竞争主体。

2. 加强国有资本经营预算制度的宏观调控作用

国有经济的存在理由之一是,政府通过国有企业分配资源以克服市场失灵。国有资本经营预算通过调整国有资本投入的方向,进入市场失灵的自然垄断领域和民营资金不愿进入的行业,确保经济的平稳发展。国有资本经营预算制度不仅是国有资本的监管方式,同时还是国家宏观调控的法律手段,这也是国有资本经营预算制度社会性的另一方面。③ 现在,我国正处于经济发展、社会转型的重要时期,面临着进行经济结构调整、优化产业结构的重要课题。2007年《国务院关于试行国有资本经营预算的意见》也强调了国有资本经营预算制度对加强

---

① 参见文宗瑜、刘微:《国有资本经营预算管理》,经济科学出版社2007年版,第2、39—40页。
② 参见刘俊海:《制定〈国有资本法〉的思考》,载《河南省政法管理干部学院学报》2008年第5期。
③ 参见房文晓:《经济法视角下国有资本经营预算制度的价值定位》,载《法制与社会》2010年第3期。

宏观调控的作用。①

3. 促进社会保障的发展和完善

在国有企业改制过程中，一部分职工被分流，对这些分流职工的保障交由社会保障体系承担。② 但是，我国社会保障面临着巨大的资金缺口。通过国有资本经营预算与政府公共预算的衔接，将国有资本收益用于社会保障，是国有资本经营预算的一个重要作用。③

（三）终极目标定位

实施国有资本经营预算是实现国家所有者权益的要求。预算制度及相应的预算监督是现代国家政治制度的重要内容，是人民主权和基本人权的体现，也是经济发展和社会正义的保障。④ 国有资本收益是全民所有的国有资产通过投资、运营产生的资本增值，由全民享有收益是全民所有制和社会主义制度的要求。人民是国有资产的所有者，有权通过人大对国有资本经营预算进行审议和监督，享有宪法所赋予的知情权、监督权、收益权、投资决策权、批评建议权、申诉权等。实施国有资本经营预算的最终目标是促进全民利益最大化。

第二节 地方国有资本经营预算制度设计

一、国有资本经营预算制度框架

实践中，国内外都把政府预算分为预算编制、批准、执行、监督、审计几个阶段。国有资本经营预算作为政府预算的重要组成部分，理应也由这几个阶段组成。政府预算是综合性的系统制度设计，国有资本经营预算作用的有效发挥，需要编制、执行、评价和激励等程序相互协调和配合。

学界在论述国有资本经营预算制度框架设计时，在承认和尊重现有程序的基础上，依据国有资本经营预算系统中的重要顺序，也对国有资本经营预算的体系建设作出了相应的设计。例如，张秀烨、张先治认为，设计国有资本经营预算制度应按照组织体制、编制系统、评价和激励系统、监控系统以及各种相关的制

---

① 《关于试行国有资本经营预算的意见》指出：国有资本经营预算，是国家以所有者身份依法取得国有资本收益，并对所得收益进行分配而发生的各项收支预算，是政府预算的重要组成部分。建立国有资本经营预算制度，对增强政府的宏观调控能力，完善国有企业收入分配制度，推进国有经济布局和结构的战略性调整，集中解决国有企业发展中的体制性、机制性问题，具有重要意义。

② 参见高桂林、翟业虎：《反思国有资本经营预算法律制度的目标定位》，载《政治与法律》2009 年第 4 期。

③ 参见文宗瑜、刘微：《国有资本经营预算管理》，经济科学出版社 2007 年版，第 74 页。

④ 参见王永礼：《预算法律制度论》，中国民主法制出版社 2005 年版，第 22—23 页。

度保障的顺序进行,如下图所示:①

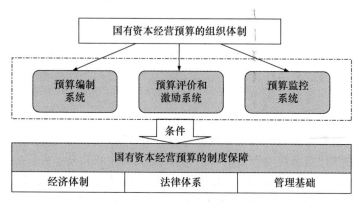

设计国有资本经营预算制度的顺序

在立法中,《预算法》及其实施条例、《企业国有资产法》《企业国有资产监督管理暂行条例》《国务院关于试行国有资本经营预算的意见》等法律、法规,财政部、国资委此印发的规章,②对国有资本经营预算制度从编制目的、编制主体、编制程序、收入制度、支出制度、监督制度等方面作出了相应的规定。以下择要论之:

(一) 国有资本经营预算收支制度

《国务院关于试行国有资本经营预算的意见》第 2 条③规定了国有资本经营

---

① 国有资本经营预算的组织体制需要处理编制主体与政府公共预算的关系以及中央与地方预算的关系;编制系统包括国有资本存量经营预算、国有资本增量经营预算、国有资本配置结构预算、国有资本收益及分配预算;评价与激励系统,关键要解决预算本身的科学性以及环境变化对预算执行结果影响的问题,以防止预算软约束;监控系统包含由人大、政府和社会监督等监督方式的预算监督系统;制度保障,如国有资本出资人制度的到位、国有资本收益分配制度的完善、复式预算体系的健全、国有资本预算管理控制基础工作的实施以及外部环境的营造等。参见张秀烨、张先治:《转型经济下的国有资本经营预算制度——政府与国有企业财务契约关系的重构》,第七届国有经济论坛学术研讨会论文集,第 106—116 页。

② 例如,《中央企业国有资本收益收取管理暂行办法》《中央国有资本经营预算申报试行办法》《中央企业国有资本经营预算建议草案编报办法(试行)》《国资委国有资本经营预算编制管理工作规则(试行)》《关于做好中央企业国有资本经营预算执行工作有关事项的通知》《关于做好中央企业 2008 年度国有资本收益申报工作的通知》《中央企业国有资本经营预算应对财务危机支出管理规定(试行)》《中央企业国有资本经营预算灾后恢复重建支出管理规定(试行)》《中央企业国有资本经营预算技术创新及产业化支出管理规定(试行)》《中央企业国有资本经营预算债转股企业支出管理规定(试行)》《中央企业国有资本经营预算重组整合支出管理规定(试行)》等。

③ 国有资本经营预算的收入是指各级人民政府及其部门、机构履行出资人职责的企业(即一级企业,下同)上交的国有资本收益,主要包括:(1)国有独资企业按规定上交国家的利润。(2)国有控股、参股企业国有股权(股份)获得的股利、股息。(3)企业国有产权(含国有股份)转让收入。(4)国有独资企业清算收入(扣除清算费用),以及国有控股、参股企业国有股权(股份)分享的公司清算收入(扣除清算费用)。(5)其他收入。国有资本经营预算的支出主要包括:(1)资本性支出。根据产业发展规划、国有经济布局和结构调整、国有企业发展要求,以及国家战略、安全等需要,安排的资本性支出。(2)费用性支出。用于弥补国有企业改革成本等方面的费用性支出。(3)其他支出。具体支出范围依据国家宏观经济政策以及不同时期国有企业改革和发展的任务,统筹安排确定。必要时,可部分用于社会保障等项支出。

预算的收支范围:在收入方面,既包括利润、股利、股息、产权转让收入,也包括清算收入;在支出方面,包括资本性支出和费用性支出两项。

国有资本经营预算收入的上交需遵循一定的程序要求:首先由企业进行申报,填写申报表,并区分利润、股利、股息、产权转让收入、清算收入在不同时限内提交。国资委接到申报表后进行审核,报送财政部复核。国有资本经营预算支出的程序是:企业根据国资委编制要求,申报本企业下年度预算支出计划,书面申报国资委。国资委完成预算建议草案,报财政部门。财政部门根据预算收入和建议草案,编制预算草案,最后由人大审议通过。

(二)国有资本经营预算编制和审批制度

中央和地方政府分别编制中央和地方预算。各级财政部门作为国有资本经营预算的主管部门;各级国资委和国资委监管企业为国有资本经营预算单位;主管部门和预算单位分别担负不同的责任,①协调编制国有资本经营预算。国有资本经营预算编制坚持不列赤字原则,以资本性支出为主,严格控制费用性支出。

(三)国有资本经营预算执行制度

国有资本经营预算草案经本级人大批准后,由财政部门下达到各预算单位。各预算单位具体下达所监管企业的预算,抄送同级财政部门备案。年度终了,由财政部门编制决算草案,报本级人大批准。国有资本经营预算收入由财政部门、国有资产监管机构等组织收取、上交。企业按规定将应交国有资本收益直接上交财政部门。国有资本经营预算支出由企业在经批准的预算范围内提出申请,报经财政部门审核后,按照财政国库管理制度的有关规定,直接拨付使用单位。

二、地方国有资本经营预算实践

当前,我国国有资本经营预算还处于探索阶段,中央层级还没有形成完整的制度规范,《国务院关于试行国有资本经营预算的意见》也没有统一的标准指导地方国有资本经营预算建设,各地探索国有资本经营预算的实践存在很大的差异。

---

① 财政部门的主要职责是:负责制(修)订国有资本经营预算的各项管理制度、预算编制办法和预算收支科目;编制国有资本经营预算草案;编制国有资本经营预算收支月报,报告国有资本经营预算执行情况;汇总编报国有资本经营决算;会同有关部门制定企业国有资本收益收取办法;收取企业国有资本收益。财政部负责审核和汇总编制全国国有资本经营预、决算草案。各预算单位的主要职责是:负责研究制订本单位国有经济布局和结构调整的政策措施,参与制订国有资本经营预算有关管理制度;提出本单位年度国有资本经营预算建议草案;组织和监督本单位国有资本经营预算的执行;编报本单位年度国有资本经营决算草案;负责组织所监管(或所属)企业上交国有资本收益。

(一) 地方国有资本经营预算制度规范建设

制度规范对实践具有指导意义,现有的制度建设为地方国有资本经营预算探索实践奠定了理论基础和价值规范。各地根据《国务院关于试行国有资本经营预算的意见》,结合本地国有资产实践,有针对性地制定了本地的国有资本经营预算规范制度。

作为改革开放的前沿阵地,深圳在国有资产改革探索中一直走在前列,早在1995年就颁布了《深圳经济特区国有资产管理条例》,首次提出"国有资产收益预算"概念。2005年《深圳市属国有企业国有资产收益管理暂行规定》将国有资产收益预算制度予以完善和深化。作为国有资产重镇,上海国有资产管理制度也一直起着标杆作用。在国有资本经营预算方面,上海早在1996年就开始了理论研究和探索。2002年,上海国资办专门发文规范国有资本经营预算编制工作,但是没有形成相应的制度规范体系。2005年,上海国资委制定的《上海市国有资产收益收缴管理试行办法》出台,形成了上海市国有资本经营预算模式的雏形。在其他地方,吉林省于2004年出台了《吉林省省直企业国有资本经营预算管理试行意见》,北京市于同年制定了国有资本经营预算的试行办法。随着《国务院关于试行国有资本经营预算的意见》的实施,地方顺应中央要求,开始大规模进行国有资本经营预算的探索,在制度建设过程中颁布了冠以本地省市名称的意见、试行办法,如"国有资本收益收取管理暂行办法""国有资本经营预算编报试行办法""国有资本经营预算建议草案编报办法""国有资本经营预算编制管理工作规则"等。

(二) 地方国有资本经营预算模式

地方各省市国有资本总量、收益差别较大,对国有资本经营预算的探索进度也不尽一致。总体上说,自2007年中央正式要求试点国有资本经营预算以来,已经实行国有资本经营预算的地方各省市基本按照中央模式进行,也有少数地方在具体实施时根据本区域的制度建设、地方政府职能发挥、国有资产总量等特殊因素,作出了新的探索。

1. 国有资本经营预算编制主体

《国务院关于试行国有资本经营预算的意见》确立了财政部门的主管地位,具体负责国有资本经营预算草案的编制工作,国资委负责提出预算的建议草案。但是,在地方上,这种模式并非统一模式,很多地方在试点由国资委编制预算草案,例如,福建省、武汉市就是由国资委作为国有资本经营预算的编制主体。

2. 国有资本经营预算收入

在国有资本经营预算收入方面,地方基本是对中央照抄照搬,虽然在表述方式上存在差异,但是实质内容并没有区别,都包括利润、股息、红利、产权转让收入、清算收入等。

3. 国有资本经营预算收缴比例

在国有资本经营预算收缴比例上,各地的实践不一,存在较大的差异。有些地方首先规定一个最低比例,再由国资委具体确定。例如,深圳要求国有独资公司上缴比例不得低于企业净利润30%,国有控股公司原则上不得低于40%。上海目前采取20%的征收比例,以后在条件成熟时再区分行业确立不同比例。北京统一按照20%的比例收取。比较有特色的是安徽、四川、重庆区分不同行业收取不同比例的做法:安徽根据资源性行业和竞争性行业加以区分,资源性行业征收10%,竞争性行业征收5%;四川采取四类征收法,垄断性行业征收10%,竞争性行业征收5%,政策性企业暂缓缴纳,其他行业统一征收20%;重庆按行业分为三类,一般竞争性行业征收15%,转制科研院校等暂缓上缴,其他行业另行规定。

4. 与公共预算的衔接

与公共预算的衔接主要表现在两个方面,即国有资本经营预算的缴拨方式和国有资本经营预算的支出方向。目前,地方大多建立了国有资本收入专用账户,财政部门对该账户一般是分开管理,有些省市还实行统一管理。在国有资本经营预算支出方向方面,地方也都按照资本性支出、费用性支出、其他支出分类,与中央没有较大差异。有所不同的是,深圳和重庆在支出项目方面列了融资支出;福建和重庆设置了担保支出。另外,福建还特别有一项应急支出。总体上,国有资本经营预算与公共预算的衔接还存在很大问题。

(三) 地方国有资本经营预算问题分析

应当承认,地方对国有资本经营预算的实践早于中央,并在探索中积累了较多的经验和教训。2007年之后,国有资本经营预算在全国范围内展开。为加强对国有资本经营预算的规范和推进,财政部在2010年5月颁布了《关于推动地方开展试编国有资本经营预算工作的意见》。在制度建设方面,截至2011年5月,已有31个省(自治区、直辖市、计划单列市)出台了实施国有资本经营预算的意见或办法,部分省市已延伸到地市级。[①] 地方国有资本经营预算在取得不错成绩的同时,也暴露出一些不容忽视的问题。

1. 地方对国有资本经营预算的认识还需加强

2011年财政部发布的《关于推动地方开展国有资本经营预算工作的通知》指出,截至2011年5月,地方国有资本经营预算工作呈现出不平衡状态,仍有11个省区市未能编制2011年国有资本经营预算,5个省区市还未出台实施国有

---

① 参见朱宝琛:《财政部:各地已开始编制国资经营预算》,载《证券日报》2011年5月11日。

资本经营预算的意见或办法。同时,长期不交利润的制度惯性导致地方国企产生抵触情绪,国有资本经营预算的实施面临困境。即使是编制国有资本经营预算的企业,也没有形成对国有资本经营预算作为出资人预算、法人预算的准确认识,涉足过多行业,客观上使国有经济布局和结构调整进展缓慢。还有的地方政府及国企片面强调市场经营的多变性,认为编制预算会造成国企在市场竞争中的竞争力减弱。

2. 国有资本经营预算的范围有待扩大

国有资本经营预算有广义和狭义之分。广义的国有资本经营预算的范围包括经营性国有资本、行政事业性国有资产以及资源性国有资产。狭义的国有资本经营预算仅指经营性国有资本经营预算。即使从狭义上理解国有资本经营预算,地方国有资本经营预算的范围目前还都集中于国资委监管的企业,金融类国有资产、行政事业性国有资产转化的经营性国有资产尚未进入国有资本经营预算的范围。在理论上,应将这些资产都包括在预算中。在实践中,在中央力促地方实现监管全覆盖,实现金融类国有资产、行政事业性国有资产转化的经营性国有资产集中、统一监管的情况下,国有资本经营预算范围的扩大也应成为地方推进国有资本经营预算的一项重要工作。

3. 国有资本经营预算与公共预算缺乏衔接

国有资本经营预算与公共预算是两种不同的预算制度,统一于政府预算之下。国有资本的社会属性要求国有资本收益应由全民共享。目前,各省市多将国有资本经营预算的支出范围限于国有企业系统内,专款专用,内部循环,而没有形成与公共预算的衔接,对于社会保障制度等缺乏支持。

4. 国有资本经营预算评价与监督机制有待完善

对国有资本经营预算进行定期考核与评价是国有资本经营预算监督管理体系的重要内容。在考核指标体系设计中,地方政府在认识到纯粹利润管理方式的弊端之后,也在不断探索新的考核指标,如经济增加值(Economic Value Added, EVA)指标。但是,各地仍没有形成为众人认可的合理、有效的考核指标,对国有资本保值增值率、反映国有资本经营效益状况的净资产收益率、反映经营性国有资本运营状况的总资产周转率、反映国有资本发展能力状况的资本平均增长率、反映国有资本社会贡献状况的资产税费率等重视不够。在按照现行考核指标进行考核的情况下,对企业负责人的激励和约束机制还没有形成,国有资本收益在业绩考核中的比重设置尚待探索。

在监督机制上,人大监督、社会监督、审计监督和内部监督虽有形式上的规定,但在实践中的操作并不能让人满意,人大监督的形式化、社会监督的弱效力都需要《预算法》等相关法律予以修改和完善。

三、地方国有资本经营预算制度的进一步探讨

（一）国有资本经营预算编制主体的选择

对于国有资本经营预算编制主体，学界并没有统一的认识，主要存在由财政部门编制、由国资管理机构编制、由国资管理机构和财政部门共同编制三种意见。主张应由财政部门编制国有资本经营预算的学者认为，国有企业是由国家投资设立的，政府投资是公共预算支出的组成部分，国有企业所获得的利润自然应当是公共财政收入，由财政部门编制预算理所应当；以公共财政方式编制预算可以实现全民受益；很多国家采取的都是由财政部门编制国有资本经营预算的做法，如丹麦、芬兰、法国、德国等。[①] 与此观点相对应，有部分学者认为应由国资管理机构编制国有资本经营预算。国资管理机构作为经国务院授权的国有资产出资人代表，统一行使管资产、管人、管事职责，由其作为预算编制主体才能真正做到政资分开、职责分清。[②] 由国资管理机构和财政部门共同编制可以实现部门利益的双赢，不仅没有体制上的障碍，而且有利于国有资产管理体制和财政体系的衔接。[③] 还有学者认为，应根据预算编制目的以及预算编制格式选择编制主体，形成以国资管理机构为主，财政部门配合的格局，可以发挥各部门的信息优势与分工优势，同时也有助于相互制约与监督。[④]

2007年《国务院关于试行国有资本经营预算的意见》以及财政部发布的《中央国有资本经营预算编报试行办法》都将财政部门规定为国有资本经营预算的主管机关，国资委等作为国有资本经营预算的具体执行单位，从而在立法上暂时总结了理论界的观点。但是，这一做法尚待进一步论证。

认为应由财政部门编制国有资本经营预算的学者多从《预算法》的角度论证

[①] 参见邓子基：《建立国有资本经营预算的思考》，载《中国财政》2005年第12期；左小蕾：《不能让部门利益主导国有资产分配》，载《新财经》2007年第2期；王军：《现阶段我国企业社会责任问题的经济学分析》，载《理论学刊》2008年第11期；等等。

[②] 参见高路易、高伟彦、张春霖：《国企分红：分多少？分给谁？》，载《中国投资》2006年第4期；吴炳贵：《关于独立编制国有资本经营预算之我见》，载《国有资产管理》2005年第10期；李世聪、谢英姿：《国家财务理论视角下的国有资本经营预算问题探讨》，载《特区经济》2006年第3期；等等。

[③] 参见文宗瑜、刘微：《国有资本预算编制和审批》，载《国有资产管理》2005年第8期；黄伯平：《论我国编制中央国有资本经营预算之首要价值》，载《中国财经信息资料》2006年第26期；等等。

[④] 有学者认为，我国国有资本经营预算应以国资管理机构为主要编制主体，同时形成国资管理机构与财政部门共同编制的格局。其中，国有资本预算中的政府预算会计报表格式部分，由于主要反映财政与国有企业之间的资金往来情况，由财政部门编制更为合适。以企业会计报表格式编制的部分，由于主要反映国家凭借国有资本所有者身份与国有企业发生的分配活动，可授权由专门的国资管理机构负责组织编制本级国有资本预算，汇总本级政府各有关部门、各直属总公司和直接授权经营企业（含集团母公司、大型国有骨干企业本部）等下一级次的预算，并负责组织与监督预算的执行。参见刘永泽、陈艳利、孙光国：《国有资本预算制度的构建目标、原则与基本框架》，载《财经问题研究》2007年第9期。

财政部门享有预算编制权的立法依据,并以此维护预算的完整性。但是,《预算法》出台之前尚没有进行国有资本经营预算,相应地也没有统一对国有资本进行管理的机构,用《预算法》否定国资管理机构的预算编制权与现实脱节。同时,由国资管理机构编制预算,也没有否定预算的完整性要求,因为国有资本经营预算仍是国家预算的一部分。无论是从理论还是实践要求看,由国资委编制预算是保障国有资本经营预算制度顺利进行的要求。

首先,由国资管理机构编制国有资本经营预算可以实现政企分开。国有资本运营需要实现政府角色的分离,即社会管理职能与国有资本所有者职能的分离,而国有资本经营预算的目的就是分离政府的社会管理者和国有资本所有者身份。作为社会管理者的政府依据公权力征收的税收和费用纳入公共预算范畴;而作为国有资本所有者,政府凭借出资人身份所获得的收益纳入国有资本经营预算,实现国有资本的保值增值。由财政部门负责国有资本经营预算的编制,会重新形成政企不分的状况。

其次,国资管理机构负责编制国有资本经营预算是体现出资人职责的需要。国资管理机构作为出资人代表,享有重大项目投资决策权、经营者任免权和收益分配权,而收益分配权是作为所有人代表享有剩余所有权的重要体现。因此,国有资本收益由国资管理机构享有,并根据收益编制预算合情合理。在以财政部门为编制人的情况下,国资管理机构作为所有人的收益权被剥夺,不仅会影响出资人代表的地位,也会影响国资管理机构对国资进行运营。

最后,由国资管理机构编制预算能够减少信息不对称,提高预算编制的效率。国有资本经营预算所需要的数据来源于国家出资企业。国资管理机构与国企的关系比较紧密,获取其人事、企业业务开展以及会计数据较为容易,信息不对称相对于财政部门更少,缩短了委托代理链条,提高了国有资本经营预算的编制效率,在一定程度上也可以减少寻租成本。

确立国资管理机构的主导地位并不否认其他机构的作用,国有资本经营预算为实现宏观目标,如加快经济结构调整、增进人民福祉时,单纯的国资管理机构很难胜任,还需要财政部门、发改委、社会保障部门等其他部门的支持。因此,国有资本经营预算也可以说是一个需要多部门配合和协调的综合体。

需要指出的是,在现行体制下,国资管理机构指的是国务院国有资产监督管理委员会。面对国资委目前承担职责和运行情况,对国资委的改革也成为下一步需要完善的措施,设计更为合理和有效的出资人代表机构和国资管理机构是必须面对的问题。改革现行体制,由国资委承担监督职能,设置国有资本运营公司作为出资人代表对国有资本进行运营是一个更为合理的改革趋势。因此,国有资本经营预算的编制主体也就落实到了国有资本运营公司身上。

(二)国有资本经营预算与公共预算的衔接

由于国资管理机构和财政部门分别承担不同的职能,对国有资本运营和预算的关注点相应地产生了很大的差异。国资管理机构希望国企利润在内部循环,主要用于弥补改革成本、扩大再生产的投资。财政部门则希望将过去的收益纳入公共财政管理。由此,产生了国有资本经营预算与公共预算的关系问题,又以国有资本经营预算中的支出方向争议较为突出。《国务院关于试行国有资本经营预算的意见》将国有资本收益的使用范围规定为资本性支出、费用性支出和其他支出三类,基本上是在国有企业内部使用,而没有将国有资本的受益范围扩大到全民。

从理论上看,国有资本既具有资本天然的逐利性,同时更为重要的是其社会属性,国有资本经营预算更要反映国有资本的社会属性。国有资本在立法上表现为国家所有,其实质在于全民所有,国有资本收益的享有主体理应为全民,而不是国家或政府部门。国有资本经营预算通过人大的表决程序,合理调整国有资本进入和退出的领域和规模,对社会资源作出合理配置并弥补公共财政资金短缺,最终提高全体人民作为所有者的利益,这才是国有资本经营预算的最终目的。[①] 特别是目前社会上存在急需解决的社会保障短缺、教育资源不平衡等民生问题,国有资本收益更加不能在内部循环而不顾。将国有资本收益纳入公共预算和社会保障预算,在支出方向上体现民生导向,是国有资产全民所有属性的体现。[②]

在国企改革早期,为体现对国企改革的财力支持,将国有资本收益在内部循环以补充改革成本是必要的。但是,随着改革进程的深化以及国有资本经营预算制度的完善,国有企业在市场中的竞争力和盈利能力都得到大范围提升,凭借自身能力、政府的隐形补贴、银行的特殊信用照顾,国有企业利润不断增加,此时的内部循环将造成国企利润仅惠及国企内部职工、高级管理人员等,引发社会中收入不均等的不公平现象。

从国外看,许多国家采取直接分红的方式,将国有资产收益惠及全民。例如,美国部分州将收益直接分红,阿拉斯加州从1982年开始为该州公民发放社会分红,从几百美元到数千美元不等。新加坡政府为帮助低薪工人和家庭,2006年初由财政预算拨款,为全民发放"经济增长分红""就业奖励花红"和

[①] 参见刘微:《国有资本预算:履行国有资本社会属性的重要工具》,载《中国总会计师》2006年第2期。

[②] 参见蔡法山:《建立国有资本经营预算制度应当处理好三大基础关系》,载《中国发展观察》2010年第7期。

"国民服役花红"。①

要实现国有资本经营预算与公共预算的衔接,首先应理顺两种预算的交叉科目,除将原公共预算中国有资本收益划归国有资本经营预算外,在支出上减少公共财政下的国有企业补贴,对各种企业一视同仁。② 之后,为实现两种预算的资金对流,可以通过设置相应预算科目实现。当前,地方政府国有资本经营预算与公共预算的衔接,一方面是国有资本经营预算弥补公共预算的资金短缺,另一方面也存在公共预算对国有资本经营预算的支持。在国有资本经营预算支持公共预算方面,我国地方政府的压力一方面来自弥补改革成本的资金短缺,如国企改革中的人员安置、社会保障资金短缺等;另一方面来自政府职能转变过程中形成的资金压力,如区域经济协调发展、义务教育等。国有资本经营预算与公共预算的资金衔接主要就是从这两方面实施的。在公共预算支持国有资本经营预算方面,主要是设置相应科目用于支持国有经济布局和结构战略性调整,将更多的国有资本投向基础服务领域。这些投资项目在某种程度上提供着"公共服务",需要公共财政进行补贴。③

为实现两种预算的衔接,需要从立法上对现有法律法规进行修改。《企业国有资产法》第 3 条规定:"国有资产属于国家所有即全民所有,国务院代表国家行使国有资产所有权。"《物权法》第 45 条规定:"法律规定属于国家所有的财产,属于国家所有即全民所有。国有财产由国务院代表国家行使所有权;法律另有规定的,依照其规定。"这些都表明全民是国有资产所有权人。但是,近年来,国有企业利润分配机制并没有体现全民所有的思想,关键在于国有企业利润分配的规定仅出现在《企业国有资产法》第 31 条中,而且没有分配利润的具体要求。《国务院关于试行国有资本经营预算的意见》也没有提及"全民所有"的概念。在现行国有资本预算体系下,与资本性支出、费用性支出相比,体现全民性支出的规定含糊而笼统,即"必要时,可部分用于社会保障等项支出",造成社会保障支出让位于国资内部支出,使全民享有利益落空。因此,建议修改《企业国有资产法》第 31 条,对国有企业利润分配作具体规定,细化支出方向、支出方式、投入比例等内容。同时,比较《国务院关于试行国有资本经营预算的意见》和《企业国有资产法》可以发现,前者对国有资本经营预算明确要求实行国有资本的内部循

---

① "经济增长分红"发放给每个成年人 200 元至 800 元之间。"就业奖励花红"发放给月入 1500 元以下,年纪达 40 岁的工人,以鼓励他们继续工作。"国民服役花红"发放给已经完成战备役的国人,每人 400 元。参见吴国玖:《国有资产收益分红机制的国际比较与借鉴》,载《科技创新导报》2008 年第 6 期。

② 参见文宗瑜、刘微:《国有资本经营预算如何与公共收支预算对接》,载《财政研究》2008 年第 1 期;欧阳淞:《国有资本经营预算制度的几个基本问题》,载《法学家》2007 年第 4 期。

③ 参见李丽琴:《公共财政:国有资本经营预算与公共预算互补与衔接的目标导向》,载《金融与经济》2009 年第 9 期。

环,而后者确立了与公共预算衔接的原则,二者存在明显的冲突。对《国务院关于试行国有资本经营预算的意见》进行修订是下一步修法的重要内容。

(三)国有资本经营预算的监督机制

国有资本经营预算涉及政府、政府授权机构、国家出资企业,国有资本的监督体系相应地也包含多个方面,从主体上划分,可以分为人大监督、政府的行政监督和审计监督、企业内部监督以及社会监督。

出于"经济人"的考虑,国家出资企业在实行国有资本经营预算后,必然要面对从不缴纳利润到缴纳利润的转变,此时会努力维护原有利益,利用"信息不对称"将资本收益留存企业内部,形成"内部人控制",并通过增加税前支出、给予管理人员过高薪酬、发放奖金与工资、增加职务消费等方式减少上缴利润。为此,需要在企业内部实行监督机制,确保能够实时掌握企业信息,建立业绩考核制度,激发企业上缴利润的积极性。

现阶段,强调人大的监督作用更为重要。在现代国家,立法、行政、司法相互制衡和监督。立法部门对预算行使监督权,是预算民主的要求。在我国,人大在国家权力机关中处于核心地位,与其他国家机关是监督与被监督的关系,对预算进行监督是宪法赋予人大的一项重要职能。人大对政府预算的监督应是全面的监督,这就要求政府将所有收支都纳入预算,以体现公共预算的全面性。但是,目前地方政府纳入人大监督的预算资金一般仅为一般性的预算资金,迫切需要将国有资本经营预算纳入人大监督范畴。即使将国有资本经营预算纳入人大监督范围,还必须坚持预算必须经人大审查、批准后才能执行的原则,而且预算一旦通过就必须严格执行。应当承认,我国人大的审查和监督力度在不断加强,形式也在不断完善,但是有"形"无"神",预算决定权大多由部门掌握,人大享有的最终决定权事实上极为薄弱。首先,由于人大代表来源多样,对预算大多并非专业人员,在对预算进行审查时多从表面文字着手,而没有触及实质;其次,人大议程的更改,即预算报告采用书面审议,也弱化了人大对预算的审查。因此,必须加快修改《预算法》的进程,明确人大对预算的最终控制权,增强预算的约束性,加强预算调整审查,严格预算责任追究制度等。在人大的预算审批程序中,应增加预算报告的审议进度和时间,详细说明预算的内容。

人大监督是国有资本经营预算全民性的重要体现,但是人大会议的形式只是在一定时点上的表现,对国有资本经营预算的实时监督则以社会监督为重,最为重要的是预算的公开、透明,以保障全体人民的知情权和参与权。对于公众而言,知情权是一项基本权利。近年来,我国预算公开进程明显加快,虽有进步,但仍存在不透明和粗放公开的弊端,呈现"碎片式"特征,缺乏制度化的保障措施。① 为此,应在《预算法》修改时对预算公开的范围、时间、主体、方式等相关事项作出具体规定。在现代信息社会,信息获取渠道的增加也在不断增强社会公众对国有资本经营预算的监督能力,新闻媒体、社会舆论乃至新型媒体的不断发展,都在实时监督政府收支的发生,多起腐败案件的曝光无疑显露了媒体的力量。当然,政府也应该利用现有的技术力量,通过便捷化的网络形式对公众披露预算的执行情况,披露的内容应包括全部内容,如预算报告、预算审计等,并提供下载。

(四) 国有资本经营预算的范围

对于国有资本经营预算的范围,有学者认为应为竞争性国有资产,②也有学者认为包括自然垄断行业和一般竞争领域经营性企业国有资产,③还有学者认为包括企业国有资本、资源性国有资产收入、非经营性资产转经营性收入以及其他基金收入。④

从国有资本的分类看,我国对国有资本的使用有狭义和广义之分,一般意义上使用的是狭义概念,即经营性国有资本,包括了企业中的国有资本和非经营性资本转化的经营性国有资本。因此,从资本范围的界定看,国有资本经营预算的范围应为狭义上的国有资本。

《国务院关于试行国有资本经营预算的意见》将国有资本经营预算的范围界定为国资监管范围内的国有资本,而没有将金融类国有资本、非经营性国有资本转化的经营性国有资本纳入预算范围。在地方上,国资委 2009 年《关于进一步加强地方国有资产监管工作的若干意见》提出,地方国资委可根据本级人民政府授权,逐步将地方金融企业国有资产、事业单位投资形成的经营性国有资产、非经营性转经营性国有资产一并纳入监管范围。随着国资委监管范围的扩大,地方国有资本经营预算的范围应随之扩大。

(五) 国有资本经营预算的收缴比例

在国有资本经营预算的收缴比例上,各地的实践不一,存在较大的差异,既有统一规定比例方式的,也有按照行业规定收取比例的,收缴比例从 5% 到 40%

---

① 参见魏陆:《人大应把政府关进公共预算"笼子"里》,载《人大研究》2011 年第 3 期。
② 参见丛树海主编:《中国预算体制重构——理论分析与制度设计》,上海财经大学出版社 2001 年版。
③ 参见邓子基、陈少晖:《国有资本财政研究》,中国财政经济出版社 2006 年版;陈怀海:《国有资本经营预算:国有企业产权改革的财政制度约束》,载《当代经济研究》2005 年第 5 期。
④ 参见吴祥云:《国有资本经营预算范围的界定》,载《经济研究参考》2005 年第 55 期。

不等。从世界范围看,我国的国有企业分红比例处于较低水平。① 从企业内部人与外部人利益平衡角度而言,合理的收缴比例既可以对内部人形成约束,也可以保持企业的投资流动性。

在对国有资本经营预算收缴比例的规定上,应充分考虑企业所处行业和领域,对垄断性行业收取较高比例;考虑企业经营效果,针对企业盈利状况合理确定一个浮动比例。②

世界银行报告《有效约束、充分自主:中国国有企业分红政策进一步改革的方向》中所指出的国有企业董事会在国企分红中的作用值得特别注意。应当说,在世界银行考察的发达经济体中,由政府设定一个统一的分红比例并不是常态,大多是先由董事会提出分红策略和分红比例,然后再与政府讨论后达成一致。③ 这种机制可以保证企业的自我发展,同时也可以使政府脱离行政管理的束缚。特别是在上市公司中,作为参股的国有股东强制规定分红比例也会与公司法、证券法等产生冲突。

---

① 从国外看,如法国政府对国有企业的分红政策取决于国有企业的"盈利能力、财务状况和董事会认为重要的其他事项",税后利润向政府上缴的比例大约为50%。国有资本的红利上缴国库,分红后的剩余利润全部归企业支配。新加坡政府规定,淡马锡控股公司税后利润的50%须上缴财政部。世界银行报告《有效约束、充分自主:中国国有企业分红政策进一步改革的方向》指出,汇总16个发达经济体的49家国企2000—2008年的分红数据,每家国企的平均分红率为33%,大部分国企的平均分红率在20%到50%之间;334 个正常观察值的平均值和中值都是32.1%。大部分观察数据也是在20%到50%之间。参见张春霖:《国企分红下一步》,载《中国改革》2010年第3期。

② 参见华国庆:《我国国有资本收益若干法律问题研究》,载《法学论坛》2012年第1期。

③ 参见张春霖:《国企分红下一步》,载《中国改革》2010年第3期。

参考文献

一、著作类

1. 顾功耘等:《国有经济法论》,北京大学出版社 2006 年版。
2. 顾功耘等:《国有资产法论》,北京大学出版社 2010 年版。
3. 杨文:《国有资产的法经济分析》,知识产权出版社 2006 年版。
4. 罗建钢:《委托代理:国有资产管理体制创新》,中国财政经济出版社 2004 年版。
5. 王全兴、范士英:《企业国有资产法》,湖北科学技术出版社 1999 年版。
6. 严汉平等:《国有经济逻辑边界及战略调整》,中国经济出版社 2007 年版。
7. 吴敬琏等:《大中型企业改革:建立现代企业制度》,天津人民出版社 1993 年版。
8. 张建文:《转型时期的国家所有权问题研究——面向公共所有权的思考》,法律出版社 2008 年版。
9. 缪炳堃等:《国有资产出资人》,湖南人民出版社 2002 年版。
10. 范恒山:《所有制改革:理论与方案》,首都经济贸易大学出版社 2000 年版。
11. 梅慎实:《现代公司机关权力构造论》,中国政法大学出版社 2000 年版。
12. 王利明:《物权法论》,中国政法大学出版社 1998 年版。
13. 徐晓松等:《国有企业治理法律问题研究》,中国政法大学出版社 2006 年版。
14. 谢次昌:《国有资产法》,法律出版社 1997 年版。
15. 胡海涛:《国有资产管理法律实现机制若干理论问题研究》,中国检察出版社 2006 年版。
16. 刘连煜:《公司治理与公司社会责任》,中国政法大学出版社 2001 年版。
17. 吴天宝、武宜达、陶晓林、张媛媛:《国有企业改革比较法律研究》,人民法院出版社 2002 年版。
18. 王利明:《国家所有权研究》,中国人民大学出版社 1991 年版。
19. 林毅夫、蔡昉、李周:《充分信息与国有企业改革》,上海三联书店、上海人民出版社 1997 年版。
20. 徐邦友:《中国政府传统行政的逻辑》,中国经济出版社 2004 年版。
21. 徐邦友:《自负的制度——政府管制的政治学研究》,学林出版社 2008 年版。

22. 林光彬：《私有化理论的局限》，经济科学出版社 2008 年版。
23. 张文魁：《中国国有企业产权改革与公司治理转型》，中国发展出版社 2007 年版。
24. 程合红、刘智慧、王洪亮：《国有股权研究》，中国政法大学出版社 2000 年版。
25. 马英娟：《政府监管机构研究》，北京大学出版社 2007 年版。
26. 韩志红、阮大强：《新型诉讼——经济公益诉讼的理论与实践》，法律出版社 1999 年版。
27. 杜恂诚、严国海、孙林：《中国近代国有经济思想、制度与演变》，上海人民出版社 2007 年版。
28. 王文杰：《国有企业公司化改制之法律分析》，中国政法大学出版社 1999 年版。
29. 李昌庚：《国有财产法原理研究》，中国社会科学出版社 2011 年版。
30. 秦醒民：《国有资产法律保护》，法律出版社 1997 年版。
31. 曹世华等：《地方国有资产管理制度研究》，中国科学技术大学出版社 2004 年版。
32. 史言信：《国有资产产权：中央与地方关系研究》，中国财政经济出版社 2009 年版。
33. 《马克思恩格斯全集》第 46 卷，人民出版社 1979 年版。
34. 罗志先：《国有企业产权改革的法治基础》，中国标准出版社 2002 年版。
35. 李松森：《中央与地方国有资产产权关系研究》，人民出版社 2006 年版。
36. 刘伟：《经济改革与发展的产权制度解释》，首都经济贸易大学出版社 2000 年版。
37. 刘国良：《国有资产大趋势》，经济科学出版社 1999 年版。
38. 孙宪忠：《论物权法》，法律出版社 2001 年版。
39. 郑国洪：《国有资产管理体制问题研究》，中国检察出版社 2010 年版。
40. 金太军等：《政府职能梳理与重构》，广东人民出版社 2002 年版。
41. 刘剑文等：《中央与地方财政分权法律问题研究》，人民出版社 2009 年版。
42. 吴敬琏：《呼唤法治的市场经济》，生活·读书·新知三联书店 2007 年版。
43. 徐向艺：《比较·借鉴·创新——企业改革的国际经验与中国道路选择》，经济科学出版社 2001 年版。
44. 王全兴：《经济法基础理论专题研究》，中国检察出版社 2002 年版。
45. 史树林、庞华玲等：《国有资产法研究》，中国财政经济出版社 2003 年版。
46. 胡家勇：《一只灵巧的手：论政府转型》，社会科学文献出版社 2002 年版。
47. 陆军荣：《国有企业的产业特质：国际经验及治理启示》，经济科学出版社 2008 年版。
48. 彭澎：《政府角色论》，中国社会科学出版社 2002 年版。
49. 盛毅、林彬：《地方国有资产管理体制改革与创新》，人民出版社 2004 年版。
50. 胡改蓉：《国有公司董事会法律制度研究》，北京大学出版社 2010 年版。
51. 柳华平：《中国政府与国有企业关系的重构》，西南财经大学出版社 2005 年版。
52. 郑海航：《国有资产管理体制与国有控股公司研究》，经济管理出版社 2010 年版。
53. 李建伟：《国有独资公司前沿问题研究》，法律出版社 2002 年版。
54. 王克稳：《经济行政法基本论》，北京大学出版社 2004 年版。
55. 邓子基、陈少晖：《国有资本财政研究》，中国财政经济出版社 2006 年版。

56. 屈茂辉:《中国国有资产法研究》,人民法院出版社2002年版。

57. 何加明:《国有资本营运新论》,西南财经大学出版社2006年版。

58. 王名扬:《法国行政法》,中国政法大学出版社1989年版。

59. 王永礼:《预算法律制度论》,中国民主法制出版社2005年版。

60. 文宗瑜、刘微:《国有资本经营预算管理》,经济科学出版社2007年版。

二、译著类

1. 经济合作与发展组织:《OECD国有企业公司治理指引》,李兆熙译,中国财政经济出版社2005年版。

2. 经济合作与发展组织编:《OECD国家的监管政策——从干预主义到监管治理》,陈伟译,法律出版社2006年版。

3. 经济合作与发展组织:《国有企业公司治理:对OECD成员国的调查》,李兆熙、谢晖译,中国财政经济出版社2008年版。

4. 〔德〕迪特尔·梅迪库斯:《德国民法总论》,邵建东译,法律出版社2000年版。

5. 〔美〕弗里德曼:《法律制度》,李琼英、林欣译,中国政法大学出版社1994年版。

6. 〔德〕平特纳:《德国普通行政法》,朱林译,中国政法大学出版社1999年版。

7. 〔英〕卡罗尔·哈洛、理查德·罗林斯:《法律与行政》,杨伟东等译,商务印书馆2004年版。

8. 〔日〕植草益:《微观规制经济学》,朱绍文等译,中国发展出版社1992年版。

9. 〔德〕乌茨·施利斯基:《经济公法》,喻文光译,法律出版社2006年版。

10. 〔德〕鲍尔·施蒂尔纳:《德国物权法》(上册),张双根译,法律出版社2004年版。

11. 〔英〕简·莱恩:《新公共管理》,赵成根等译,中国青年出版社2004年版。

12. 〔德〕魏伯乐等主编:《私有化的局限》,王小卫、周缨译,上海三联书店、上海人民出版社2006年版。

13. 〔英〕洛克:《政府论》,刘晓根编译,北京出版社2007年版。

14. 〔法〕孟德斯鸠:《论法的精神》,许明龙译,商务印书馆2009年版。

15. 〔日〕美浓部达吉:《公法与私法》,黄冯明译,中国政法大学出版社2003年版。

16. 〔德〕奥托·迈耶:《德国行政法》,刘飞译,商务印书馆2002年版。

17. 〔英〕亚当·斯密:《国富论》,郭大力、王亚南译,上海三联书店2009年版。

18. 〔英〕阿克顿:《自由与权力》,侯健、范亚峰译,商务印书馆2001年版。

19. 〔日〕盐野宏:《行政法》,杨建顺译,法律出版社1999年版。

20. 〔法〕卢梭:《社会契约论》,何兆武译,商务印书馆2003年版。

21. 〔美〕约瑟夫·E.斯蒂格利茨:《社会主义向何处去——经济体制转型的理论与证据》,周立群等译,吉林人民出版社2011年版。

22. 〔英〕边沁:《政府片论》,沈叔平译,商务印书馆2007年版。

23. 〔美〕保罗·萨缪尔森、威廉·诺德豪斯:《经济学》,萧琛主译,人民邮电出版社2004年版。

24.〔英〕弗里德里希·奥古斯特·哈耶克:《通往奴役之路》,王明毅等译,中国社会科学出版社1997年版。

25.〔美〕布坎南:《自由、市场和国家》,平新乔、莫扶民译,北京经济学院出版社1989年版。

26.〔匈〕亚诺什·科尔内:《短缺经济学(上卷)》,张晓光等译,经济科学出版社1986年版。

27.〔美〕康芒斯:《制度经济学(上册)》,于树生译,商务印书馆2006年版。

28.〔美〕E.博登海默:《法理学:法律哲学与法律方法》,邓正来译,中国政法大学出版社1999年版。

29.〔日〕金泽良雄:《经济法概论》,满达人译,甘肃人民出版社1985年版。

30.〔美〕汉密尔顿等:《联邦党人文集》,程逢如等译,商务印书馆2009年版。

31.〔英〕约翰·伊特韦尔、〔美〕默里·米尔盖特、〔美〕彼得·纽曼编:《新帕尔格雷夫经济学大辞典(第三卷)》,陆谷孙译,经济科学出版社1996年版。

32.〔美〕R.科斯等:《财产权利与制度变迁》,刘守英译,上海三联书店、上海人民出版社1994年版。

33.〔美〕道格拉斯·C.诺斯:《制度、制度变迁与经济绩效》,刘守英译,上海三联书店1994年版。

34.〔美〕珍妮特·V.登哈特、罗伯特·B.登哈特:《新公共服务:服务,而不是掌舵》,丁煌译,中国人民大学出版社2010年版。

三、编著类

1. 顾功耘主编:《商法教程》(第二版),上海人民出版社、北京大学出版社2006年版。
2. 顾功耘主编:《经济法教程》(第二版),上海人民出版社、北京大学出版社2007年版。
3. 顾功耘主编:《国有经济与经济法理论创新》,北京大学出版社2005年版。
4. 袁恩桢、林益彬主编:《国有资产管理、运行与监督》,上海社会科学院出版社2001年版。
5. 刘玉平主编:《国有资产管理》,中国人民大学出版社2008年版。
6. 李连仲主编:《国有资产监管与经营》,中国经济出版社2005年版。
7. 郑淑娜、何永坚主编:《中华人民共和国企业国有资产法解读》,中国法制出版社2008年版。
8. 左学金、程杭生主编:《中国国有企业改革治理:国际比较的视角》,社会科学文献出版社2005年版。
9. 何永坚主编:《〈中华人民共和国企业国有资产法〉释义及实用指南》,中国民主法制出版社2008年版。
10. 江平、赖源河主编:《两岸公司法研讨》,中国政法大学出版社2003年版。
11. 江平主编:《新编公司法教程》,法律出版社1994年版。
12. 张维迎主编:《中国改革30年——10位经济学家的思考》,上海人民出版社2009年版。

13. 马蔡琛编著:《政府预算》,东北财经大学出版社2008年版。
14. 李昌麒主编:《经济法学》(第三版),中国政法大学出版社2002年版。
15. 阎嗣烈、张志强主编:《国有资本营运实务》,中国经济出版社2001年版。
16. 刘军宁等编:《直接民主与间接民主》,生活·读书·新知三联书店1998年版。
17. 佟柔主编:《中国民法》,法律出版社1990年版。
18. 江平、张佩霖编著:《民法教程》,中国政法大学出版社1986年版。
19. 彭万林主编:《民法学》(第六版),中国政法大学出版社2007年版。
20. 黄少安主编:《国有资产管理概论》,经济科学出版社2000年版。
21. 漆多俊主编:《经济法学》,高等教育出版社2003年版。
22. 王保平编著:《国有资产监管的理论与实践》,中国财政经济出版社2003年版。
23. 丛树海主编:《中国预算体制重构——理论分析与制度设计》,上海财经大学出版社2001年版。
24. 张海星编者:《公共债务》,东北财经大学出版社2008年版。
25. 杨润华主编:《中国国有资产管理发展简史》,经济科学出版社1997年版。
26. 胡鞍钢、王绍光编:《政府与市场》,中国计划出版社2000年版。
27. 何秉孟主编:《新自由主义评析》,社会科学文献出版社2004年版。
28. 李松森、孙晓峰编著:《国有资产管理》,东北财经大学出版社2010年版。
29. 〔日〕青木昌彦、钱颖一:《转轨经济中的公司治理结构:内部人控制和银行的作用》,中国经济出版社1995年版。
30. 晏智杰主编:《西方市场经济理论史》,商务印书馆1999年版。
31. 刘剑文主编:《财政税收法》(第三版),法律出版社2003年版。
32. 《企业国有资产监督管理暂行条例》起草小组编著:《〈企业国有资产监督管理暂行条例〉释义》,中国法制出版社2003年版。
33. 国务院国有资产监督管理委员会编:《探索与研究:国有资产监管和国有企业改革研究报告(2005年卷)》,中国经济出版社2006年版。
34. 国务院国有资产监督管理委员会编:《探索与研究:国有资产监管和国有企业改革研究报告(2006年卷)》,中国经济出版社2007年版。
35. 国务院国有资产监督管理委员会编:《探索与研究:国有资产监管和国有企业改革研究报告(2007年卷)》,中国经济出版社2008年版。
36. 国务院国有资产监督管理委员会编:《探索与研究:国有资产监管和国有企业改革研究报告(2008年卷)》,中国经济出版社2009年版。
37. 国务院国有资产监督管理委员会编:《探索与研究:国有资产监管和国有企业改革研究报告(2009年卷)》,中国经济出版社2010年版。
38. 国务院国有资产监督管理委员会编:《探索与研究:国有资产监管和国有企业改革研究报告(2010年卷)》,中国经济出版社2011年版。
39. 国务院国有资产监督管理委员会编:《探索与研究:国有资产监管和国有企业改革研究报告(2011年卷)》,中国经济出版社2012年版。

四、期刊类

1. 顾功耘:《国有资产立法的宗旨及基本制度选择》,载《法学》2008年第6期。
2. 顾功耘:《国资监管机构的法律定位》,载《上海国资》2008年第6期。
3. 顾功耘:《国资监管难题剖解》,载《上海市经济管理干部学院学报》2010年第2期。
4. 顾功耘、李波:《论国有企业改革的重大转变及其法制方略》,载《法学》1995年第10期。
5. 顾功耘:《国资委履行出资人职责模式研究》,载《科学发展》2012年第9期。
6. 顾功耘、胡改蓉:《国有资本经营预算的"公共性"解读及制度完善》,载《法商研究》2013年第1期。
7. 顾功耘、胡改蓉:《国资委直接持股如何防范法律风险》,载《上海国资》2012年第9期。
8. 顾功耘、胡改蓉:《如何规制地方融资平台》,载《上海国资》2012年第4期。
9. 顾功耘、罗培新:《试论国资授权经营的法律问题》,载《甘肃政法学院学报》2005年第4期。
10. 顾功耘:《国有经济法律制度构建的理论思考》,载《毛泽东邓小平理论研究》2005年第4期。
11. 顾功耘、李波:《国企改制:换汤更须换药》,载《上海国资》2001年第8期。
12. 张文魁:《国资委的定位与直接持股问题研究》,载《调查研究报告》2006年第236期。
13. 李保民:《新形势下国有资产监管的方式和途径》,载《国有资产管理》2006年第5期。
14. 张文魁:《国有资产管理体制改革四大热点》,载《改革与理论》2003年第3期。
15. 李曙光:《必须明晰国资委的法律地位》,载《中国企业家》2005年第21期。
16. 刘纪鹏:《国资体制改革需处理三问题》,载《发展》2006年第2期。
17. 李曙光:《论〈企业国有资产法〉中的"五人"定位》,载《政治与法律》2009年第4期。
18. 黄洪敏、陈少晖:《国有资产"分级所有"体制的重构》,载《财经科学》2005年第2期。
19. 邵宁:《中国国有企业改革的前景和面临的挑战》,载《理论前沿》2007年第20期。
20. 李伯侨、黄群财:《国有资产所有权多元代表论的理论思考》,载《经济体制改革》2003年第3期。
21. 蒋一苇:《企业本位论》,载《中国社会科学》1980年第1期。
22. 樊纲:《论当前国有企业产权关系的改革》,载《改革》1995年第1期。
23. 张春霖:《国家所有者的商业化:模仿机构所有者》,载《国际经济评论》2003年第5期。
24. 陈清泰:《国资部门成立后的国企改革(上)》,载《上海国资》2003年第7期。
25. 刘纪鹏:《论国有资产管理体系的建立与完善》,载《中国工业经济》2003年第4期。
26. 刘纪鹏:《关于国有资产法起草的若干建议》,载《首都经济贸易大学学报》2004年第6期。
27. 安增军:《国有资产监管的若干理论问题探索》,载《福建行政学院福建经济管理干部学院学报》2003年第4期。

28. 张文魁：《什么是所有权、产权、出资人权利、股东权利》，载《中国监察》2006年第12期。
29. 刘汉屏、贾宝和：《国有资产管理亟待走出"分级所有"的认识误区——兼与邓子基、陈少晖二位先生商榷》，载《广西财经学院学报》2006年第1期。
30. 陈少晖：《国有资产分级所有体制的建构依据与划分标准》，载《现代经济探讨》2003年第9期。
31. 王韬、康成杰：《试论民法在国有资产法律保护中的作用》，载《经济管理》2001年第12期。
32. 苏力：《市场经济对立法的启示》，载《中国法学》1996年第4期。
33. 李庆海：《国家所有权法学透析》，载《行政与法》2004年第10期。
34. 詹镇荣：《民营化后国家影响与管制义务之理论与实践——以组织私法化与任务私人化之基本型为中心》，载《东吴大学法律学报》2003年第1期。
35. 柴振国、胡海涛：《产权理论及其对国有资产管理体制之启示》，载《国家检察官学院学报》2006年第2期。
36. 韩志红：《经济法的调整对象是公私混合型的社会经济关系》，载《法学杂志》2005年第6期。
37. 周林彬、王烨：《论我国国家所有权立法及其模式选择——一种法和经济学分析的思路》，载《政法论坛》2002年第3期。
38. 刘隆亨：《利改税的意义和法律作用》，载《中国法学》1985年第1期。
39. 吴卫国、肖琳：《法学评析企业承包制》，载《现代法学》1990年第4期。
40. 董开军：《企业承包经营合同的法律性质初探》，载《中国法学》1988年第1期。
41. 王利明、刘兆年：《全民所有制企业租赁经营的法律思考》，载《中国法学》1988年第1期。
42. 张文魁：《国资委定位模糊系实践与理论偏差》，载《中国投资》2006年第3期。
43. 凌相权、王新红：《国有企业成为市场竞争主体的障碍及法律对策》，载《法学评论》1996年第2期。
44. 杨振山：《现代企业制度的灵魂》，载《研究生法学》1995年第1期。
45. 李铁映：《关于国有企业改革与发展的若干建议》，载《经济管理》1999年第10期。
46. 张勇：《我国国有资产管理体制理论中若干基本观点的再分析》，载《财经论丛》2001年第1期。
47. 李银：《"国进民退"卷土重来》，载《新经济》2009年第8期。
48. 平新乔：《"功能错位"的国资委》，载《中国企业家》2005年第2期。
49. 樊纲、高明华：《国有资产形态转化与监管体制》，载《开放导报》2005年第2期。
50. 孙玉敏：《上海国资转型"突围"》，载《上海国资》2010年第2期。
51. 许瑾：《从"汇金模式"看我国金融控股公司的现实选择》，载《商场现代化》2008年第25期。
52. 常健：《国家所有权制度改革的阶段性特征:分析与前瞻》，载《社会主义研究》2008年第3期。

53. 刘亮：《汇金：众望所归"淡马锡"》，载《资本市场》2007年第21期。

54. 熊惠平：《从所有者代表缺失看国有金融资本的汇金模式选择》，载《特区经济》2006年第6期。

55. 李兆熙：《国资管理变革的法国样板》，载《国企》2007年第5期。

56. 樊纲：《国资管理缺失"最高决策机制"》，载《中国企业家》2005年第3—4期。

57. 徐晓松：《论国有资本经营预算的生存环境及其对法律调整的影响》，载《中国法学》2009年第4期。

58. 樊纲：《国企改革与国有资产管理体系改革》，载《长白学刊》2005年第4期。

59. 万江：《国有资产所有权的代表与授权行使》，载《政法学刊》2008年第5期。

60. 安林：《国资监管面临组织再造》，载《上海国资》2008年第3期。

61. 郭道晖：《权力的多元化与社会化》，载《法学研究》2001年第1期。

62. 刘毅：《日本国有企业的股份公司改制》，载《日本研究》2002年第4期。

63. 马英娟：《监管的语义辨析》，载《法学杂志》2005年第5期。

64. 席涛：《美国政府管制成本与收益的实证分析》，载《经济理论与经济管理》2002年第11期。

65. 蔺翠牌：《论国有资产所有权主体的唯一性与统一性》，载《中央财经大学学报》1997年第8期。

66. 王利明：《论国家所有权主体的全民性问题》，载《中南政法学院学报》1990年第4期。

67. 王军：《国企改革与国家所有权神话》，载《中外法学》2005年第3期。

68. 史际春、姚海放：《国有制革新的理论与实践》，载《华东政法学院学报》2005年第1期。

69. 盛毅：《论"分级所有"的地方国有资产经营》，载《改革》2003年第1期。

70. 郭励弘：《正确认识"国资"的产权归属》，载《经济研究参考》2003年第23期。

71. 刘纪鹏：《国有资产监管体系面临问题及其战略构架》，载《改革》2010年第9期。

72. 陈静波：《论建立新型的国有资产监管制度》，载《当代法学》2001年第10期。

73. 席月民：《国有资产信托的法律问题探究》，载《法学杂志》2004年第4期。

74. 邓子基：《建立国有资本经营预算的思考》，载《中国财政》2005年第12期。

75. 邓子基：《略论国有资本经营预算》，载《地方财政研究》2006年第1期。

76. 李燕：《论建立我国国有资本经营预算制度》，载《中央财经大学学报》2004年第2期。

77. 陈步林等：《构建上海国有资产经营预算管理体系研究》，载《经济研究参考》1997年第A8期。

78. 杨华、梁彦军：《关于建立国有资本经营预算制度的探讨》，载《中州学刊》2005年第1期。

79. 陈怀海：《国有资本经营预算：国有企业产权改革的财政制度约束》，载《当代经济研究》2005年第5期。

80. 夏林生：《编制国有资本经营预算初探》，载《预算管理与会计》2005年第3期。

81. 吴祥云:《建立国有资本经营预算的若干思考》,载《当代财经》2005年第4期。

82. 隋军、卓祖航:《加快建立国有资本经营预算》,载《发展研究》2005年第6期。

83. 黄必烈:《〈企业国有资产法〉出台后的国有资产管理体制发展趋势》,载《中国发展观察》2009年第12期。

84. 王学东:《国有资本运营目标的分层定位》,载《经济学动态》2001年第5期。

85. 王卫平:《经营性国有资产的特性及其启示》,载《经济论坛》2009年第20期。

86. 张军扩:《建立新型国有资产管理体制所面临的重点问题》,载《冶金管理》2003年第9期。

87. 秦永法、陈栋梁:《赋权不越位:深圳国资监管新政启示》,载《董事会》2011年第10期。

88. 江可申、涂军民:《关于资本性质的再认识》,载《探索》1999年第6期。

89. 朱福惠:《论我国法的冲突及其解决机制》,载《现代法学》1998年第4期。

90. 谢振恳:《新形势下地方国资监管政策法规工作的思考》,载《法制与经济》2009年第6期。

91. 刘睿刚:《地方政府贯彻国资法应注意三个问题》,载《产权导刊》2010年第12期。

92. 赵子祥:《振兴东北老工业基地与地方政府职能转换》,载《决策咨询通讯》2005年第2期。

93. 谢地:《国有经济的身份与地位——法经济学的视角》,载《政治经济学评论》2010年第3期。

94. 徐文付、唐宝富:《地方政府行为企业化的角色分析》,载《江海学刊》2000年第2期。

95. 陈利昌:《试论地方政府职能转变》,载《农业经济》2005年第9期。

96. 宗寰:《正确认识国有经济的地位和作用——与袁志刚、邵挺商榷》,载《学术月刊》2010年第8期。

97. 王新红:《论经济法的时代精神》,载《湖南财经高等专科学校学报》2002年第2期。

98. 沈荣华:《我国地方政府职能的十大特点》,载《行政论坛》2008年第4期。

99. 项怀诚:《中国财政体制改革六十年》,载《预算管理与会计》2009年第19期。

100. 张永生:《政府间事权与财权如何划分?》,载《经济社会体制比较》2008年第2期。

101. 张纪华:《促进事权财权匹配 提升公共财政能力》,载《社会主义论坛》2009年第12期。

102. 赵云旗:《完善中央与地方税收划分的思考》,载《经济研究参考》2005年第66期。

103. 刘锡秋:《政企分开何时到位——为国有资产管理体制改革献计》,载《中国律师》2002年第11期。

104. 宁向东:《对"新国有资产管理体制"的十点担忧》,载《中国经济信息》2003年第7期。

105. 王克稳:《〈企业国有资产法〉的进步与不足》,载《苏州大学学报(哲学社会科学版)》2009年第4期。

106. 干胜道、刘阳、王黎华:《资产定义的演进及其规律》,载《经济体制改革》2001年第

5 期。

107. 陈清泰：《深化国有资产管理体制改革的几个问题》，载《管理世界》2003 年第 6 期。

108. 张宇：《当前关于国有经济的若干争议性问题》，载《经济学动态》2010 年第 6 期。

109. 姜南：《七大行动确保企业国有资产安全》，载《国有资产管理》2012 年第 7 期。

110. 杨善华、苏红：《从"代理型政权经营者"到"谋利型政权经营者"》，载《社会学研究》2002 年第 1 期。

111. 李昌庚：《国有财产的中央与地方关系法治考量》，载《上海财经大学学报》2011 第 4 期。

112. 赵赞扬：《对构建国有资产分级所有制度的思考》，载《北京交通大学学报（社会科学版）》2007 年第 4 期。

113. 祝波善：《北京模式无法解决的困境》，载《上海国资》2009 年第 2 期。

114. 杨万铭：《国有资产产权的二重性》，载《经济学家》2000 年第 6 期。

115. 王克稳：《论国有资产的不同性质与制度创设》，载《行政法学研究》2009 年第 1 期。

116. 金碚：《论国有企业改革再定位》，载《中国工业经济》2010 年第 4 期。

117. 徐菲：《上海国资经营管理模式改革的路径思考》，载《上海国资》2009 年第 3 期。

118. 李军杰、钟君：《中国地方政府经济行为分析——基于公共选择视角》，载《中国工业经济》2004 年第 4 期。

119. 谢次昌：《国家所有权理论在实践中的运用和发展》，载《中国法学》1996 年第 6 期。

120. 焦建国：《国有资产管理体制中的中央与地方关系——历史评价、现实操作与未来选择》，载《财经问题研究》2005 年第 4 期。

121. 张新平：《论中央与地方对企业国有资产的监管权益》，载《长沙理工大学学报（社会科学版）》2010 年第 2 期。

122. 钱津：《论地方政府对国有资产的管理》，载《哈尔滨市委党校学报》2003 年第 3 期。

123. 张建文：《社会转型时期国有财产领域中央与地方关系之重构——以国家所有权主体的论证为中心》，载《郑州大学学报（哲学社会科学版）》2007 年第 6 期。

124. 张紧跟：《当代中国地方政府间关系：研究与反思》，载《武汉大学学报（哲学社会科学版）》2009 年第 4 期。

125. 国务院发展研究中心专题课题组：《进一步改革国有资产管理体制的若干思考》，载《特区理论与实践》2003 年第 2 期。

126. 景朝阳：《我国国家所有制之回溯：中央与地方关系以及国有资产管理体制的演进的视角》，载《兰州学刊》2008 年第 5 期。

127. 邓子基、陈少晖：《国有资产分级所有的新思路》，载《国有资产管理》2003 年第 8 期。

128. 王新红、谈琳、周俊桦：《论国资委的性质》，载《当代财经》2005 年第 5 期。

129. 张存刚、姚红：《地方政府行为与国有资产管理运营》，载《经济与管理研究》2002 年第 1 期。

130. 刘昌荣：《争议地方债》，载《上海国资》2012 年第 1 期。

131. 周林彬、李胜兰：《试论我国所有权主体制度改革与创新》，载《云南大学学报（法学版)》2001 年第 3 期。

132. 王朝才：《地方政府发债研究——地方政府具备发债条件》，载《中国改革》2006 年第 11 期。

133. 李万峰：《建立地方公债融资制度的可行性分析》，载《河南税务》2003 年第 24 期。

134. 李九领：《我国地方政府发行债券的能力和素质分析》，载《地方财政研究》2007 年第 3 期。

135. 丁静：《我国构建地方公债制度的另一种思考》，载《科技经济市场》2007 年第 6 期。

136. 马海涛：《地方政府发债利弊谈》，载《地方财政研究》2009 年第 4 期。

137. 岳彩申、王旭坤：《规制地方政府发债权的几点立法建议》，载《法学》2011 年第 11 期。

138. 刘剑文、侯卓：《公共财政视野下的〈预算法〉修改》，载《中国法律》2012 年第 1 期。

139. 林敢、陈白燕：《地方政府融资平台的法律风险及控制》，载《广西财经学院学报》2012 年第 4 期。

140. 朱相平：《地方投融资平台建设与政府的责任边界——基于风险控制的视角》，载《宏观经济研究》2012 年第 7 期。

141. 朱海波：《城市基础设施建设投融资体制改革的法律原则、问题及路径》，载《行政法学研究》2011 年第 4 期。

142. 王晔：《地方政府融资平台的法律审视》，载《湖湘论坛》2012 年第 1 期。

143. 杨松、张永亮：《地方政府融资平台的发展方向》，载《法学》2012 年第 10 期。

144. 冯果、李安安：《地方政府融资平台的财政法救赎》，载《法学》2012 年第 10 期。

145. 王建东：《关于地方政府发债的思考》，载《经济师》2009 年第 3 期。

146. 柴永红：《关于建立我国地方公债制度的设想》，载《生产力研究》2003 年第 2 期。

147. 李永久、王玲：《当前我国地方政府发行公债的必要性分析》，载《中共南京市委党校学报》2009 年第 1 期。

148. 张春霖：《国企分红下一步》，载《中国改革》2010 年第 3 期。

149. 邢会强：《地方政府发债的基础法律条件》，载《财政经济评论》2009 年第 2 期。

150. 马进、殷强：《地方发债与地方政府隐性债务问题研究》，载《广西社会科学》2010 年第 5 期。

151. 国务院国有资产监督管理委员会研究中心课题组：《加快建立国有资本经营预算制度》，载《国有资产管理》2007 年第 7 期。

152. 王景升：《编制国有资本经营预算亟待解决的四个问题》，载《财务与会计》2009 年第 1 期。

153. 姚新民：《对中央政府代理地方政府发债筹资的思考》，载《上海财税》1998 年第 8 期。

154. 王鹏程、赵晓东：《关于地方政府发债的制度构想》，载《经济论坛》2006 年第 10 期。

155. 陈翔：《关于我国发行地方政府债券的几点思考》，载《温州大学学报(社会科学版)》2004 年第 1 期。

156. 张海星:《建立我国地方公债制度的探讨》,载《宁夏社会科学》2004 年第 4 期。

157. 马跃敏、张义栋:《城镇化建设的财政政策选择——呼唤市政建设债券发行》,载《经济工作导刊》2003 年第 24 期。

158. 任瞳、童燕、汤可攀:《地方财政困境的解决之道:启动地方债券市场》,载《经济工作导刊》2003 年第 17 期。

159. 黄媛:《我国地方政府发行地方债券的紧迫性分析》,载《改革与开放》2011 年第 16 期。

160. 王伟华:《对发行地方政府债券的思考》,载《华北航天工业学院学报》2004 年第 2 期。

161. 潘君瑜:《金融危机背景下开放我国地方债券市场可行性探究》,载《中国国情国力》2010 年第 1 期。

162. 吴祥云:《国有资本经营预算范围的界定》,载《经济研究参考》2005 年第 55 期。

163. 华国庆:《我国国有资本收益若干法律问题研究》,载《法学论坛》2012 年第 1 期。

164. 吴国玖:《国有资产收益分红机制的国际比较与借鉴》,载《科技创新导报》2008 年第 6 期。

165. 文宗瑜、刘微:《国有资本经营预算如何与公共收支预算对接》,载《财政研究》2008 年第 1 期。

166. 李丽琴:《公共财政:国有资本经营预算与公共预算互补与衔接的目标导向》,载《金融与经济》2009 年第 9 期。

167. 蔡法山:《建立国有资本经营预算制度应当处理好三大基础关系》,载《中国发展观察》2010 年第 7 期。

168. 刘微:《国有资本预算:履行国有资本社会属性的重要工具》,载《中国总会计师》2006 年第 2 期。

169. 刘永泽、陈艳利、孙光国:《国有资本预算制度的构建目标、原则与基本框架》,载《财经问题研究》2007 年第 9 期。

170. 黄伯平:《论我国编制中央国有资本经营预算之首要价值》,载《中国财经信息资料》2006 年第 26 期。

171. 李世聪、谢英姿:《国家财务理论视角下的国有资本经营预算问题探讨》,载《特区经济》2006 年第 3 期。

172. 吴炳贵:《关于独立编制国有资本经营预算之我见》,载《国有资产管理》2005 年第 10 期。

173. 高路易、高伟彦、张春霖:《国企分红:分多少?分给谁?》,载《中国投资》2006 年第 4 期。

174. 左小蕾:《不能让部门利益主导国有资产分配》,载《新财经》2007 年第 2 期。

175. 王军:《现阶段我国企业社会责任问题的经济学分析》,载《理论学刊》2008 年第 11 期。

176. 高桂林、翟业虎:《反思国有资本经营预算法律制度的目标定位》,载《政治与法律》

2009 年第 4 期。

177. 房文晓:《经济法视角下国有资本经营预算制度的价值定位》,载《法制与社会》2010 年第 3 期。

178. 刘俊海:《制定〈国有资产法〉的思考》,载《河南省政法管理干部学院学报》2008 年第 5 期。

179. 苏文静:《关于适时建立我市国有资本经营预算制度的思考》,载《首都国资》2006 年第 3 期。

180. 谢茂拾:《国有资本运营的预算监管制度集成问题探讨》,载《广东商学院学报》2004 年第 1 期。

181. 徐孟洲、贾剑非:《论国有资本经营预算制度的法理基础与法价值》,载《政治与法律》2009 年第 4 期。

182. 杨敏、许大华、卞荣华、王丹:《从法律视角分析国有资本经营预算与公共财政预算的关系》,载《中国财政》2009 年第 21 期。

183. 文宗瑜、刘微:《国有资本预算编制和审批》,载《国有资产管理》2005 年第 8 期。

184. 欧阳淞:《国有资本经营预算制度的几个基本问题》,载《法学家》2007 年第 4 期。

185. 吴树畅:《国有资本经营预算初探》,载《国有资产管理》2003 年第 8 期。

186. 沈铖、曹丽莉:《建立国有资本经营预算的探讨》,载《改革》2005 年第 5 期。

187. 山东省国资委课题组:《国资监管机构行权履职的指针——对实施〈企业国有资产法〉的意见和建议》,载《国有资产管理》2010 年第 4 期。

188. 王世权:《国企监事会的出路》,载《董事会》2011 年第 11 期。

189. 魏陆:《人大应把政府关进公共预算"笼子"里》,载《人大研究》2011 年第 3 期。

190. 秦永法:《央企董事会试点的进展和需解决的问题》,载《董事会》2012 年第 10 期。

191. 石亚军:《构建和谐社会中政府风险管理的公权角色》,载《中国行政管理》2005 年第 9 期。

192. 文宗瑜、谭静:《国资改革的依法推进及其分类管理》,载《产权导刊》2008 年第 12 期。

193. 杨国雄:《深入贯彻落实科学发展观,坚定不移推进上海国资国企改革发展》,载《上海国资》2007 年第 12 期。

194. 袁安照:《金融办监管金融国资利弊互现》,载《上海国资》2010 年第 5 期。

195. 秦颖:《地方金融国资监管体制待解》,载《上海国资》2010 年第 3 期。

196. 李博:《国有资产"三层"管理模式探析》,载《经济视角》2006 年第 7 期。

197. 赵善庆:《省属企业国有资产管理"两层制"》,载《经营与管理》2006 年第 1 期。

198. 胡改蓉:《"国有资产授权经营"制度的剖析及其重构》,载《西部法学评论》2009 年第 2 期。

199. 王全兴、傅蕾、徐承云:《国资委与国资运营主体法律关系的定性探讨》,载《法商研究》2003 年第 5 期。

200. 毛卫民:《国有资产授权经营的局限与出路》,载《海南大学学报(人文社会科学版)》

2005 年第 3 期。

201. 徐士英、刘学庆、阎士强：《国有资产授权经营公司与政府部门关系初探》，载《华东政法学院学报》2001 年第 2 期。

202. 余菁：《授权经营的制度内涵及其局限性》，载《当代财经》2004 年第 11 期。

203. 唐俊、王蕊、程飞：《透视我国国有资本授权经营中的资产运营主体问题》，载《桂林师范高等专科学校学报》2003 年第 2 期。

204. 安林、陈庆：《难题的解决之道》，载《上海国资》2007 年第 3 期。

205. 赵旭东、王莉萍、艾茜：《国有资产授权经营法律结构分析》，载《中国法学》2005 年第 4 期。

206. 胡改蓉：《国有公司董事会独立性之保障》，载《华东政法大学学报》2010 年第 6 期。

207. 仲继银：《国企董事会：矛盾、困境与出路》，载《董事会》2007 年第 9 期。

208. 邓峰：《董事会制度的起源、演进与中国的学习》，载《中国社会科学》2011 年第 1 期。

209. 陆红军：《董事会文化缺失之鉴》，载《国企》2009 年第 11 期。

210. 郑志刚、孙娟娟、Rui Oliver：《任人唯亲的董事会文化和经理人超额薪酬问题》，载《经济研究》2012 年第 12 期。

211. 金桂苑：《国企董事会建设的障碍——上海国资系统的调查研究》，载《上海市经济管理干部学院学报》2008 年第 3 期。

212. 胡改蓉：《国有资产经营公司董事会之构建——基于分类设计的思考》，载《法学》2010 年第 4 期。

213. 张铭：《新时期我国国有资本经营公司运营模式探讨》，载《国有资产管理》2011 年第 4 期。

214. 张文魁：《从国有资产的角度分析融资平台》，载《中国发展评论（中文版）》2011 年第 3 期。

215. 李勇：《我国地方政府融资平台的规范与思考》，载《行政管理改革》2010 年第 11 期。

216. 周燕、张丽华：《上海"淡马锡"猜想》，载《财经国家周刊》2010 年第 8 期。

217. 张晖明：《新国资经营公司的新定位》，载《上海国资》2008 年第 4 期。

218. 周绍朋、郭全中：《如何成立新国资经营公司》，载《上海国资》2008 年第 6 期。

219. 纪宝成、刘元春：《论全国人大参与国有资产监管的合理性与必然性》，载《社会主义经济理论与实践》2007 年第 2 期。

220. 李小渝：《论建立地方国有资产管理体制》，载《安庆师范学院学报（社会科学版）》2000 年第 3 期。

221. 阳东辉：《国有企业改革的法哲学基础及多元模式构想》，载《法商研究》2002 年第 1 期。

222. 岳燕锦：《国有资产管理机构的法律地位研究》，载《重庆交通大学学报（社会科学版）》2008 年第 4 期。

223. 周天勇：《国有企业出资人制度的原由和框架》，载《中国工业经济》2002 年第 11 期。

224. 陈金亮、马淑萍：《日本、美国政府资产管理的基本情况及启示》，载《调查研究报告》

2004 年第 82 期。

225. 蓝寿荣、张伟伟：《国外国有资产监管的三种模式及其启示》，载《佛山科学技术学院学报（社会科学版）》2008 年第 4 期。

226. 李源山、黄忠河：《日本国有财产管理和监控的启示》，载《外国经济与管理》1998 年第 6 期。

227. 阮慧斌、王永礼：《透视日本国有财产法律制度》，载《人民论坛》2001 年第 11 期。

228. 李康宁、王秀英：《国家所有权法理解析》，载《宁夏社会科学》2005 年第 4 期。

229. 蔡定剑：《谁代表国家所有权？》，载《人大建设》2005 年第 1 期。

230. 程淑娟：《确信与限制——国家所有权主体的法哲学思考》，载《河北法学》2009 年第 5 期。

231. 屈茂辉、张彪、章小兵：《产权概念的经济学与法学比较》，载《安徽广播电视大学学报》2005 年第 4 期。

232. 汪丁丁：《制度创新的一般理论》，载《经济研究》1992 年第 5 期。

233. 谢次昌、王修经：《关于产权的若干理论问题》，载《法学研究》1994 年第 1 期。

234. 李保民、王志钢：《企业资产重组与资产经营公司的实践》，载《产权导刊》2009 年第 9 期。

235. 李晓峰：《地方国有资产经营公司在体系构建中存在的主要问题及解决策略》，载《内蒙古科技与经济》2010 年第 9 期。

236. 李云：《当前地方国有投资公司的局限与对策研究》，载《中外企业家》2009 年第 14 期。

237. 甘肃：《构筑地方政府投资调控机制——关于建立地方国有资产经营公司的思考》，载《财经论丛》1995 年第 2 期。

238. 燕春、史安娜：《从国资委到人民代表股东会——国有资产出资人制度批判与重构》，载《经济体制改革》2008 年第 3 期。

239. 文宗瑜：《探索建立全新的国有资产管理与运营模式》，载《国有资产管理》2003 年第 1 期。

240. 魏杰、赵俊超：《必须构建新的国有资产管理体制》，载《国有资产管理》2002 年第 12 期。

241. 文力：《关于建立新型国有资产管理体制的思考》，载《学习与探索》2003 年第 3 期。

242. 张涛：《从〈企业国有资产法〉浅析国资管理工作的发展趋势》，载《国有资产管理》2009 年第 4 期。

五、文集类

1. 周放生：《关于国有资产管理体制的几个问题》，载季晓南主编：《国有资产经营管理理论与实践》，中国经济出版社 2003 年版。

2. 刘春田：《论国家所有权的本质和内部结构》，载佟柔主编：《论国家所有权》，中国政法大学出版社 1987 年版。

3. 沈敏峰:《论法人所有权》,载佟柔主编:《论国家所有权》,中国政法大学出版社1987年版。

4. 张作华:《论我国国家法律人格双重性问题》,载易继明主编:《私法》(第3辑第2卷),北京大学出版社2004年版。

5. 张秀烨、张先治:《转型经济下的国有资本经营预算制度——政府与国有企业财务契约关系的重构》,载《第七届国有经济论坛学术研讨会论文集》。

6. 史际春、邓峰:《合同的异化与异化的合同——关于经济合同的重新定位》,载漆多俊主编:《经济法论丛》(第1卷),中国方正出版社1999年版。

7. 史际春、邓峰:《经济(政府商事)合同研究——以政府采购合同为中心》,载史际春、邓峰主编:《经济法学评论》(第一卷),中国法制出版社2000年版。

8. 温来成:《事权与财权相匹配:中国行政管理体制改革60年回顾》,载《"中国特色社会主义行政管理体制"研讨会暨中国行政管理学会第20届年会论文集》(2010年)。

六、学位论文类

1. 王学东:《国有资本运营机制重构论》,南开大学1997年博士论文。
2. 王军:《国家所有权的法律神话》,中国政法大学2003年博士论文。
3. 朱孔生:《国有资本运营研究》,天津大学2003年博士论文。
4. 袁定金:《国有资本运营中的激励与约束问题研究》,西南财经大学2003年博士论文。
5. 叶耀恒:《国有资本运营的法律监控研究》,中山大学2003年硕士论文。
6. 王大庆:《国有资产出资人制度研究》,中共中央党校2004年博士论文。
7. 黄军:《国家所有权行使论》,武汉大学2005年博士论文。
8. 张波:《国有资本运营法律制度研究》,西南政法大学2005年硕士论文。
9. 江翔宇:《略论国资委的功能定位》,华东政法学院2006年硕士论文。
10. 吴义周:《经济法视阈下国有资产的法律保护及制度创新》,天津师范大学2006年硕士论文。
11. 邓宇:《政府监管国有资产能力研究》,中国政法大学2007年博士论文。
12. 郑友云:《论中国国有资本运营法律制度的构建》,湖南大学2007年硕士论文。
13. 王月明:《中国近现代监督权利研究》,华东政法大学2008年博士论文。
14. 唐成:《国有资本运营模式比较研究》,中共中央党校2008年博士论文。
15. 韩中节:《国有资本运营的法律治理研究》,西南政法大学2009年博士论文。
16. 丁宇飞:《企业国有资产管理体制的法律探索》,华东政法大学2010年博士论文。
17. 银晓丹:《企业国有资产监管法律制度研究》,辽宁大学2010年博士论文。

七、网站类

1. 《2011年1—12月全国国有及国有控股企业经济运行情况》,http://qys.mof.gov.cn/zhengwuxinxi/qiyeyunxingdongtai/201201/t20120118_624066.html。

2. 《2012年1—12月全国国有及国有控股企业经济运行情况》,http://qys.mof.gov.

cn/zhengwuxinxi/qiyeyunxingdongtai/201301/t20130118_728936.html。

3. http://www.shgzw.gov.cn/.

4. 张茵：《国有经济带动地方经济"义乌模式"受关注》，http://www.chinanews.com/cj/news/2010/05-27/2309052.shtml。

5. 陈甦：《关于〈国有资产法(讨论稿)〉的意见》，http://www.iolaw.org.cn/showarticle.asp?id=2448。

6. 贾玥：《专家谈政府职能转变：未来应与百姓合理"分蛋糕"》，http://politics.people.com.cn/n/2012/0711/c99014-18495233.html。

7. 刘效仁：《以"财力与事权相匹配"为基石调整分税制》，http://news.163.com/08/0701/09/4FOO97V2000120GU.html。

8. 何京玉：《地方融资平台需还款4.6万亿 政府偿债面临多重压力》，http://finance.cnr.cn/dujia/201108/t20110816_508373039.shtml。

9. 天则经济研究所：《国有企业的性质、表现与改革》，http://www.unirule.org.cn/xiazai/2011/20110412.pdf。

10. 何宗渝、王飞：《王勇：政府与国有企业的关系发生了重大变化》，http://news.xinhuanet.com/fortune/2012-10/24/c_113484469.htm。

11. 康淼：《国资委：地方国资委直属特设机构性质不容改变》，http://finance.eastday.com/economic/m1/20110629/u1a5969398.html。

12. 《中国司法地方保护主义批判》，http://www.iolaw.org.cn/showNews.asp?id=26356。

八、报纸类

1. 李保民：《任务与目标——论国资管理体制改革（之三）》，载《中国企业报》2008年11月28日。

2. 陈小洪、张文魁、李兆熙等：《关于国有资产管理体制的一些看法和建议》，载《中国经济时报》2002年11月30日。

3. 卢元强：《地方融资平台治理再出拳》，载《国际金融报》2010年11月17日。

4. 黄范章：《国有资产管理体制中的中央与地方的关系》，载《中国经济时报》2005年10月31日。

5. 康怡：《垂直监管撑腰 地方国资委硬了》，载《经济观察报》2010年9月24日。

6. 黎广：《国资委掌门人易主：功过李荣融》，载《时代周报》2010年9月2日。

7. 耿雁冰：《北京国资总量4年翻番约占全国三分之一》，载《21世纪经济报道》2010年1月22日。

8. 万红金：《访深圳国资委主任张晓莉》，载《深圳商报》2012年5月23日。

9. 刘宇鑫：《北京市国资委：本市国有经济布局和结构明显优化》，载《北京日报》2012年7月5日。

10. 杨晓青：《义乌国资监管体制改革法治建设的启示》，载《法制日报》2010年6月

20日.

11. 张允辉、郭雪妮:《陕西力推大集团引领战略 促企业国有资产总量和运行效率大幅提高》,载《人民日报(海外版)》2012年8月10日.

12.《浦东国资利润增长突破两位数》,载《浦东时报》2012年5月11日.

13. 龙在宇、阳炆杉:《上半年区县国资总额达4940亿元》,载《重庆日报》2011年9月2日.

14. 辛红:《部分地市国资委行政化趋势明显,体制上出现"回潮"》,载《法制日报》2011年6月29日.

15. 刘丽靓:《国资委:推动地方经营性国资集中统一监管》,载《证券日报》2011年8月20日.

16. 汤白露:《国资委摸底地方家产,"三级垂直监管"或强势推进》,载《每日经济新闻》2010年5月4日.

17. 汪时锋:《国务院国资委欲加强地方国资体系垂直监督》,载《第一财经日报》2010年9月20日.

18. 万千:《央企高管"帽子"不能当成补偿发》,载《人民日报(海外版)》2013年1月16日.

19. 李彬:《国资监管全覆盖体系渐成型》,载《人民政协报》2011年8月16日.

20. 康怡:《国资立法地方先行 大国资改革加速》,载《经济观察报》2012年1月7日.

21.《治理"官满为患"重在转变政府职能》,载《新京报》2012年3月12日.

22. 张文魁:《国资体制改革的核心是落实"准分级所有"》,载《中国经营报》2003年6月17日.

23. 何诚颖:《国资管理的关键是实行"分级所有"》,载《证券时报》2003年1月4日.

24. 赵立新:《应谨慎使用地方立法权》,载《法制日报》2007年1月16日.

25. 程元辉:《国企外部董事改革遭异议 "去行政化"倒逼国资委行政改革》,载《华夏时报》2009年6月6日.

26. 刘仪舜:《有关专家谈:怎样完善国有资产出资人制度?》,载《南方周末》2003年6月19日.

27. 张春晓、徐文军:《地方国资监管和营运的政策建议》,载《首都建设报》2007年8月17日.

28. 马会:《国资委是否应该直接持股上市央企?》,载《中国经济时报》2012年2月17日.

29. 宁向东:《关注国资改革:国有资产须行分类管理》,载《发展导报》2003年1月24日.

30. 郑永年:《中国国企发展的边界在哪里?》,载《联合早报》2009年10月21日.

31. 刘振盛:《金融办扩权 成都金融国资体制嬗变》,载《21世纪经济报道》2011年10月13日.

32. 叶檀:《建立金融国资委是个糟糕的主意》,载《新京报》2010年9月2日.

33. 丁波:《上海国资在流动中寻求突破》,载《解放日报》2008年1月6日.

34. 李志豹、孔迪:《"大国资"棋至中局》,载《中国企业报》2012年1月3日.

35. 孙秀红:《山东县级国资纳入国资委监管》,载《经济导报》2012年2月29日。

36. 朱宝琛:《财政部:各地已开始编制国资经营预算》,载《证券日报》2011年5月11日。

37. 郭一信:《地方政府企业债累计融资超6700亿 风险总体可控》,载《上海证券报》2012年5月4日。

38. 顾功耘:《急需对政府投融资行为立法》,载《中国建设报》2009年7月2日。

39. 顾功耘:《守成,还是创新? 国有资产法面临选择》,载《第一财经日报》2008年6月13日。

40. 戴志勇:《理清国企定位事关改革成败》,载《南方周末》2010年9月2日。

九、外文著作类

1. R. W. Hamilton, The Law of Corporations, West Publishing Co., 1996.

2. Pier Angelo Toninelli, The Rise and Fall of State-owned Enterprise in the Western World, Cambridge University Press, 2000.

3. Reuel J. Khoza, Mohamed Adam, The Power of Governance, Palgrave Macmillan, 2007.

4. Paul L. Davies, Gower's Principles of Modern Company Law, Sweet & Maxwell, 1997.

5. Thomas Lee Hazen, Jerry W. Markham, Corporations and other Bussiness Enterprises, West Groups Publishing, 2003.

十、外文论文类

1. Peter Hettich, Governance by Mutual Benchmarking in Postal Markets: How State-Owned Enterprises May Induce Private Competitors to Observe Policy Goals, 32 Dayton L. Rev. 199, 2007.

2. Stephen M. Bainbridge, Why a Board? Group Decision-making in Corporate Governance, Vanderbilt Law Review, January, 2002.

3. M. Mill, Alternative Strategies for Corporate Governance, A Keynote Address for the Conference on Deformability of the State Sector in China, Shanghai, July 19, 1995.

十一、外文网站类

1. http://www.temasekholding.com.sg/news_room/press_speeches.htm.

2. http://www.temasekholdings.com.sg.

3. http://ssrn.com/abstract=561305.

后　记

　　攻读博士学位的过程是艰辛的。承蒙导师顾功耘教授的眷顾，鼓励并愿意支持我把论文修改完善后正式出版。在感激导师的帮助和提携之余，我更多的是诚惶诚恐，担心论文的质量达不到出版的要求。在导师的鼓励下，我开始着手对论文进行完善。应当说，基于国有资产在我国的重要地位，国家对国有资产管理、运营的制度和政策是需要统筹安排的。在修改完善论文的过程中，中央层面颁布了《关于国有企业发展混合所有制经济的意见》《关于深化国有企业改革的指导意见》《关于进一步加强地方国有资产监管工作的若干意见》等一系列改革政策，提出了一系列要求；地方政府在贯彻落实中央要求的前提下，因地制宜地努力创新，地方国有资产管理政策也在不断发生着变动。为了能更好地反映这种状况，及时跟进国家政策的变动，在此过程中，我力求把最新的趋势和变动予以吸收。在这种情况下，论文的出版经历了长期的准备和忙碌，仍感觉不够完善，也不想仓促出版，拖了两年才有现在的成果。

　　写作期间，彷徨、苦闷、偶有所得的喜悦无以言表。让我感受更深的是，攻读博士学位和修改完善论文期间，无论是在学习还是生活上，我得到了太多人的关心和错爱。

　　首先要感谢导师顾功耘教授。导师秉性刚直、仁爱有加，这体现在对学生的学术研究要求和工作态度上。导师认真严谨的治学态度、兼收并蓄的大家风范、谦虚豁达的宽广胸襟，令我由衷钦佩。尽管公务、教学任务繁重，但是导师常常抽出宝贵时间，耳提面命地悉心教导。从本书的选题、组织架构再到观点提炼，导师都不厌其烦、事必躬亲、及时点拨。可以说，本书处处凝结了导师的心血，却因本人天资愚钝而没能将导师精深的理论和观点完全展现。在生活中，导师是一个慈爱的长者，借用一位师兄的话，就是"有师如父，有爱如家"。

　　感谢吴弘教授、罗培新教授、徐士英教授、唐波教授、郑少华教授、沈贵明教授、陈少英教授、肖国兴教授，诸位老师给予我学术上的熏陶与启迪，在学业方面给予我莫大的鼓励与支持。感谢胡改蓉副教授为我提供论文材料,感谢她在讨论中对我的启发以及在工作、生活上给我的帮助。

感谢父母,养育之恩,无以为报,你们永远健康快乐是我最大的心愿。感谢姐姐们的无私付出,我作为家中的独子兼老幺,却常年在外,是你们承担了照顾父母的责任,同时还一直坚决支持着我的工作和生活,帮助我渡过生活中的难关。感谢岳父母,长年照顾外孙女,以及对我们小家庭的关心和"支援"。感谢妻子对我一如既往的支持,使我可以全身心地投入学业和工作。尤其是女儿从小就有严重的湿疹,发作时奇痒无比,有时皮肤已经到了溃烂的程度。每每看到妻子半夜为女儿抓痒,一抓就是一两个小时,让我倍感母爱的伟大与无私,更添自己为人之父的遗憾。女儿乖巧、懂事,在身患湿疹的情况下,仍积极乐观,努力学习,同时还能给我"小棉袄"的温暖。有女如斯,我之幸也!在感谢他们的同时,我也因未能尽好人子、人夫、人父的责任而深感愧疚。

感谢北京大学出版社圣大燕园编辑部。作为曾经的一员,王业龙主任给予我工作上的指导和生活上的帮助,并一直鼓励我尽快出版论文。李昭时老师更是我开始工作的领路人。昔日同事朱彦、杨丽明、朱梅全、黄蔚、徐音、尹璐、刘秀芹、姚文海、旷书文、李玉珍,你们的敬业精神得到了众多作者的赞赏。能够与你们共事,是我的机缘和骄傲。也是一种机缘,2014年底,我离开上海,到了海南,开始了跨地域、跨领域的工作转换,一切又是从头开始。在这里,我也得到了众多领导和同事的关心和帮助。

对地方国有资本的研究一直都为学界所关注,本书也是借鉴、吸收了众多专家学者丰富的研究成果而写成的。从本书立项到现在,已经过去了两年多的时间,如今即将出版。"丑媳妇总要见公婆",希望本书能够得到方家的指正和批评。

丁传斌
2016年夏于海南岛